LE GANG
DES MACHINES À SOUS

DU MÊME AUTEUR

J'ai séquestré Kim Kardashian, avec Yunice Abbas, L'Archipel, 2021.

THIERRY NIEMEN

LE GANG DES MACHINES À SOUS

Cash facile et règlements de comptes

l'Archipel

Notre catalogue est consultable à l'adresse suivante :
www.editionsarchipel.com

Éditions de l'Archipel
92, avenue de France
75013 Paris

ISBN 978-2-8098-4607-2

Avant-propos

En ce temps-là, au commencement de notre histoire, s'achevaient les Trente Glorieuses. La France, comme à regret, tournait le dos à la douce insouciance des défuntes *Swinging Sixties*[1]. Une décennie plus tôt, à l'écran, Lino Ventura avait prêté ses traits virils ainsi que sa carrure de déménageur à « Gu », emblématique truand de son époque, pour les besoins du *Deuxième Souffle*, de Jean-Pierre Melville. Dans ce polar âpre, sombre et désenchanté à souhait, il campait un voyou trompé, bafoué puis dépouillé par des complices et qui, sitôt sorti de prison, revenait régler ses comptes. S'ensuivait une litanie de vendettas et de cadavres, jusqu'à l'inexorable dénouement.

Aujourd'hui encore, dans la mémoire des cinéphiles subsiste l'audacieux braquage du début, perpétré contre un fourgon blindé sur une route de montagne provençale, auquel succède le sentiment, étouffant, d'un engrenage fatal. La froide et implacable logique du Milieu, prisonnier de ses règles, de ses codes, mais aussi de sa

1. Les « années 1960 qui swinguent » : expression désignant cette décennie de grande légèreté pour la jeunesse et les mœurs.

propre rectitude, dicte sa loi, que nul ne saurait piétiner qu'à ses dépens. Ainsi s'imposait la « mentale ». Quel plus fidèle témoignage de l'univers des grands bandits d'alors que le meilleur film français jamais réalisé sur ce thème ? *Le Deuxième Souffle* aborde et résume tout.

Pour espérer devenir riches sans attendre, les voyous, au début de ces tumultueuses années 1970, et à l'instar de Gu et de ses comparses, n'avaient guère le choix. Il leur fallait braquer : banques, bijouteries, fourgons blindés voire convois ferroviaires ultra-sécurisés. Le risque, maximal, comme unique sésame afin d'atteindre leur rêve : la grande vie. Ces funambules du crime organisé naviguaient alors sur un fil. Toujours au-dessus du vide. La gloire gratifiait les plus chanceux ; la taule, ou bien le cimetière, sanctionnaient les autres. Hasards du destin, sang-froid, audace et savoir-faire, seuls, en décidaient.

Ceux qui se sentaient plutôt une âme de boutiquier privilégiaient la solution de facilité : le « turbin ». S'enrichir sur le dos des filles, grâce au plus vieux métier du monde. Un business certes rentable, à condition de faire fi de la notoriété, mais surtout pas de la patience. La « mentale », là encore, régnait sans partage. Des trottoirs crasseux des faubourgs jusqu'aux bancs de bois verni des prétoires. Elle faisait grommeler un vieux truand corse, agacé par les questions qu'il estimait insidieuses du juge de cour d'assises qui l'interrogeait en le qualifiant de « lieutenant » d'un célèbre parrain de son temps. D'un ton aussi offusqué que théâtral, l'accusé répondit alors, à la stupéfaction de l'assistance : « Moi, môssieu le président, je ne suis le lieutenant de personne. Je n'ai même jamais fait l'armée ! »

La même « mentale » inspirait sans doute et tout autant François Marcantoni, empêtré dans les méandres de l'affaire Marković[1] et ulcéré par l'insistance de certains médias à lui prêter d'inavouables accointances politiques. Impatienté, un jour, par une interview qui s'éternisait trop à son goût, notre homme répliqua avec hauteur, fort de sa légendaire faconde, drapé dans une ostensible indignation et accent corse à l'appui : « Mon jeune ami, sachez que je ne suis ni de droite ni de gauche. Je suis juste du Milieu. » La saillie ne manqua pas de faire florès.

Et puis la pieuvre s'est installée. Traversant l'Atlantique, elle a d'abord élu domicile sur le Vieux-Port, à Marseille. Logique. N'étions-nous pas dans la ville la plus turbulente de France ? Au début, Georges Pompidou et le gouvernement n'ont pas mesuré l'étendue de son pouvoir de nuisance. Ni la puissance de ses redoutables tentacules. Alors, la *French Connection* a déferlé sur le pays. Un nouveau marché du crime naissait, fondé sur le trafic de drogue et garant de juteux bénéfices. L'enrichissement qui en a résulté, rapide et de moindre risque, car dilué

1. L'affaire Marković a défrayé la chronique, en France, à l'automne 1968, après la découverte du cadavre de ce petit truand d'origine yougoslave, ancien garde du corps de l'acteur Alain Delon, sur une décharge publique à Élancourt (Yvelines). Ce fait divers atypique eut, très vite, des conséquences politiques au sommet de l'État. Des rumeurs, colportées dans les rangs mêmes du gouvernement, auraient accusé Mme Claude Pompidou, épouse de l'ancien Premier ministre, d'avoir participé à des « parties fines » organisées par le défunt malfrat et en sa présence. Lesdites rumeurs, qualifiées d'« ignobles » par Pompidou, ont filtré dans la presse de l'époque, suscitant de vives tensions avec le cabinet du général de Gaulle accusé d'avoir, au mieux, laissé dire.

dans les ramifications de filières et cartels internationaux toujours plus nébuleux, a bouleversé le Milieu, cher à Marcantoni et à ses pairs, déjà dépassés. La fin d'une époque.

Le blanchiment de cet argent sale, assuré via un circuit financier parallèle, a pu alimenter lui-même une véritable économie souterraine. Inquiet face à ce phénomène de grande ampleur et ses effets délétères sur la jeunesse, l'État s'est ressaisi avant – enfin – de frapper. Fort. Brusquement sevré de pognon facile, mais peu enclin à abdiquer son appétit pour la grande vie ni sa soif de violence, le Milieu a réagi. De l'enfer de la came à l'enfer du jeu, il n'y avait qu'un pas. Bien vite franchi. Finie l'époque, artisanale, des flippers qui ne rapportaient guère que menue ferraille ; place aux bien nommés « bandits manchots ». Casinos, tripots plus ou moins clandestins, mais aussi humbles troquets ou estaminets de banlieue : les truands, comme un seul homme, se sont laissé gagner par cette nouvelle fièvre. Partout, machines à sous et rendement magique sont devenus le mantra du temps. Ou comment s'enrichir en dormant.

D'abord réticents, les politiques, au milieu des années 1980, se sont résolus à suivre le mouvement. Mieux, ils se sont pris au jeu, n'hésitant plus à « mettre une pièce dans le bouzin », comme aurait dit Gu un quart de siècle auparavant. D'abord en prélevant leur propre dîme sur un système qui, pour se révéler gagnant à tout coup dans sa logique, n'en demeurait pas moins mafieux par son organisation. Ensuite, en libéralisant cette industrie du jeu, incontrôlable, voire en l'institutionnalisant. Étaient-ils animés de nobles intentions ? Possible. D'arrière-pensées électoralistes ? On ne saurait l'exclure. Reste que leur intrusion, non contente d'accélérer le phénomène, aura longtemps contribué à l'aggraver. Les conséquences de ce glissement de terrain, nous le verrons, vont se révéler aussi imprévisibles que contrastées.

Dans un premier temps, l'émergence des machines à sous, puis l'engouement qu'elles ont suscité chez les gangsters coïncideront avec une réelle accalmie sur le front des crimes et délits. Chiffres et statistiques officiels en attestent. Les témoignages de vieux bandits, plus ou moins repentis, confirment cette courte parenthèse. Remplir les caisses de l'État tout en assurant une certaine paix sociale : quel dirigeant politique pourrait espérer mieux ? Feu de paille, hélas ! Marseille et sa région, un temps adoucies par les effets anesthésiants de cette méthadone de première génération, vont vite retrouver leurs vieux démons. La faute au marché local, trop étroit ? À l'appétit vorace de gangs rivaux ? Au cynisme de certains potentats régionaux, d'abord peu allants à l'idée de casser ces « autoroutes du crime » ? À la prééminence de parrains toujours plus gourmands et virulents, soucieux de ratisser large sur les grandes villes et alentour ? Un peu de tout cela sans doute.

Plus rude sera la chute ! Vingt années de tueries, de morts violentes et de règlements de comptes sur fond de rivalités inexpiables sont venues alterner avec un bref état de grâce. Le séisme qui s'annonce, d'une intensité rare, va décimer le Milieu marseillais et provençal, puis darder d'ultimes répliques jusqu'à Paris et ses environs, au tournant du siècle. Après l'exécution de Francis Vanverberghe dit « le Belge », le dernier boss, à quelques pas des Champs-Élysées, puis celles de ses principaux complices, l'arbitre n'a pu, enfin, que siffler la fin de cette sanglante partie. Elle n'avait que trop duré.

Exit, les « bandits manchots » ? Pas tout à fait. L'État a, certes, repris sa pièce puis s'est retiré du jeu. Mais leur économie parallèle menace, de nos jours encore, certains casinos hexagonaux. Elle irrigue parfois le trafic de stupéfiants, qui a retrouvé une seconde jeunesse. Plus invasif, implacable et mortifère que jamais, celui-ci inonde désormais le marché de nouvelles substances psychotropes aux effets décuplés, puissants au point de damner et d'anéantir leurs malheureux consommateurs. Des quartiers nord de Marseille à la périphérie des grandes villes, en passant trop souvent par le cœur même de Paris, les cadavres se ramassent à la pelle. « *Business as usual* », répondent les voyous de l'an 2000, plus sanguinaires et hallucinés que leurs aînés.

« Max Prévôt[1] » – appelons-le ainsi, à l'instar des truands, ses semblables –, du haut de ses soixante-neuf printemps, a vécu de l'intérieur la longue saga du gang des machines à sous. Notamment aux côtés de son vieux copain « Roger[2] », soixante-dix-neuf ans aux prunes. Le premier se veut aujourd'hui un « modérateur » auprès de jeunes « à problèmes », afin de « leur éviter de faire des conneries en s'entretuant pour des raisons qui n'en sont pas ». Il estime, à l'aune de son « pedigree », « avoir un peu de crédibilité pour cela ». Son ami, paisible retraité lui aussi, a croisé le gratin du grand banditisme français pendant plus de quatre décennies. Plus souvent qu'à son tour derrière les barreaux ; le reste du temps, en officiant

1. Nom et prénom d'emprunt.
2. Prénom d'emprunt.

au comptoir de ses nombreux établissements, dans Paris et sa proche banlieue.

À l'automne d'existences tumultueuses, nos deux anciens taulards, fichés au grand banditisme dès les années 1970, ont bien voulu raconter leurs souvenirs communs. Non pour frimer, juste témoigner et permettre ainsi à leurs contemporains de « savoir afin de mieux comprendre ». Seule exigence du tandem : l'anonymat. Par modestie, mais surtout par prudence. Leurs récits, d'autant plus précieux qu'ils furent livrés, huit mois durant, dans un climat de totale confiance, constituent la trame principale de cet ouvrage. Qu'ils en soient – ô combien ! – remerciés.

« Je te dirai tout, à condition que tu ne révèles jamais mon blaze dans ton bouquin », a consenti Max, avec son langage fleuri tout droit sorti de l'univers d'Audiard, qu'il apprécie tant. « Dans cette affaire, beaucoup de gars sont morts. Et non des moindres. À quoi bon rouvrir de vieilles plaies mal cicatrisées et réveiller d'anciennes haines recuites ? » Voix de la sagesse lestée, en corollaire, de la réponse à cette question subsidiaire : que reste-t-il de nos jours de la « mentale » ?

Le récit qui va suivre apporte les éléments nécessaires pour précisément « savoir, mais surtout comprendre ». Il est temps d'entreprendre ensemble ce voyage – exclusif – au cœur d'une trop longue saga : celle des machines à sous. Ces pompes à fric, tantôt voyantes, tantôt semiclandestines, au gré des évolutions de leur histoire, auront poussé le paradoxe plus loin encore. Jusqu'à alimenter la pègre française durant trois décennies, en toute impunité ou presque.

Le gang des machines à sous

Les « bandits manchots » livrent enfin leurs secrets, jusqu'ici jalousement gardés. Attachez vos ceintures : ça va secouer !

Première partie

SÉRIE NOIRE

1

Mort d'un parrain

Il fait encore doux à Paris, en ce début d'après-midi du 27 septembre 2000, quand un grand type d'allure athlétique franchit la porte du bar-PMU l'Artois Club. Son visage d'épicurien, au teint fleuri et un brin empâté, est encadré de boucles grisonnantes. L'établissement, de bon standing, se situe dans la rue éponyme du VIIIe arrondissement, à trois coudées des Champs-Élysées. S'il s'écoutait, Francis Vanverberghe, dit le Belge, viendrait presque en voisin, chaussé de ses pantoufles et vêtu de sa robe de chambre en soie, tant il est familier des lieux. Il a ici son rond de serviette à force d'y passer du temps, souvent quelques heures d'affilée, plusieurs fois par semaine, afin d'accomplir ce qu'il fait de mieux : du business.

Celui qui se considère comme le parrain du grand banditisme français évolue en terrain conquis dans ce « triangle d'or ». Le chic parisien y côtoie les activités les plus lucratives de la pègre. Non loin de là, rue François-Ier, le Belge exploite Le First aux côtés de sa seconde épouse, Lydie, épousée en 1996. Un lupanar renommé, y compris auprès de « la haute », où la crème de ses hôtesses exerce avec talent. Les autres filles, jugées moins productives, arpentent le bitume autour de la place de l'Étoile, jour et nuit, à l'affût du touriste en goguette ou du micheton de passage. C'est que le plus vieux métier du monde fait toujours recette sur ces quelques mètres carrés de macadam, parmi les plus chers de la Ville lumière.

Ce jour-là, comme à l'accoutumée, le Belge s'occupe le plus tranquillement du monde de blanchir le produit de ses activités marseillaises. Notre homme a sur lui 200 000 francs en liquide. Il faudra bien cela pour acheter, ainsi qu'il en a pris l'habitude, les tickets gagnants des heureux parieurs du jour, pressés de toucher leur gain. Moyennant une substantielle « rallonge » octroyée à chacun – 10 à 15 % additionnés aux gains et payés cash –, il n'aura guère de mal à les convaincre. Ne restera, ensuite, qu'à encaisser les chèques de la Française des jeux, puis à les convertir en deniers sonnants et trébuchants. Grâce à ce stratagème, pourtant gros comme un cornet à piston, Vanverberghe ne manquera pas cette année encore de justifier ainsi auprès du fisc les sommes astronomiques nécessaires à son dispendieux train de vie. Jusque-là, le percepteur a encaissé ses impôts sans sourciller, et ce en dépit d'un statut revendiqué de contribuable « sans profession ». Comprenne qui pourra…

Le scénario, depuis de longs mois déjà, est bien huilé. L'ex-caïd de la Belle de Mai, toujours un peu nostalgique de sa Provence natale, reçoit d'abord des nouvelles du pays, de la bouche de l'un de ses lieutenants en provenance de Marseille, puis de ses mains une mallette remplie de billets de banque – de grosses coupures. La transaction s'effectue dans le luxueux appartement du parrain, rue Lord-Byron, tout proche de son débit de boissons favori. Mais à l'abri des oreilles et regards indiscrets.

D'abord à regret, il lui a fallu « s'arracher » car la terre phocéenne, si chère à son cœur, commençait à lui brûler les semelles. Règlements de comptes, cadavres et procédures judiciaires s'amoncelaient à ce point dans le sillage du Belge que l'exil doré a fini par s'imposer. Cap sur la capitale. Une décision guidée par la sagesse, qu'il n'a jamais eu à regretter ne serait-ce qu'une seule seconde. Entre le turbin des filles et les machines à sous, clandestines ou non, qui envahissent maintenant l'essentiel des casinos, clubs, cercles de jeux ou simples estaminets de Paris et de sa région, l'argent coule à flots. Les trompettes de la renommée, si mal embouchées aux oreilles de Brassens, font le reste et ne sont pas pour lui déplaire. Francis Vanverberghe règne désormais sur le Milieu parisien. Cela se sait partout et lui va plutôt bien.

Mais le Belge est-il toujours le boss, comme il le croit ? Pas si sûr. À force de vouloir étendre son empire, de truster, de faire pression et d'intimider tous azimuts, il s'est attiré de solides inimitiés. Surtout parmi la pègre. Le nombre de ses ennemis va crescendo. Pourquoi ? Parce que ses pairs, les truands, lui reprochent de ne pas tenir ses engagements. Ni même de respecter sa propre parole. Des pratiques jugées exécrables au sein de l'univers des grands bandits, en rupture avec le code d'honneur du Milieu.

Sur cet aspect précis, et à l'inverse d'autres éléments de l'enquête menée après sa mort, versions, témoignages et analyses convergent. « Il avait déjà Marseille et s'est mis à vouloir aussi Paris », résume sans ambages Max, affilié à l'époque au grand banditisme. Notre homme est un truand de l'ancienne école qui, de longue date, avait fréquenté le parrain, ainsi que plusieurs de ses proches. Et de poursuivre : « La vérité, c'est qu'à Paris il s'est attaqué au business de gens déjà en place et qui ne plaisantaient pas avec ses méthodes. Le commerce des machines à sous turbinait depuis près de vingt ans, mais lui avait bloqué le compteur sur des schémas à l'ancienne qui n'avaient plus cours. Surtout en région parisienne. "Le Belge" regardait tout le monde de haut, puis il a commencé à prétendre mettre à l'amende des types ayant pour la plupart déjà fait le coup de feu. À force de prendre les mecs du Milieu, à Paris et alentour, pour des ouvriers arabes du bâtiment comparables à ceux qu'il avait connus autrefois à Marseille, il a fini par tomber sur un os. Inutile de chercher plus loin les raisons de sa mort. »

Dépassé, le Belge ? Peut-être. Trop sûr de lui ? Sans aucun doute. L'homme aura poussé sa légendaire baraka dans d'ultimes retranchements. Le joueur a perdu la main. La roue de la fortune a tourné. Rien ne va plus !

*

Francis Vanverberghe naît à Marseille, le 3 mars 1946, dans le quartier de la Belle de Mai, cœur historique de la cité phocéenne, avec Endoume et le Panier. Son père, François, ch'ti d'origine, ex-légionnaire devenu menuisier, a épousé Herminia Gomez, une pied-noir d'Algérie aux racines espagnoles, avant d'abandonner femme et enfants pour retourner dans son Nord natal. La jeune maman élève donc seule, avec les moyens du bord, ses quatre enfants : deux fils et deux filles. La passion précoce du cadet de la fratrie pour le football et ses dons évidents le conduisent aux portes de l'Olympique de Marseille. Mais son ascension s'arrête net, à l'âge de seize ans, suite à une grave blessure. Francis voit s'envoler ses rêves de porter le maillot ciel et blanc de « l'Ohème ».

Figure locale du Milieu, filleul des Guérini, puis « taulier » à vingt-deux ans

Dès lors, le garçon ne tarde pas à s'égarer. Premier vol à la roulotte en 1962, à la Belle de Mai, où il commet de menus larcins. Trois ans plus tard, l'addition se corse avec une condamnation à quinze mois de prison ferme pour « proxénétisme aggravé ». À l'âge de dix-neuf ans, il « julotte » en effet une fille qui tapine pour lui, dans le quartier de l'Opéra. Sitôt libéré, celui que l'on surnomme maintenant le Belge, pour plus de commodité, car son nom demeure imprononçable à tout Marseillais digne de ce nom, devient une figure locale du Milieu en prenant la tête d'une bande redoutée qui écume les rues de son enfance. En 1967, il écope encore d'une année de prison ferme après une rixe dans un bar du Vieux-Port, suivie de coups et blessures portés à des policiers venus l'interpeller.

L'envol de Vanverberghe – si l'on ose dire – commence au terme de cette nouvelle incarcération, la troisième déjà, tandis qu'il atteint à peine l'âge de la majorité. Ses faits d'armes juvéniles ont suscité l'intérêt des frères Guérini, Antoine et « Mémé », qui règnent alors sur Marseille. Ceux-ci le présentent à Gaëtan Zampa et Jacky Imbert, dit « le Mat[1] », futurs parrains de la ville. Le

1. « Le fou », en langage provençal, de même qu'en vieux français. Le Mat fait, du reste, référence au Fou dans le jeu de tarot marseillais.

duo a déjà pignon sur rue, également à Paris, au sein du gang des « Trois Canards[1] », de sinistre réputation. Si Zampa connaîtra une fin tragique et prématurée, Imbert, lui, mourra de vieillesse à l'âge de quatre-vingt-neuf ans.

Le duo, devenu trio avec l'arrivée du Belge, tisse sa toile sur la deuxième ville de France. Il faut préciser que, cette même année 1967, Antoine Guérini est abattu, au volant de sa Mercedes, par un commando à moto. Nombreux sont ceux qui voient alors, derrière ce geste, la main criminelle de celui que la presse locale a surnommé « le Serpent à sonnette », eu égard à son extrême degré de dangerosité : « Tany » Zampa. Le fait que ce dernier se trouve alors – déjà – incarcéré aux Baumettes, où il purge une peine de quatre années de prison, ne change rien à l'affaire. Car, sous le casque intégral de l'un des tueurs, et afin d'exécuter le « contrat » déposé sur sa tête, se serait caché, à en croire la *vox populi* persistante autour du Vieux-Port, un certain… Jacky le Mat. À l'époque, tous deux marchaient encore en tandem. Unis comme les doigts de la main.

À vingt-deux ans, le Belge, lui, a déjà assis sa place au sein du grand banditisme. Il s'impose, du même coup, en tant que « taulier » de la pègre marseillaise et n'arrêtera plus sa fuite en avant. Mais son insolente réussite lui vaut rancœur et jalousies dans le Milieu. Pire, ses relations d'amitié avec Zampa, d'abord au beau fixe, se

1. La bande dite des « Trois Canards » – du nom d'un cabaret de la rue de La Rochefoucauld, à Paris – s'est fait connaître au début des années 1950. Spécialisée dans le braquage ainsi que dans le racket, elle se distinguait par ses méthodes très brutales à l'égard des personnes rétives au chantage.

dégradent. En cause, une méga-arnaque, d'une valeur de 600 000 francs, que « Gaetano » lui aurait fait subir en détournant la cargaison d'un bateau affrété par ses soins afin d'acheminer de la cocaïne et de l'héroïne.

Tany pendu aux Baumettes :
une idée du Mat, exécutée par des matons

Indigné par cette avanie, le Mat, un temps tiraillé par leur rivalité, toujours plus implacable, se rallie au Belge et se veut désormais, lui aussi, l'ennemi de Zampa. Personnage sans scrupule, sicilien de naissance, ce dernier est considéré – avec raison – comme l'œil de la mafia à Marseille. Il disparaîtra à cinquante et un ans, en 1984, dans des circonstances troubles, pendant l'une de ses détentions à la prison des Baumettes, qu'il connaît si bien. À l'issue d'une tentative de pendaison, Zampa, sur la foi de la version officielle, décédera à l'hôpital de la Timone. Une mort bien peu convaincante pour un truand de cette envergure.

« Très vite après cette annonce, la rumeur a couru le Milieu, confie Max. "Le Mat" aurait passé un contrat sur la tête de "Tany". Des matons, grassement rétribués pour la circonstance, se seraient chargés de la sentence. Et le moins que l'on puisse dire, c'est que l'information émanait d'une source fiable. »

Bien au-delà du cénacle des voyous, les regards, tout naturellement, se tournent alors vers Jacky Imbert. N'a-t-il pas échappé par miracle à un guet-apens, sept ans plus tôt, sur le parking de sa somptueuse résidence de Cassis ? Laissé pour mort dans sa voiture, avec une dizaine de balles dans le corps, « l'Immortel » – son énième surnom après cet incroyable dénouement – aura même inspiré un film. Avant de devenir un ami très proche d'Alain Delon, fasciné par sa vie tumultueuse. Notre homme, qui a la rancune tenace, n'a jamais fait mystère depuis cet épisode de sa conviction quant à l'identité du commanditaire de l'exécution ratée : encore et toujours l'incontournable Zampa.

Un parrain suicidé au fond de sa cellule ? Le microcosme médiatique se plonge avec délices dans l'affaire et bruisse de toutes parts. Mais rien de concret ne filtrera jamais. Pressé de questions, l'alter ego du Belge ne consentira qu'à répondre, sibyllin, un sourire narquois au coin des lèvres : « Je crois en la justice divine. » On ne saurait se montrer plus clair. À la lumière des révélations de Max, nous voilà bien loin des conclusions du rapport référent de l'administration pénitentiaire. Passons...

Avec la disparition de Zampa, la voie du crime et de l'opulence s'ouvre en grand devant Vanverberghe, plus jeune d'une vingtaine d'années, et Jacky le Mat, son allié. Mais il convient, au début de ces turbulentes années 1970, de compter encore avec Tany et ses nombreux hommes de main. Qu'importe, à leurs yeux. Pas question de se laisser impressionner par le camp adverse.

À l'époque, l'associé du Belge partage son temps entre le business et sa grande passion : les chevaux. Jockey émérite, il a lui-même entraîné par le passé, mais ne pourra jamais créer sa propre écurie – l'un des rêves de sa vie – à cause d'une condamnation pour « abus de confiance et corruption », prononcée en 1977. Une vilaine combine de paris truqués qui a mal tourné, baptisée par les médias « le scandale du prix de la Bride abattue ». Il sera, pour cela, radié des champs de courses. Qu'à cela ne tienne : son expertise et sa connaissance affirmée de l'univers du turf feront merveille lorsque les deux acolytes, souvent flanqués de complices, miseront des sommes considérables sur les meilleurs bourrins alignés sur la ligne de départ. De quoi arrondir des fins de mois déjà confortables. L'heure de la grande vie a sonné.

Grisé par le succès et disposant de fonds conséquents, le Belge se lance à fond dans l'importation et la revente de stupéfiants. Essentiellement cocaïne et héroïne, qui dispensent les marges les plus juteuses. Nous sommes au tournant de la décennie 1970, dans la continuité directe de la *French Connection*, venue des États-Unis et maintenant importée en France. Le nouveau parrain de Marseille, loin de se tenir tranquille sur son matelas de millions, ne va plus tarder à tomber. Le 31 mars 1973, il se retrouve impliqué dans le règlement de comptes du bar Le Tanagra, sur le Vieux-Port, épisode le plus sanglant de son contentieux avec le clan Zampa. On ramasse quatre morts : trois porte-flingues, ainsi que la patronne de l'estaminet. Les rivaux ont déjà semé, depuis de longs mois, une impressionnante litanie de cadavres de part et d'autre. Cette fois pourtant, les bornes sont franchies. Si sa culpabilité n'a jamais pu être démontrée dans cette tuerie, Vanverberghe écope, à la fin de l'année, d'une nouvelle condamnation à trois ans de prison ferme. Motifs : proxénétisme aggravé, détention d'armes et usage de faux papiers. En attendant mieux.

1977, qui débute à peine, annonce pour lui la fin d'une époque : celle de sa relative tranquillité vis-à-vis de la justice. À peine libéré, le Belge, vite convaincu de trafic d'héroïne, se retrouve de nouveau face aux juges. Il est condamné à douze ans de réclusion criminelle, assortis de cinq années d'interdiction de séjour dans les régions de Paris, Lyon et Marseille. Il n'en purgera que... sept. Presque soixante mois de remise de peine : la chance ne le lâche pas. Il n'empêche : l'homme qui, libéré pour bonne conduite, quitte la prison de Poissy en 1984 aurait mûri, affirme-t-il. Il a lu, médité, fait de nouvelles rencontres, puis s'est découvert une passion, jusque-là insoupçonnée, pour la jet-set, l'univers de la mode et celui du sport. Même s'il se déclare, auprès de qui veut l'entendre, plus circonspect vis-à-vis de la lumière et de la notoriété. Un credo qui sonne faux et dont personne ne croit un traître mot. le Belge n'a tout de même pas pu changer à ce point... Les faits donnent vite raison à ces observateurs. Installé dans le Nord de la France, il revient aux affaires et se rend – discrètement – dans sa somptueuse villa de Vitrolles, non loin de Marseille, sans être inquiété. Commence alors une nouvelle période d'opulence. De courte durée.

En mai 1986, Vanverberghe est de nouveau dénoncé, pour trafic de came, par un certain Francis Scapula, alias « Scapu la balance », chimiste de son état et issu d'un clan adverse de la région aixoise. Jusqu'en 1984, une terrible « guerre des boîtes » l'a opposé à Zampa, au terme de laquelle une dizaine d'hommes sont encore restés sur le carreau. Le parrain prend la tangente afin d'échapper à la justice, mais sa cavale s'achève en 1988. Retour à la case prison, pour quatre années de détention préventive. Au début, Vanverberghe voit plutôt le bon côté des choses : non seulement son ennemi mortel, Gaetan Zampa, a disparu quatre ans plus tôt, mais ses propres liens avec son partenaire, Jacky le Mat, se sont encore affermis.

À présent, il le considère comme son second père et ne perd jamais une occasion de le clamer haut et fort.

Les deux associés contrôlent maintenant peu ou prou le monde de la nuit entre Aix et Marseille. À quel prix ! De sa cellule, le Belge a appris le meurtre de son frère Joseph, tombé sous les balles du clan rival en 1989. Atterré, il commandite l'exécution de l'assassin, un truand varois de piètre renommée qui ne survivra que quelques jours à son forfait. On lui rapporte aussi l'émergence de deux nouvelles bandes aux dents longues : celle de Raymond Mihière, dit « le Chinois », et celle d'un certain Souhel Hanna-Elias, bientôt baptisé « Joël le Libanais » dans le Milieu local, avant de devenir « le Turc ». Vanverberghe n'a pas fini d'en entendre parler. Impatient de pouvoir se mesurer à ses adversaires, y compris les plus récents, le parrain, après quatre ans et huit mois de détention, est enfin jugé, relaxé, puis remis en liberté moyennant le règlement d'une caution de 1,5 million de francs, le 4 décembre 1992.

87 000 francs pour l'Abbé Pierre ; un pied de nez à la justice

À peine a-t-il le temps de savourer sa liberté retrouvée. Dès février 1993, le Belge, de nouveau, a maille à partir avec la justice. Une rocambolesque histoire, à l'issue de laquelle il va démontrer, une fois de plus, l'étendue de son culot et son insolente baraka. Autant laisser à Max le soin de conter cet épisode, qu'il a vécu d'assez près.

« Les condés lui ont collé sur le dos une affaire de braquage à main armée ayant salement dégénéré, avec meurtre à la clé, raconte-t-il. “Le Belge” se serait trouvé à l’origine de cette opération, avec plusieurs membres du gang des postiches, qui avait surtout sévi dans les années 1980. »

Faute de preuves, la procédure judiciaire tourne pourtant en eau de boudin. Le tribunal de grande instance de Marseille n’a d’autre choix que de libérer Vanverberghe, presque un an après sa mise en examen et son placement en détention préventive aux Baumettes. Fin du feuilleton ? Pas du tout ! Le parrain contre-attaque et exige réparation aux dépens de l’État. Pugnace, son avocat plaide crânement, puis réclame des dommages et intérêts pour détention abusive. À la stupéfaction générale, les magistrats de la Cour européenne de justice à laquelle, en dernier ressort, échoit le dossier, lui donnent raison en 1996. Grand seigneur, le Belge prélève les 87 000 francs, obtenus de haute lutte, de sa cassette... et lègue la somme aux œuvres de l’Abbé Pierre. Lequel s’empresse de refuser cette manne tombée du ciel. Qu’importe : l’effet communication joue à plein auprès des médias et du grand public. On savait que le Belge « en avait ». Et si un cœur battait aussi dans sa poitrine ?

Notre homme a cinquante ans lorsqu’il décide de monter à Paris, pour les raisons que l’on connaît. L’air a viré trop malsain du côté de la Canebière. Lydie, qui n’est encore que sa « régulière » – le mariage ne tardera plus –, tient déjà, d’une main ferme, son bar de nuit derrière les Champs-Élysées. Lui-même supervise force business divers et variés. Il compte à son palmarès une bonne quinzaine d’années de prison. Essentiellement pour trafic de drogue. Tout Marseille le considère à présent, non sans une certaine fierté parfois, comme la figure de proue hexagonale de la *French*. Mais cette médaille a son revers. La « guerre des boîtes », menée contre Zampa et son clan, a laissé des traces et la pression judiciaire se fait toujours plus prégnante. D'autant que, dans la capitale aussi, Vanverberghe ne tarde pas à susciter une forte antipathie.

Roger, depuis longtemps déjà fiché au grand banditisme, tout comme son copain Max, a croisé le Belge en prison, puis dans le cadre des activités commerciales qui ont suivi sa libération. Presque trois décennies durant, cet ancien truand l'a fréquenté, ainsi que ses proches. Son récit n'en est que plus édifiant.

« Dès son arrivée à Paris, enivré par sa réussite et son enrichissement fulgurant, il s'est mis à entraver le commerce de bon nombre de ses concurrents. Cela a contribué à foutre le bordel. C'était d'autant plus dommage qu'en région parisienne la situation, jusque-là, restait plutôt calme. Le marché des machines à sous était si lucratif qu'il y avait à manger pour tout le monde. Pas vraiment le cas à Marseille, où ce business demeurait étroit au point de transformer les types en fauves, prêts à s'entredéchirer afin de tenir la taule. Très vite, on a senti que tout ça allait partir en vrille et virer à la boucherie. »

Le Belge, auréolé de sa réputation désormais internationale, ne voit rien venir. Il estime que son itinéraire hors du commun parle pour lui. Le chiffre d'affaires généré par les « bandits manchots » a décuplé sa rapacité. Il se jette donc, à corps perdu, dans cette activité devenue si alléchante.

« Grâce à sa faconde, sa prestance et, il faut l'avouer aussi, son nom après vingt années passées à faire la une des journaux, d'abord régionaux puis nationaux, il s'est fait beaucoup d'amis, ajoute Roger. Plutôt dans le grand monde. Mais le nombre de ses ennemis a crû dans le même temps, et plus rapidement encore. Surtout du côté des "jeunes loups" de la pègre montante, qui tenaient les machines à sous sur Paris et sa banlieue. »

Ceux-ci voient d'un mauvais œil les ambitions de Vanverberghe, qui ne tarde pas à piétiner leurs plates-bandes. « Un jeu dangereux et malvenu de sa part car ces mecs, souvent des petits truands qui sortaient de cités très dures et de la galère, avaient investi des sommes importantes afin d'acheter des bars, reprend Roger. Juste pour y installer des machines à sous et gagner du fric en dormant. Cela fonctionnait si bien qu'ils encaissaient un pognon fou et menaient maintenant la grande vie. Le genre de truc auquel tu prends vite goût. Parfois, la situation devenait cocasse. Des clients venaient, s'installaient et souhaitaient manger car ils avaient lu "restaurant" sur la devanture. Les gars, qui en avaient marre de faire marner le cuistot et de les servir, répondaient que le resto était fermé. Il leur arrivait même de mettre en sommeil l'activité du bar, tant le blé coulait à flots. Ils préféraient, de beaucoup, claquer de la thune en levant des filles ou bien faire la java. »

Cet « Eldorado-sur-Seine » a, dans un premier temps, des effets soporifiques sur la petite délinquance francilienne. Au point que les flics confient parfois, goguenards : « Depuis qu'ils ont installé leurs machines à sous, qu'est-ce qu'on est peinards ! » Mais le contexte doré, serti d'argent facile et sans risque, attise la convoitise de requins. Parmi tous ces squales, le plus gros et le plus gourmand reste le Belge. Et la tranquillité du « marché » ne va plus résister longtemps à son appétit.

« Sauf que le problème – de taille –, c'est qu'à Paris il n'y a jamais eu de parrain. Et que personne n'en voulait, souligne Roger. Le Belge a donc commis, d'emblée, une double erreur d'appréciation. Non content d'ignorer cette réalité, il s'est aussi obstiné à sous-estimer la concurrence constituée de tueurs et de braqueurs déjà installés et confirmés. »

Comme dans une scène culte du *Parrain* – celui de Coppola –, une réunion au sommet est organisée, en 2000, entre gros bonnets. Le Belge est du nombre. Objectif avoué : tenter d'aboutir à un *modus vivendi*, afin d'éviter la guerre des gangs. Les plus conciliants – il y en a encore – proposent de découper le vaste territoire francilien concerné en zones d'activité autonomes des différents protagonistes. Une façon de partager le gâteau, aussi équitablement que possible. La solution de la sagesse va-t-elle s'imposer ? L'accord, un court moment, paraît en vue. Hélas… « Francis a fait capoter l'affaire, révèle Roger. Il s'est vu beau et pensait que son nom suffisait à mettre les autres à la raison. Il se gourait. Du tout au tout. »

Faute d'arrangement, les nouveaux rivaux de Vanverberghe – surtout de gros exploitants et commerçants – décident de l'éliminer, sans pour autant se salir les mains. Ainsi sera fait, et en moins de temps qu'il ne faut pour l'écrire. « Un contrat, en bonne et due forme, a bien été ordonné sur sa tête, confirme-t-il. Le Belge, en cinquante-quatre ans d'existence, se vivait plutôt comme un citoyen chanceux et il avait de bonnes raisons pour ça. Jusqu'à cette satanée mauvaise rencontre du 27 septembre. »

Son dernier tiercé. Fatal…

*

Francis Vanverberghe est assis à une table dans la salle du fond. Celle qu'il apprécie particulièrement. Seul. Ses lunettes de presbyte sur le nez, il consulte ses notes et analyse d'un œil attentif les différentes informations recueillies. Sa manière à lui de préparer avec soin ses paris, avant les courses sur lesquelles il compte miser gros. Au calme, comme à l'accoutumée. Dès qu'il en aura terminé, viendra le moment d'entamer ses transactions avec les gagnants des précédents tiercés et quintés, afin de racheter leurs tickets à prix d'or. Rien que de très habituel.

Un homme casqué, arrivé sur une moto conduite par un comparse, entre alors dans le bar d'un pas décidé. À l'évidence, il cherche quelqu'un dont la présence lui a été signalée et paraît certain de le trouver. Le conducteur, lui, fait le guet devant l'établissement. L'engin stationne, moteur au ralenti, en attendant le retour du visiteur. Ce simple détail, et le fait que nul ne peut distinguer son visage sous l'opaque visière, devrait suffire à susciter un sentiment d'inquiétude auprès des clients de l'Artois-Club. Il n'en est rien. Les parieurs sont affairés, tout comme les barmen. Quant aux quelques touristes de passage, ils ont l'esprit ailleurs. Le type se dirige maintenant vers la salle du fond, s'approche de la table du Belge après l'avoir reconnu, puis sort un pistolet de gros calibre de son épais blouson de cuir. Tout va alors très vite. La pellicule s'emballe et les images défilent en accéléré.

Francis le Belge lève la tête. Il a un mouvement de protection de la main droite, instinctif et dérisoire. À bout presque touchant, neuf balles résonnent coup sur coup. Toutes tirées dans son crâne. Une boucherie. Panique totale dans le bar. Le tueur, lui, est déjà ressorti et enfourche la moto, qui file illico. C'est fini. À cinquante-quatre ans, le parrain de Marseille, qui se voyait bien devenir aussi celui de Paris – le premier dans l'histoire du Milieu –, a quitté ce monde imparfait, dont il s'était pourtant si bien accommodé. Rideau !

L'enquête démarre sur les chapeaux de roues et finit dans le décor

L'enquête de police commence dans un climat fébrile, tandis que les unes des journaux spéculent et conjecturent. Ce genre de faits divers, relativement fréquent à Marseille, fait désordre à quelques encablures de l'Élysée. Très vite, les investigations s'orientent vers trois pistes distinctes. Aucune n'aboutira jamais ni ne livrera d'éléments factuels assez convaincants pour identifier un coupable.

La première, que les flics privilégient, mène à un certain Boualem Talata. Celui-ci fait l'objet d'une surveillance depuis un bon moment déjà. Grâce à des sources convergentes, ils savent que l'homme, ex-garde du corps d'un humoriste en vogue, aurait eu des intérêts dans le business des machines à sous avec le Belge. Sur la foi des tuyaux de leurs indics, les enquêteurs estiment que tous deux se sont d'abord respectés et ont travaillé en bonne intelligence. Jusqu'à une période récente, tout allait encore bien entre eux. Ledit Boualem, ancien boxeur reconverti dans le grand banditisme, « tenait » Dreux et sa région. Le Belge, fort du soutien d'un puissant clan familial, originaire de Montreuil, partageait quant à lui le gâteau avec celui-ci sur Paris et alentour. Mais le parrain marseillais, emporté par sa voracité légendaire, aurait dérapé puis empiété sur le territoire du caïd local.

Le scénario semble plausible. Pourtant, les soupçons qui pèsent sur l'individu, entendu dans le cadre de la procédure judiciaire, ne tiendront pas la distance. Et pour cause : Boualem est abattu à son tour, dans des circonstances pour le moins insolites, au pied d'un immeuble d'une cité HLM de Dreux, le 19 novembre 2000 vers 19 heures. Soit deux mois à peine après l'exécution du Belge. Un peu plus tard dans la soirée, trois frères, originaires de ce quartier, se seraient présentés de leur plein gré au commissariat de la ville afin de s'y constituer prisonniers. Ils déclarent avoir purgé ainsi un différend avec l'ex-garde du corps, en conséquence d'un prêt non remboursé de 200 000 francs qu'ils lui auraient consenti, et remettent un revolver aux policiers. Affaire classée ? Certes non, ce serait trop simple. Selon un magistrat proche du dossier, l'arme en question ne serait pas celle utilisée lors du meurtre de Boualem. Plus troublant encore, à peine arrivés au tribunal de Chartres, après leur mandat de dépôt, les suspects auraient nié toute participation dans le crime, puis supplié la juge d'instruction de les placer en détention. Requête immédiatement agréée par celle-ci. On nage en plein polar.

Dépités, les limiers de la Brigade criminelle de Paris recadrent leur enquête. D'abord en direction des partenaires de Vanverberghe, issus de la famille de grands truands, fort connus et redoutés, de la banlieue est. Ensuite, vers des membres du tout aussi célèbre gang corse de la « Brise de mer ». En raison, cette fois, d'un différend concernant l'exploitation des machines à sous d'un casino de la Côte d'Azur ayant attiré la convoitise du Belge. Dans les deux cas, ils feront chou blanc. Les alibis des uns et des autres paraissent solides, tandis que les éléments matériels, eux, font carrément défaut. Les dossiers sont donc classés sans suite.

Un « contrat » d'un million de francs à trois coudées de l'Élysée

Aujourd'hui, Roger, au seuil du quatrième âge, lève le voile sur les réels dessous de cette affaire, qui marque la fin de l'ère des machines à sous en mode *open*. Ses révélations, exclusives, éclairent la mort du parrain d'une lumière crue.

« Les deux jeunes issus d'une cité de banlieue ayant hérité du "contrat" placé sur la tête du "Belge" ont touché un million de francs de l'époque chacun, divulgue-t-il. Soit 150 000 euros actuels. Je doute qu'ils aient fait mieux depuis. Ils ont "planqué", minutieusement pendant plusieurs jours devant l'Artois, afin de noter les habitudes de Vanverberghe, réglées comme du papier à musique à l'époque. En toute tranquillité de bout en bout. Autant Francis avait fini par virer "parano" à Marseille, autant à Paris il ne se méfiait de rien. Cela paraît dément, mais c'est ainsi. »

Les péripéties de l'affaire, de même que ses multiples rebondissements, semblent déjà loin quand survient un énième épisode dramatique : l'assassinat de Joël le Turc, second de Vanverberghe. Ultime réplique de ce séisme qui n'en finit plus de secouer le Milieu. Au cœur de l'été 2011, celui-ci est abattu à Marseille. Beaucoup d'eau a coulé entre les quais du Vieux-Port depuis la première rencontre entre Souhel Hanna-Elias – comme le monde est petit ! – et le Belge. Un temps face à face, les deux truands avaient pactisé, par la suite, afin de mettre la cité phocéenne en coupe réglée.

Une bonne décennie déjà après la mort du parrain, le Turc se positionne clairement comme son successeur. Titre que ne lui conteste pas Imbert le Mat, à présent octogénaire et « rangé des bagnoles ». Elias dirige, d'une main de fer, un réseau de plus d'un millier de machines à sous, disséminées dans trois cents points de commercialisation dont la tête, ainsi que l'avait voulu Vanverberghe, tourne toujours à plein régime dans Paris et sa petite couronne. 50 % des gains échoient aux tenanciers des deux principales villes de France et leurs environs ; 50 % reviennent au gang, désormais sous la poigne du Turc. Fabuleux jackpot !

À ceci près que la concurrence, enhardie par la chute de l'ancien boss, ne l'entend plus de cette oreille. Elle décide de faire place nette, une fois pour toutes. Le Turc, qui mène désormais grand train dans le VIIIe arrondissement parisien, reste lui aussi sourd, à l'instar de son prédécesseur, aux avertissements. À cinquante-cinq ans, il connaîtra donc le même sort. Dans un cybercafé du quartier de la Castellane, il est abattu de quatre balles dans le crâne par un tueur casqué. Celui-ci s'échappe ensuite à moto, avec son complice, sans être inquiété. La scène a comme un air de déjà-vu…

2

Les Zemour : une famille en or

« Z » comme Zorro, célèbre justicier masqué. « Z » comme « Zaoui », alias William Zemour, chef longtemps incontesté de l'une des toutes premières fratries françaises affiliées à la pègre, ainsi qu'à l'univers des jeux. Mais aussi – et plus proche de nous –, « Z » comme Éric Zemmour, journaliste, pamphlétaire, écrivain et, depuis peu, candidat malheureux à la présidence de la République. Contrairement à une légende parfois tenace, il n'existe pas le moindre lien de parenté entre ces deux familles. Rien d'autre que des origines séfarades communes, en Algérie, puis une arrivée sur le sol hexagonal consécutive aux tragiques « événements » de l'époque, pour la plupart des protagonistes. Les subtilités orthographiques en attestent.

Dans un récent ouvrage consacré à l'ex-éditorialiste désormais le plus connu de France, Étienne Girard révèle les blessures, longtemps secrètes, de cet ancien élève de Sciences Po. À l'époque, déjà, il est la cible de commentaires moqueurs émanant de certains de ses enseignants et condisciples à propos de son patronyme. Ainsi, au début de son cycle d'études, un professeur ne peut s'empêcher de lui poser la question qui fait mal, suscitant l'hilarité de quelques élèves : « Êtes-vous de la famille des frères Zemour ? »

« Interrogation d'autant plus vacharde de la part d'un sachant, qui ne peut ignorer que le nom de ces frères ayant semé la terreur dans Paris pendant plus de deux décennies s'épelle avec un seul "m", quand celui de son nouvel étudiant en comporte deux », commente, non sans raison, l'auteur du livre. Selon lui : « L'intéressé encaisse, puis, au terme d'un long silence, finit par répondre, glacial : "Notre nom est traîné dans la boue." » Et Girard de poursuivre : « Le jeune homme se sent d'autant plus blessé que son propre grand-père, à l'époque, vit fort mal cette homonymie avec d'aussi célèbres bandits proxénètes[1]. »

Réaction logique. *A fortiori* si l'on considère que cette fratrie a défrayé la chronique, judiciaire et médiatique, surtout pour sa carrière criminelle sur fond de turbin dans Paris, au cours de la décennie concernée. Au point, d'ailleurs, d'avoir inspiré en 1982 la réalisation d'un film, *Le Grand Pardon*, signé Alexandre Arcady. La mémoire collective a, sans doute, moins retenu l'appétence pourtant précoce et récurrente de ces truands pour l'industrie du jeu et ses bénéfices confortables. Une vocation pionnière, longtemps contrariée, qui n'empêchera pas les frères Zemour de compter parmi les premiers voyous ayant structuré, en France, ce business encore balbutiant. Mais à quel prix ! Nous aurons l'occasion de le mesurer.

Issue d'une famille pauvre originaire de Sétif, région montagneuse d'Algérie dont les autochtones, les Chaouis, ont joué un rôle important dans l'histoire du pays, la

1. Étienne Girard, *Le Radicalisé*, Seuil, 2021.

tribu Zemour débarque à Paris en deux séquences. C'est d'abord Roland, l'aîné, qui s'installe dans la capitale, quelques semaines après la fin de la Seconde Guerre mondiale. Seul. Le bonhomme, déjà connu comme « julot » notoire, reprend vite de troubles activités dans le quartier – disputé, en ces années de vaches maigres – du Faubourg-Montmartre. Ses méthodes, dépourvues de diplomatie élémentaire, ne tardent pas à lui attirer de vives inimitiés, puis très vite de gros ennuis. Il est assassiné, en 1947, et laisse au « bled », de l'autre côté de la Méditerranée, une famille éplorée.

En 1955, dès les premières escarmouches algériennes, ses quatre frangins posent à leur tour leurs valises à « Paname ». Refroidi par le sort de son aîné, Théodore, le cadet, marque illico ses distances avec les autres en décidant de gagner son existence honnêtement. Bien lui en prend. Il vivra ainsi jusqu'en 2019, soit quatre-vingt-onze printemps, et sera bien l'unique membre de la famille à connaître pareil privilège. William, qui le suit dans l'ordre de naissance, devient de fait leader du clan qui se forme autour de la fratrie. Pour lui, comme pour Gilbert et Edgar, les deux derniers, il s'agit – c'est la version officielle – de commercer dans le négoce de vins. Leur principal objectif, moins avouable, consiste surtout à venger Roland, tout en se taillant une solide baronnie au sein de la pègre parisienne. Il sera atteint sans tarder.

« À la fin de la guerre d'Algérie, les Zemour s'étaient un peu frictionné avec l'OAS[1], raconte Roger. Non par

1. Organisation Armée secrète : milice semi-clandestine, constituée en opposition au pouvoir du général de Gaulle entre 1961 et 1963, pour le maintien de l'Algérie française.

conviction politique ni, et moins encore, par adhésion à de Gaulle, mais parce qu'ils voulaient faire du business et avaient déjà compris que pour cela, en France, mieux vaut se trouver du côté du plus fort. Leur souhait, en quelque sorte, consistait à obtenir des couvertures. Cela a marché... un temps. Grâce à de solides relations nouées auprès du SAC[1]. »

« Dix centimes à banquer, au portemanteau, pour tous les grossistes du Sentier »

Les frères Zemour se lancent donc dans l'escroquerie, la prostitution, d'abord pour le compte du clan Atlan, maître incontesté de la communauté pied-noir du quartier, et le racket, domaine où ils excellent. Très vite, la réussite – si l'on ose dire – est au rendez-vous. Le trio se détache de la houlette encombrante de ses mentors, dirigés par le patriarche Simon Atlan. S'ensuit une guerre des gangs qui, après l'assassinat de ce dernier, ensanglante le IXe arrondissement. Ce n'est qu'un début.

« Le premier fait marquant concernant les frères Zemour, c'est l'extrême brutalité dont ils ont fait preuve contre leurs propres coreligionnaires, observe Roger. Un comportement inhabituel au sein de cette communauté que je connais bien. Du coup, ils se sont imposés,

1. Service d'action civique : officine, initialement affectée à la protection du général de Gaulle, face aux événements d'Algérie et à l'émergence de l'OAS. Le SAC sera dissous, en 1982, par François Mitterrand, à la suite de l'assassinat particulièrement sanglant d'une famille dans la région provençale, la « tuerie d'Auriol ».

d'emblée, par la peur, grâce à la violence physique qu'ils n'hésitaient pas à pratiquer dans le quartier du Sentier, en les faisant "banquer". Dès la fin des années 1960, ils exigeaient une commission de dix centimes au portemanteau à tous les grossistes du coin. Le commencement de la richesse, pour eux. Ensuite ? Ils ont mis à l'amende un chanteur assez connu de l'époque, véritable célébrité au sein de cette diaspora. Celui-ci tenait un hôtel de passe et menait grand train. Ils lui ont donc réclamé cinquante "bâtons". Le bougre a payé. Mais les esprits, alentour, ont fini par s'échauffer. »

L'épisode a laissé quelques hommes sur le carreau. Dont l'ancien parrain séfarade du quartier. Les Zemour – provisoirement – ont ainsi fait place nette. Avides de prendre la main, ils investissent alors dans l'immobilier, tout en contrôlant bars de nuit, hôtels de passe et cabarets, disséminés autour des Grands Boulevards. Volontiers novateurs, les trois frérots acquièrent aussi des parts dans plusieurs Eros Centers, en Allemagne, puis transfèrent des filles outre-Rhin, afin de doper leur chiffre d'affaires hexagonal. Le concept, naissant, se taillera un franc succès au cours des deux décennies suivantes, avant d'être rattrapé par l'évidence : la prostitution, même pratiquée à grande échelle en de vastes espaces, propres et sécurisés, dans la plus pure tradition germanique, n'en demeure pas moins une activité criminelle.

N'écoutant que leur voracité, en 1967 les frères tentent une incursion dans l'univers du jeu, tenu sans partage par de grands truands corses. Ils proposent un partenariat, culotté, au taulier Marcel Francisci, lequel refuse tout net. L'affaire, de nouveau, s'envenime. Bilan : six morts. Pour un conflit d'intérêts stérile cette fois. L'idée est abandonnée mais ne tardera pas à resurgir. Qu'à cela ne tienne : le business tourne à plein régime. William dirige le clan, Edgar parade, très à l'aise dans ses atours de truand de haut vol, y compris aux bras de pimpantes créatures, tandis que Gilbert, en homme d'affaires avisé, s'expatrie au Canada avec femme et enfants. Non sans avoir, au préalable, ouvert un restaurant puis investi dans trois boîtes de nuit, tous parisiens. La grande vie des Zemour ainsi que leur fortune s'étalent désormais au grand jour.

Une décennie de tueries perdue contre « les Siciliens »

La troisième guerre des gangs éclate en 1970. Du lourd, cette fois. Elle durera dix ans, laissera une trentaine de types au tapis et marquera la fin de l'ascension de la turbulente famille. Roger Bacri, dit « Petit Roger », membre du clan, prétend pousser ses coreligionnaires vers le trafic de drogue, tandis que la *French Connection* débarque en France. Au tour des Zemour de se faire tirer l'oreille. Dépité, Bacri prend le large, monte sa propre filière et se lance. Pas longtemps. Celle-ci est démantelée par la police. Le porte-flingue, parvenu à se glisser entre les mailles du filet, revient frapper à la porte de ses ex-complices. Peine perdue : ils refusent de le réintégrer au sein de leur équipe.

Ulcéré par ce qu'il considère comme une trahison, Bacri rallie alors le « gang des Siciliens[1] » : une association

1. Association de malfaiteurs ayant opéré lors des décennies 1970 et 1980. Le nom du gang fait peut-être référence au film d'Henri

de malfaiteurs, dans les faits, surtout constituée de truands venus du sud de la capitale, à laquelle s'agrègent quelques voyous originaires de la banlieue parisienne. La chance des Zemour, jusque-là bienveillante, a tourné casaque. Le sort des armes, longtemps hésitant, a choisi son camp : celui de leurs ennemis. Le 28 février 1975, un terrible règlement de comptes se déroule dans un bar parisien, Le Thélème, mettant aux prises les Zemour et le gang des Siciliens. Les flics, prévenus en catastrophe, s'interposent et blessent mortellement William, alias « Zaoui », ainsi que son inséparable garde du corps, Joseph Elbaz.

« William a été, de loin, celui que j'ai le mieux connu, confie Roger, un brin ému. À l'époque, je tenais une brasserie. Dans le même quartier du cœur de Paris vivait une communauté juive originaire de Constantine, composée de près de quatre cent cinquante personnes. Souvent, ces gens, qui étaient mes amis, organisaient des fêtes à l'ambiance très "pied-noir". William avait épousé la fille d'un bon client à moi. Une fois, pour ne pas être en reste, j'avais invité Enrico Macias, à l'occasion d'une java que j'avais programmée au bar. Un souvenir assez inoubliable. »

Au terme de somptueuses obsèques, les trois frangins survivants connaissent des fortunes diverses. Théodore, à l'abri grâce à ses activités honnêtes, s'en sort plutôt bien. Gilbert, pour sa part, perd ses établissements parisiens, de même qu'une partie de son imposant bas de laine canadien. Edgar s'exile carrément à Miami. Il y ouvre un restaurant, qui périclite derechef. Jamais à court

---

Verneuil, *Le Clan des Siciliens*, avec Jean Gabin et Alain Delon, sorti sur les écrans en 1969.

d'arguments, le bouillant énergumène se voit suspecté d'avoir provoqué un incendie afin de récupérer la police d'assurance. À défaut de preuves contre lui, il obtient son indemnisation. Gilbert, qui possède lui aussi un appartement à Miami, le rejoint et s'offre un restaurant sur place. Mais la mafia italo-américaine ne tarde pas à lui mettre des bâtons dans les roues. Il reprend donc ses billes, puis achète, avec Théodore, un night-club à Fort-de-France, en Martinique.

Main basse sur la moitié des mises : un cocktail détonant à base de racket, d'innovation et de « bandits manchots »

Faute de se montrer aussi impulsif qu'Edgar, mais plus déterminé que son aîné, Gilbert a aussi de la suite dans les idées. C'est donc à cette époque moins porteuse pour le clan qu'il décide, tout en gardant un pied à Paris et un autre à Miami, de s'installer à Bruxelles. Objectif : investir le monde de la nuit et, surtout, celui du jeu et des machines à sous, alors dans sa prime jeunesse. La fiscalité est notoirement plus clémente – et beaucoup moins tatillonne – de l'autre côté de la frontière. Cette fois, les choses ne traînent pas. L'argent coule à flots et les caisses se remplissent comme aux plus beaux jours. La rapacité, ici, le dispute à l'innovation. Un cocktail détonant, qui a déjà fait ses preuves dans la famille Zemour.

Roger, qui a fréquenté les frères dès cette époque agitée, se souvient : « À ce moment-là, l'activité légale du jeu restait encore le privilège exclusif – et fructueux – des casinotiers. Ils avaient pignon sur rue et régnaient sans partage. Les Zemour ont été parmi les premiers à développer un marché parallèle qui a pris de l'ampleur, puis généré des profits démentiels. »

Le système, bien que fort simple, se voulait assez inventif. Il consistait à transformer, grâce à des logiciels clandestins, d'innocents jeux d'adresse le jour en véritables machines à sous dès que tombait la nuit. Sachant que ces appareils pouvaient rapporter, à l'unité, jusqu'à 2 000 francs quotidiens en moyenne au milieu des années 1970, pour un investissement de départ de 25 000 francs, le calcul est rapide. Et bigrement incitatif. Petite mise pour gros rapport. De quoi donner de l'élan aux « grands brûlés » du banditisme. À l'instar de Gilbert Zemour, ceux-ci n'en manquent jamais.

« Leur véritable coup de génie fut de s'être octroyé des marges énormes avec un aplomb phénoménal, insiste Roger. Dans les casinos, sur la foi du règlement en usage, ces appareils devaient restituer au moins 85 % des sommes investies par les joueurs. Or, chez les Zemour, les machines à sous ne remettaient en jeu, tout au plus, que 45 à 50 % des mises. Tu imagines les bénéfices obtenus ? Ces gains, assez vite gigantesques à un tel rythme, y étaient répartis, en ce temps-là déjà, *fifty-fifty* entre le gérant de l'établissement et le "placier" qui avait fourni le bouzin. Inutile de préciser qu'ils ont rapidement fait des émules. »

En 1981, Edgar Zemour est redevenu un homme riche et qui ne doute de rien, lorsqu'il revient à Paris, auréolé des succès de son frère, dont il a amplement profité. Rancunier en diable, il veut régler ses comptes avec Marcel Francisci qui, à ses yeux, lui a « manqué » autrefois, et n'hésite pas à lui réclamer un million de francs. En attendant mieux. Une dette non honorée, argue-t-il. Bagatelle. Sans surprise, le parrain corse l'envoie paître. Non sans le menacer. La Commission des jeux a mis le nez dans ses affaires, puis décidé la fermeture du Cercle Haussmann, l'un des navires amiraux de son organisation. C'est peu dire qu'il n'est guère d'humeur conciliante. Le ton monte jusqu'au moment où, quelques mois plus tard, Francisci est retrouvé mort à côté de sa voiture, dans le parking souterrain de son immeuble, rue de la Faisanderie. Trois balles de 11.43 seront extraites de son corps. Nous sommes le 15 janvier 1982. Edgar est soupçonné, auditionné, puis innocenté. Prudent – une fois n'est pas coutume –, le voilà qui retraverse l'Atlantique. *Back to Miami. Welcome home, mister Zemour*[1] *!*

Toujours plus dissocié des frasques de son bouillant frangin, Gilbert, en businessman avisé, mène quant à lui de florissantes affaires à Bruxelles, au début de ces années 1980. Son ambition, à présent : devenir l'un des pontes du monde des jeux. Dans ce dessein, il a ouvert fin 1979 Le Calvados, un restaurant-discothèque qui marche fort bien, en partenariat avec un ami parisien. La nuit, certaines salles se transforment en tripots clandestins dignes du bien nommé Night and Day, dont il est aussi l'heureux propriétaire, à quelques centaines de mètres de là. Un autre restaurant, Le Square, situé place Leemans, au centre de la capitale belge, fonctionne à l'identique.

Mais l'homme d'affaires revendiqué en veut davantage. Une opportunité bienvenue se présente alors : le

1. « De retour à Miami. Bienvenue à la maison, monsieur Zemour ! »

casino de Namur est à vendre. Gilbert saute sur l'occasion. Aidé de Joseph Khaïda, son conseiller depuis une dizaine d'années déjà pour la partie la plus légale de ses activités, il s'adjoint aussi les services d'un ancien chef du département des courses et des jeux au ministère de l'Intérieur français – fameuse recrue ! –, puis crée une société-écran dont il se porte acquéreur. Le tour est joué. Quelques pots-de-vin versés de-ci de-là à certains notables de la ville font le reste. Les premiers mois se révèlent difficiles, avant que le chiffre d'affaires ne décolle enfin pour de bon.

Le benjamin des Zemour a tout juste le temps de fêter ce succès tardif avec la famille et les copains. Par une nuit de novembre 1980, le casino flambe comme une torche. Détruit aux deux tiers, il conserve un embryon d'activité dans l'aile de ses locaux restée intacte. Le Milieu voit dans ce geste criminel la main de concurrents allemands, revanchards de s'être fait souffler l'établissement au moment de la vente. Une hypothèse plausible. Gilbert, en guise de cadeau, laisse la facture des travaux de remise en état – 100 millions de francs belges – à la municipalité de Namur, propriétaire des murs en vertu du contrat signé avec elle. Puis il se tourne vers Paris et, associé à un entrepreneur marocain de sa connaissance, jette son dévolu sur deux prestigieux clubs de jeux.

« L'un d'eux portait le nom d'un acteur célèbre doublé d'un excellent joueur de bridge : le Omar Sharif. Il était situé rue Dufrenoy, se rappelle Roger. Le second, L'lbar, se trouvait avenue de Malakoff, non loin de la place de l'Étoile. Les machines à sous, en particulier, rapportaient un pognon monstre. Ses affaires marchaient si bien que Gilbert a pu s'acoquiner, à l'époque, avec un milliardaire que lui a présenté Khaïda. Ensemble, ils ont lancé des négociations en vue du rachat des casinos niçois, Le Ruhl et le Palais de la Méditerranée. Mais il n'a pas eu le temps de les mener à leur terme. »

Roger s'empresse pourtant d'ajouter : « Il n'empêche, peu avant sa mort, le plus malin des frères Zemour avait atteint son rêve de toujours : devenir taulier du plus gros empire des jeux français. Sa performance était d'autant plus remarquable que son nom n'apparaissait presque nulle part. Il n'avait pas manqué de magouiller les choses en ce sens. Sur le plan fiscal notamment, grâce aux précieux conseils de son ami Khaïda. »

Aboutissement de vingt années de luttes et de combines, menées avec patience et détermination. En 1983, Gilbert Zemour est bien, enfin, l'un des patrons – occultes mais redoutés – des nuits parisiennes. Plus pour longtemps, en vérité.

*

À propos de cette sinistre nuit du 8 avril 1983, deux versions un peu divergentes font foi. Depuis son retour assez précipité à Miami en provenance de Paris quelques mois plus tôt, Edgar Zemour se montre aussi discret que suspicieux. Les volets de sa somptueuse villa demeurent le plus souvent fermés. Surtout ceux de sa chambre qui, désormais, le sont presque en permanence. Le détail, on le verra, est d'importance. Même lorsqu'il s'y trouve, soit désormais assez souvent, l'enfant terrible de la fratrie ne quitte jamais son Colt .45, tout droit sorti des meilleurs westerns hollywoodiens, acheté dès l'arrivée sur le sol américain. C'est peu dire que le sieur Edgar ne se sent plus vraiment en sécurité. Y compris dans cette maison, pourtant acquise à prix d'or et qu'il aime tant. À l'évidence, les 7 350 kilomètres et l'océan qui le séparent de la France ne sont pas de trop à ses yeux. Faut-il y voir aussi l'aveu implicite de sa culpabilité dans la mort du parrain corse Marcel Francisci, un peu plus d'un an auparavant ? La DEA[1] et ses fins limiers, qui le soupçonnent, de surcroît, d'un important trafic de cocaïne local avec plusieurs complices pieds-noirs et compagnons d'exil, penchent clairement en faveur de cette hypothèse.

Les volets de la villa de Miami ouverts de l'intérieur en pleine nuit : complicité garantie

Sur le coup de 22 h 30 – c'est ce qu'allègue la première version, sans doute la plus vraisemblable –, quatre détonations rapprochées claquent dans la nuit de Floride. Sa fille Myriam – la préférée, qu'il chérit telle la prunelle de ses yeux – accourt, éperdue d'angoisse. Stupeur. Non seulement elle découvre le corps sans vie de son père, duquel seront extraites quatre balles de 11.43 (encore un détail troublant), mais les volets de la chambre sont ouverts. Étrange. Le tueur se serait donc glissé, le plus silencieusement possible, dans le grand jardin jouxtant la propriété, puis aurait ajusté sa cible de la fenêtre dès

1. Drug Enforcement Administration : unité de la police fédérale américaine, spécialisée dans la lutte contre le trafic et la consommation de substances psychotropes, ainsi que le blanchiment de leurs recettes.

l'arrivée de celle-ci dans la pièce. Imparable. Betty, la dernière épouse, accompagnée des autres enfants, a décidé de passer la soirée en ville, au restaurant puis au cinéma. Fâcheuse coïncidence ? Pas vraiment l'avis de tout le monde.

L'autre récit, plus difficile à croire, évoque un lointain tireur embusqué, sorte de sniper équipé d'un fusil à lunette, qui aurait exécuté le truand parisien à 400 mètres de distance. Comment, dans ces conditions, expliquer l'empressement de la jeune fille à se ruer dans la chambre de son père ? À moins qu'elle ait eu l'oreille extrêmement fine ? Peu crédible.

Pour autant, et quelle que soit la version retenue, l'hypothèse d'une complicité interne ne fait, quant à elle, guère de doute. Ne serait-ce que pour une raison simple : les volets ne pouvaient se manipuler que de l'intérieur. Au vu des relations toujours plus explosives entretenues au sein du couple, rien de très étonnant selon la famille Zemour et ses proches. Betty Case, ancienne actrice, fantasque et toxicomane de longue date, lassée des incessants accès de violence de son mari, aurait-elle prêté une main coupable aux assassins ? Tous le pensent, mais comment le prouver ?

Le polar continue après les obsèques, au cimetière juif de Bagneux, beaucoup moins fastueuses que celles de William Zaoui, huit années plus tôt en ces lieux. Une centaine de personnes vêtues de noir a tout de même fait le déplacement. Dans un premier temps, Gilbert dépêche à Miami un détective privé afin de mener l'enquête sur place. Pas question d'ignorer le fin mot de l'histoire. Puis, agacé par les lenteurs des investigations, il traverse à son tour l'Atlantique, bien décidé à appliquer ses propres méthodes.

« Il aurait tabassé Betty avant de lui coller un calibre sur la tempe, envisage Roger, peu surpris par la tournure des événements. Elle lui aurait alors avoué avoir été kidnappée par un commando de gangsters qui, après l'avoir menacée de mort, auraient exigé d'elle un accès facilité à la maison, puis à la chambre, le soir même. Hypothèse plausible, sans plus. Je ne saurais t'en dire davantage. »

« Le Milieu corse, puissant, structuré et revanchard, a fini par prendre le mors aux dents »

Un scénario possible, donc, à défaut d'être certain ? Pour les journalistes Vincent Nouzille et Jacques Follorou[1], foin de suspense, en tout cas, quant à l'identité de l'assassin, ainsi que de celle de son commanditaire. Le premier serait Gilbert Hoareau, dit « le Libanais », ancien de l'équipe Zampa à Marseille – le monde est petit –, requis par un contrat sur la tête d'Edgar. Son donneur d'ordre, lui, ne serait autre que Paul Mondoloni, célèbre caïd corse de la cité phocéenne. Surtout un grand ami de feu Marcel Francisci. L'observateur, aussi neutre qu'avisé et un tant soit peu au fait des us et coutumes de la pègre, serait tenté de les croire.

Trois mois et demi se sont écoulés depuis le meurtre d'Edgar Zemour. Cette journée du 27 juillet 1983, aussi estivale qu'animée, a passé vite, lestée par l'agenda de

1. *Les Parrains corses*, Fayard, 2004.

ministre de Gilbert. Toujours moins gangster et davantage homme d'affaires, élégant comme jamais dans son costume trois-pièces cintré, l'entrepreneur de quarante-huit ans a couru après l'horloge. Comme d'habitude. Après un déjeuner chez Joseph Khaïda, son précieux conseiller, il a pris quelques minutes pour passer embrasser sa femme, Liliane, et quelques amis au club Albarran, puis a retrouvé son associé, le milliardaire Jean-Claude Mimran, dans un grand hôtel de luxe de l'ouest parisien. Bras-dessus bras-dessous, l'heureux tandem, au terme de deux bonnes heures à parler business, est ensuite parti dîner. Direction Chez Régine, où il a rejoint un quarteron de collaborateurs. Retour enfin au Albaran, au cœur de la nuit. Cette fois, le plus doué des frères Zemour, en bon maître des lieux qu'il est, a lui-même régalé ses convives. Et le bougre sait y faire. Le champagne a coulé à flots, surtout quand Maurice Lévy, grand manitou de la publicité française, a débarqué au club, princier, avec son abondante crinière et son sourire carnassier. Les deux hommes se croisent désormais assez souvent et s'apprécient, ce dont l'ancien petit boxeur de Sétif ne s'avoue pas peu fier. Tripots minables des débuts et bars de nuit interlopes paraissent si loin !

Une série de verres plus tard, Gilbert rentre enfin chez lui, avenue de Ségur, sur le coup de 5 heures. D'une humeur de pinson, il est heureux de revoir ses quatre caniches, tous impatients de descendre pour leur rituelle promenade matinale. Juste le temps de se changer, un bon vieux jogging fera l'affaire. Il fait encore si doux. À peine revenu sur le trottoir, Zemour avise soudain devant lui un quidam surgi de nulle part. Cueilli à froid, il reçoit deux balles de 357 Magnum en pleine poitrine et s'écroule. Mû par l'instinct de survie, Gilbert parvient à ramper au sol afin de tenter de se planquer entre des voitures garées devant son immeuble. Peine perdue. L'assassin le suit, paisiblement, puis l'achève d'une ultime balle qui fait éclater sa boîte crânienne. Les chiens s'égosillent ou hurlent à la mort. Des lumières s'allument, çà et là, dans le voisinage. Une auto démarre, un crissement de pneus. Tout est fini.

Les manchettes des journaux, le lendemain, s'interrogent : qui a tué Gilbert Zemour ? Faut-il privilégier l'hypothèse d'une vengeance lointaine, issue d'anciennes guerres des gangs menées par la famille ? Peu probable. La quasi-totalité de ses vieux rivaux d'hier a disparu. Alors, les enquêteurs se tournent vers le monde du jeu. Nul doute que le plus lourd préjudice – humain, financier et moral – causé par les quatre indomptables frangins naguère a bien été subi par la pègre corse et son ex-parrain, Marcel Francisci. Ainsi, après l'exécution d'Edgar au mois d'avril, la vendetta serait complète. Fort possible. Mais les flics ne négligent pas non plus la piste du règlement de comptes familial. Certains aspects de l'enquête, troublants, semblent désigner la Floride et Betty Case, l'ex-belle-sœur que Gilbert, persuadé de sa complicité dans le meurtre d'Edgar, n'avait pas hésité à violenter.

« Il serait allé jusqu'à lui assurer qu'il reviendrait la buter pour achever le travail, précise Roger, mi-figue mi-raisin, l'œil faussement candide. De là à penser qu'elle a pu choper la pétoche et le devancer en lui envoyant un tueur à gages, il n'y a qu'un pas. Mais je n'en sais rien. »

L'idée se défend. Pourtant, les investigations finiront par se perdre dans d'insondables méandres.

« Qu'on le veuille ou non, il y a comme un aspect tribal dans ces guerres des gangs à répétition qui n'ont jamais vraiment cessé depuis, conclut Roger, plus convaincu par sa propre thèse. La continuité est évidente avec ce qui se passe, aujourd'hui encore, en plus violent sans doute, dans les quartiers nord de Marseille. L'erreur des Zemour, funeste à mon avis, aura été de s'attaquer au Milieu corse. À la fois puissant, structuré et revanchard, il avait trop de répondant pour eux. Il a fini par prendre le mors aux dents. L'assassinat de Marcel Francisci – que j'ai du reste appris, à l'époque, de la bouche même de sa fille – a été perçu par les truands originaires de l'île comme : "Les juifs s'en prennent à nous, mobilisation générale." C'était d'autant plus fou quand on sait à quel point la Corse s'était impliquée dans l'accueil de gosses menacés par les nazis trois décennies plus tôt. De ce point de vue aussi, on peut dire que cette famille a fait du mal à sa communauté. Le même phénomène s'est reproduit, plus récemment, avec Farid Berrahma, dit "le Rôtisseur", à Marseille. À force de déconner, le gars a fini par tomber. Il était temps, parce que les braises rougeoyaient entre les pègres arabe et corse, dans la région[1]. »

L'enterrement de Gilbert Zemour tranchera par son inhabituelle sobriété avec la vie tapageuse qui fut la sienne, notamment au cours de ses dernières années d'existence, sous le signe du strass et des paillettes. Une cinquantaine de personnes tout au plus, silencieuses et recueillies, se sont succédé dans les allées du cimetière juif de Bagneux, en cette longue et belle journée d'été. Au milieu de ce maigre aréopage, on pouvait distinguer la

1. Voir chapitre 6, p. 109.

silhouette voûtée d'un quinquagénaire aux yeux nimbés de larmes. Théodore, dernier représentant de la famille, marchait lentement. Il semblait songeur…

3

La dernière glissade de « Savonnette »

La question ferait recette lors d'un jeu télévisé. Quel fut l'unique parrain français qui, en moins de cinquante années d'existence, aura voulu se lancer en politique aux côtés du principal potentat de sa région, devenir producteur dans le showbiz et racheter le paquebot *France* afin de le transformer en casino géant flottant ? Celui ou celle qui répondrait « Jean-Louis Fargette » reviendrait en deuxième semaine.

Quand on consulte l'impressionnant background du plus célèbre des truands varois, une première chose étonne, outre sa précocité dans l'industrie du crime : son carnet d'adresses. Le ban et l'arrière-ban de la pègre française des années 1970 à 1990 y côtoie grands industriels, vedettes de la variété française, parfois de premier plan, du sport autant que – phénomène plus rare – nombre de politiciens, influents ou non. Bref : les people sont légion.

Pourquoi pareil succès ? L'explication relève de la psychologie élémentaire. Jean-Louis, Simon, Marcel Fargette, de l'avis général était, d'abord et avant tout, un type intelligent. Doté d'une personnalité complexe, il pouvait tout autant se montrer froid et implacable dans l'exercice de ses « fonctions » de malfrat, père exemplaire au sein de sa famille – unie jusqu'à sa mort, survenue en 1993 –, voire enjoué et empathique à l'égard de gens dont il appréciait la compagnie. Fargette, comme nombre de ses pairs, séduisait quand et ainsi qu'il le voulait, mais aussi – c'est beaucoup moins fréquent dans le Milieu – excellait à convaincre, par la qualité de sa réflexion comme de son verbe. D'où sans doute l'évident charisme émanant de lui, décrit par ceux qui l'ont connu.

Le garçon naît en 1948, à La Valette-du-Var, petite commune située aux portes de Toulon. Son père étant militaire de carrière, la famille Fargette voyage et déménage souvent, au gré des affectations. Jean-Louis, entouré de ses sept frères et sœurs, passe une partie de son enfance en Nouvelle-Calédonie avant la réinstallation de ses parents, Roger et Micheline, dans la préfecture du Var, en 1959. Cette même année, un drame secoue la région. Le barrage de Malpasset cède, après des précipitations hors normes, puis les cours d'eau sortent de leur lit, provoquant de terribles inondations. Plus de quatre cents victimes sont dénombrées, parmi lesquelles Roger Fargette.

Orphelin de père, confronté à la mort dès l'âge de onze ans, Jean-Louis, comme beaucoup de voyous de sa génération, bascule dans la primo-délinquance. À peine a-t-il atteint sa quinzième année que des liasses de billets, déjà, emplissent le fond de ses poches. Le jeune homme travaille pour un proxénète, bientôt incarcéré et qui, de sa cellule de prison, lui confie alors la surveillance de son « cheptel ». Une activité dangereuse, surtout pour un adolescent à peine pubère. Repéré, menacé puis molesté par des julots concurrents de son quartier, l'impétrant prend ses distances – temporairement – avec le métier.

À dix-huit ans, à l'instar du regretté Charles Aznavour, Fargette quitte sa province, le cœur léger et le bagage mince. Louis Régnier, dit « le Seigneur des Sablettes » – excusez du peu, on ne rechigne pas au superlatif dans la région –, unique caïd varois du temps, l'a repéré et pris sous sa coupe. Désireux de l'aguerrir sans tarder, son parrain l'installe à Paris puis l'intègre à la tristement célèbre bande des Trois Canards, sorte de centre de formation du racket au cours des années 1960. Jean-Louis y rencontre Tany Zampa, Jacky Imbert dit le Mat, Auguste Ricord et les frères Guidicelli, ses « pays ». Il hérite de son premier surnom, « le Grand », décerné par « Loulou » Régnier, véritable père de substitution pour lui.

« Prêt à toutes les actions pour s'imposer à la pègre toulonnaise »

Fargette apprend vite. Le bon élève fait donc une entrée fracassante, dès 1971, au fichier central du grand banditisme. Les policiers ne se trompent pas en lui prédisant un bel avenir dans la profession. Sur sa note individuelle, on peut ainsi lire en toutes lettres : « Prêt à toutes les actions pour s'imposer à la pègre toulonnaise. » Bien vu. Le Grand ne fera rien pour les démentir. Avec les revenus considérables que lui apporte le racket, il achète un bar situé en plein centre de Toulon : Le Tonneau. Gare aux concurrents qui, non contents de lui souffler des parts de marché, refusent de céder à ses tentatives de racket ! Les méthodes de ses sbires, convertis aux rudes pratiques de la bande des Trois Canards, ont tôt fait de les ramener à de meilleurs sentiments. Vitres et bouteilles brisées, bistrots incendiés, personnels violentés : la fine équipe constituée par Fargette ne recule devant aucune intimidation. Personne ne s'étonne donc lorsqu'il est, à son tour, victime de deux voyous venus lui demander de « chanter », menaces et calibres à l'appui. Le maître de céans s'énerve vite et leur répond à coups de revolver. Considéré comme en état de légitime défense, il échappe à une condamnation ferme, mais écope tout de même de quinze mois de prison avec sursis. Motif : port d'arme illégal. Ç'aurait pu être pire.

La saga Fargette est née. D'ailleurs, guère impressionné par l'épisode, notre homme acquiert un second bar, cette fois dans la zone portuaire de Toulon. Le « Petit Chicago », son surnom peu flatteur, est à l'époque un quartier borgne, inhospitalier aux honnêtes gens, où sévit une pègre puissante issue des deux rives de la Méditerranée. C'est là que le futur parrain va dans un premier temps bâtir sa fortune puis sa réussite, qui laissera pourtant comme un goût d'inachevé.

Un mari et un père attentionné, avec une lionne apprivoisée comme pensionnaire

Fargette étend son empire. Il s'est assis « rangé » par son mariage, en 1976, avec une jeune femme prénommée Argelia, danseuse et strip-teaseuse à ses heures. Celle-ci lui donnera deux enfants, Linda et Romain, qu'il aimera et élèvera autant que ses activités toujours plus prenantes le lui permettront, et ce jusqu'à sa mort. Outre l'avalanche de jouets et de gadgets sous laquelle il noie ses rejetons, le nouveau parrain du Var a doté sa famille d'une curieuse compagnie, dissuasive en diable, en installant dans sa maison une lionne apprivoisée. Étrange personnage, décidément. L'animal domestique, ô combien atypique, s'y balade souvent en liberté.

Épaulé par ses frères Robert et Guy, Fargette a surtout bâti une équipe de fidèles, organisée autour de son homme de terrain, Jacky Champourlier. Lequel dispute le rôle de second à José Ordioni, truand déjà confirmé et enfant du pays au casier judiciaire chargé. Deux porte-flingues ambitieux dont nous reparlerons. Le gang se complète d'un trio de truands corses ou provençaux : Tony Donati, Paul Grimaldi et Henri Diana, ainsi que d'un « correspondant » marseillais, Daniel Savastano.

Ces adeptes convaincus des procédés de la bande des Trois Canards ont mis la main sur un chapelet de boîtes de nuit dans la région, peu avant la fin de la décennie 1970. Quatre d'entre elles appartiennent désormais à Fargette et sont déclarées comme telles ; les autres sont dirigées par des prête-noms. La police et la presse, de concert, associent donc cette escouade de gangsters, brutale et déterminée, à différents business presque aussi lucratifs. Paris truqués, trafic de chèques volés voire – pire encore – assassinat d'un juge toulonnais fort estimé. Fargette, ulcéré par ces accusations qui l'assimilent à des activités minables, finit par improviser une quasi-conférence de presse à l'issue d'une détention de trois mois qu'il juge arbitraire. « Je veux bien qu'on m'accuse d'avoir dégommé dix mecs à la mitraillette, clame-t-il, mais pas me retrouver avec des embrouilles aussi nazes sur le paletot. » Fermez le ban.

Cette focalisation amuse franchement Roger. Il n'est pas loin de la considérer comme hors de propos. « Les raisons de l'enrichissement colossal de Fargette et de sa bande, à l'époque déjà, reposaient largement sur le trafic, le placement et l'exploitation de machines à sous, surtout dans ses propres établissements, affirme-t-il. Comme il s'agissait d'un type fin et malin, il a perçu, anticipé et compris très vite qu'il fallait investir à fond dessus. Les condés lui ont cherché tout un tas de poux dans la tête et ont voulu lui coller sur le dos des choses misérables. En revanche, ils ont mésestimé le business gigantesque que représentait ces bécanes et leur potentiel pour les deux décennies à venir. Dommage pour eux. »

Le revers de la médaille, c'est que ce butin tombé du ciel et les matelas de billets qui s'amassent à l'horizon finiront par rendre fous les membres de l'équipe. Au point, sans aucun doute, de provoquer la mort violente – et anticipée – du boss, une dizaine d'années plus tard. Puis une terrible guerre de succession qui saignera sa bande avant de secouer aussi le paysage politique, économique et immobilier du Var et du grand Sud-Est. Nous y reviendrons plus longuement[1].

« Ils se sont entretués pour le contrôle du marché des machines à sous, confirme Roger. Il y avait, certes, d'autres raisons, liées aux egos, des différends jamais vraiment réglés entre eux ou des rivalités recuites. Mais la principale était bien celle-là. »

Édifiant !

*

1. Voir chapitre 5, p. 95.

Dans les faits, il n'y a pas un mais bien deux parrains qui, en cette année 1982, règnent sur Toulon. Le plus ancien, en termes d'âge et d'antériorité à ce titre, n'est autre que le premier magistrat de la cité portuaire. Élu maire en 1959, puis réélu sans discontinuer depuis, Maurice Arreckx exerce un pouvoir sans partage sur une ville dont il connaît à présent les moindres méandres. Sous des dehors volontiers patelins, le bonhomme cache une volonté d'airain. Arreckx, toutes proportions gardées, est à cette préfecture provençale ce que Gaston Defferre incarne encore, du côté de la grande sœur marseillaise, avant de devenir bientôt « premier flic de France » de l'ère socialiste qui va s'ouvrir : le taulier. Aussi incontournable qu'incontesté.

Si l'on en croit Roger et ses potes voyous, la première rencontre en tête à tête entre Fargette et Arreckx remonterait à 1971. Il y a tout lieu de les croire, tant la situation de l'époque plaide, clairement, en ce sens. Cette même année, l'édile témoigne en faveur du bandit, à la surprise générale, dans la fameuse affaire – que le Grand qualifie de minable et dont il réfute la paternité –, de trafic de chèques volés. Avec succès. Leur victoire marque le début d'un véritable partenariat entre les deux hommes, sous forme de pacte d'intérêts communs. Il durera vingt bonnes années. On parlerait volontiers, dans le monde des affaires, de caution mutuelle et il s'agit bien de cela. Chacun place son ambition dévorante au service de l'autre puis, ce faisant, gravit avec lui l'échelle sociale. Laquelle ascension va de pair avec une force de frappe économique et politique qui, elle aussi, ira crescendo.

Dès 1975, il n'est pas rare de voir Fargette et ses comparses renvoyer l'ascenseur en assurant le service d'ordre des meetings du maire. Séduit, ce dernier installe son nouvel ami aux commandes d'une officine électorale, créée à son service exclusif. Lorsque débute la difficile campagne des législatives de 1978, annonciatrice du reflux giscardien quatre ans à peine après l'élection du président de la République, Fargette, bien que déjà fiché au grand banditisme, prend encore du galon. Il est désigné pour prononcer le discours de bienvenue au Premier ministre, Raymond Barre, en visite afin de soutenir les candidats UDF dans le Var. Un exercice de haute voltige pour un truand, dont il s'accommodera pourtant fort bien. Deux ans plus tard, l'ascension se poursuit. Le voilà bombardé président du « Comité d'action pour la majorité ». Autant dire responsable officiel de la future élection d'Arreckx, qui convoite désormais le département. Contrat rempli en 1982 puisque son associé enlève, sans trop de problèmes, le conseil général.

Une performance louable dans le contexte politique de l'époque. La victoire de François Mitterrand, son accession à l'Élysée puis la « vague rose » déferlant sur le Parlement qui en a résulté quelques mois plus tôt ont chamboulé le paysage électoral national. Tandis qu'en de nombreuses régions, les troupes giscardiennes fondent maintenant comme neige au soleil, le Var, lui, prend des allures de village gaulois. Solide bastion UDF, il demeure plus que jamais tenu d'une poigne de fer par son président, déjà sexagénaire. Mais le « Patron », à l'instar de son voisin Jacques Médecin à Nice, se découvre une âme d'assiégé. Inquiet devant les incertitudes du temps, il paraît toujours plus déterminé à fortifier, davantage au besoin, des positions qu'il estime menacées. Sans doute ne faut-il pas chercher plus loin l'empressement ostensible qui l'anime à l'égard de Fargette.

Allégeance au SAC hier,
partenariat avec Arreckx jusqu'à la fin

Le voyou intello ne s'est-il pas imposé, en un temps record, comme l'un des plus connus, respectés et redoutés du Milieu ? On murmure, dans sa ville et alentour, qu'il aurait aussi prêté allégeance au SAC, fort actif en Provence. Sa réputation commence même à dépasser les frontières alpines et pyrénéennes. Bientôt, il deviendra célèbre en Italie, au point de s'y installer puis d'y finir sa vie. Sa puissance et son entregent, dans la région, sont tels que s'attirer sa sympathie, voire ses bonnes grâces, constitue à présent une garantie aux yeux de plusieurs potentats locaux. Bref : le faîte de la gloire semble proche pour le Grand.

Les deux hommes sont devenus des intimes. Ils travaillent maintenant en parfaite symbiose. Arreckx ne se montre pas avare d'argent public vis-à-vis de ses proches. De son côté, Fargette, qui a compris que l'heure de réclamer son dû avait sonné, exige sa part du gâteau. Il obtient environ 5 % sur chaque marché public passé dans le département. Un nouveau pactole. Ce que l'on sait moins, aujourd'hui encore, c'est que le tandem fonctionne toujours en mode « gagnant-gagnant ».

« La filière d'importation clandestine, de trafic et d'installation des machines à sous montée par Fargette quelques années plus tôt tournait maintenant à plein régime, révèle Roger. Les énormes sommes de fric qui inondaient Toulon et sa région, à ce moment-là, faisait manger beaucoup de monde. Le parrain, qui percevait ses 50 % règlementaires, en tant que "placier", sur chaque bécane, arrosait large. Il était considéré comme acquis dans le Milieu de l'époque que Arreckx et d'autres élus du coin touchaient de grosses enveloppes. Le business restait d'autant plus peinard que pas grand-monde n'imaginait alors ce que les "bandits manchots" pouvaient rapporter. »

De quoi se faire bon nombre d'amis. Mais aussi susciter de sacrées jalousies.

Son ascension, financière et politique, son carnet d'adresses toujours plus impressionnant, sa vie mondaine en pleine expansion, n'ont pas suffi à étancher la soif d'argent et de notoriété de Fargette. L'ambition démesurée du Grand reste intacte. En ces premiers mois de la décennie 1980, le voilà qui organise des concerts géants dans l'enceinte du stade Mayol, à Toulon, dont il a parcouru chaque recoin. Cela ne rassasie pas son appétit. Au contraire. Trois ans plus tôt, il s'est aussi lié d'amitié avec le producteur Simon Waintrob, de réputation sulfureuse, qui gérait les intérêts de Mike Brant, l'une des stars de la variété française – du moins le croyait-on à l'époque, car il sera accusé d'avoir surtout provoqué la ruine du malheureux chanteur, disparu en 1975 dans des circonstances troubles.

130 millions pour transformer le paquebot France *en temple des « bandits manchots »*

Les deux affairistes, au diapason, conçoivent un nouveau projet, quasi surréaliste : racheter le paquebot *France*, promis à un avenir incertain. Leur objectif avoué et parfaitement assumé ? En faire un gigantesque casino flottant, amarré au large de la rade de Toulon. Les journaux se gaussent, la classe politique locale paraît circonspecte. Il n'empêche : le tandem parvient à amasser la coquette somme, *a fortiori* en ce temps-là, de 130 millions de francs afin de financer l'opération. Tout le monde est bluffé. Mais le dossier coule à pic, le cas de le dire, en raison d'un obscur imbroglio administratif. Pour autant, peut-on vraiment parler d'une idée de « charlot », à propos de ce casino sur l'eau ? Roger ne partage pas cet avis.

« Sûr que dans le contexte de l'époque, et sans connaître les tenants et aboutissants sur lesquels reposait le projet, ça peut sembler délirant, concède-t-il. Mais quand, avec le recul du temps, on mesure la fortune que Fargette a pu bâtir en une décennie à peine, grâce au marché des machines à sous, véritable navire amiral de son dispositif, chacun peut comprendre que l'idée n'avait rien de si extravagant. À mon avis, ils auraient encore édifié une montagne de pognon avec cette affaire. Et je ne suis pas loin de penser que c'est justement pour ça que le dossier a capoté auprès des autorités. »

Il en faut davantage en tout cas pour décourager Fargette. À défaut de casino flottant, il créé Les Caves varoises, une société de distribution de boissons. Grâce à ses méthodes, éprouvées, basées sur l'intimidation, voire si nécessaire le racket pur et dur, il impose bien vite sa marque aux établissements de la région. À la faveur de cet énième succès – qui force toujours autant la main du destin –, il dépose les statuts d'un consortium d'intérêts économiques, baptisé Codipra. La « montagne de pognon » de Roger, à défaut de monter aussi haut que prévu, n'apparaît pas moins nettement dans le paysage provençal…

L'année 1982, commencée sous de si bons auspices pour lui, vire en eau de boudin quand le Grand franchit de nouveau la ligne blanche. Fidèle en amitié – on ne se refait pas –, il a offert le gîte et le couvert à un truand italien en cavale du nom de Pascal Damiano, recherché par les autorités de son pays. La police, puis la justice, côté français, sautent sur l'occasion. « Cravaté », il écope d'une condamnation à un an de prison ferme. Son sang ne fait alors qu'un tour. Sur les conseils de Gaëtan Zampa, il boucle ses valises puis passe clandestinement en Italie. « Savonnette » – le nouveau surnom dont on l'affuble désormais, pour sa propension à glisser entre les doigts des flics – s'installe d'abord à Rome, avant d'acheter un somptueux appartement à Vallecrosia, petite cité balnéaire proche de la frontière française, entre Bordighera et Vintimille.

À moins de 200 kilomètres de sa ville de cœur, il reprend ses activités criminelles et passe l'essentiel des journées au téléphone, à transmettre des directives que mettent en musique ses lieutenants. Sa préoccupation majeure demeure immuable : le placement et l'exploitation des machines à sous. Le trafic de fausse monnaie contribue lui aussi, à un degré moindre, à arrondir ses fins de mois. « Une chose est sûre, ses années passées en Italie ne l'ont pas appauvri le moins du monde, rigole Roger. Je me demande même s'il n'y est pas devenu plus riche. »

Le reste du temps, en bon parrain, « Savonnette » réceptionne sa famille, ses amis politiques et ses associés dans les salons privés d'un hôtel de luxe de San

Remo, situé à quelques kilomètres de sa nouvelle adresse. Restaurants haut de gamme, boîtes de nuit et casinos disséminés sur la Riviera de la côte ligure occupent ensuite ses soirées. Mais les emmerdes reviennent et volent serrées, en escadrille. Repéré ne serait-ce qu'à cause de son train de vie fastueux, Fargette, en mai 1983, reçoit la visite des carabiniers. Premier retour à la case prison. Il est libéré, contre une caution équivalant à un million de francs. Pas pour longtemps. Rebelote l'année suivante, puis en 1987. Entretemps, le businessman, à peine troublé par ses ennuis judiciaires, a acquis des parts dans la radio Hyères FM, par l'entremise de son complice Henri Diana.

La plus immense discothèque du pays tombe de haut, puis le boss *tire sa révérence*

A-t-il pris goût à l'actionnariat ? Il faut le croire. Après une tentative d'assassinat contre un concurrent, un meurtre avorté auquel il échappe lui-même de justesse, à Rome, puis les faillites consécutives d'une fabrique de jeans et d'une pizzeria qu'il a tenté de lancer, Fargette prend des actions dans l'immobilier via le projet Sophia-Estérel, à Fréjus. Succès. Transformé bientôt, grâce à l'extension de l'aéroport d'Hyères. Un petit coup de pouce de ses « associés » politiques pour faire avancer son dossier, et le tour est joué. Encouragé, Savonnette se diversifie en déposant les statuts d'une société d'importation de ciments : les Ciments varois. Bingo là encore. Sacrée trouvaille aussi que l'import-export ! Le voici dans les affaires légales, avec un pied en Europe de l'Est et l'autre en Afrique. L'argent continue d'affluer.

Fargette, ce n'est pas un secret, aime la musique et la java. Qu'à cela ne tienne : en 1991, il boucle un budget de 15 millions de francs puis lance Le Cosmos, la plus immense discothèque de France, à La Valette, son fief familial. Toujours voir grand. Cette fois pourtant, le château de cartes est monté trop haut. La boîte périclite et Savonnette y laisse « une blinde ». Il s'en remettra ?

Les vents, en cette année 1992 qui débute, sont décidément contraires.

« Il commençait à en avoir marre, de son exil italien, se souvient Roger. Le pays lui manquait et la vie de famille aussi. Au bout de dix ans, la prescription de sa condamnation pour recel de malfaiteur allait bientôt se terminer et il caressait le projet de revenir en France. Mais le fisc lui est tombé sur le dos en réclamant 4 millions de francs. Un cauchemar absolu ! Du coup, il a dû se résoudre à rester en Italie. »

Fargette, c'est écrit, ne reverra jamais la France. Quelques mois plus tard, le 17 mars 1993, il périt lors d'un traquenard tendu à Vallecrosia. Un tueur embusqué lui loge quatre balles de .38 spécial Smith & Wesson dans le corps, dont deux seront extraites de sa nuque.

« Pour être honnête, et même si je reste convaincu que la raison principale de sa mort, interne à son propre gang, réside dans l'incroyable jackpot que représentaient les machines à sous, il faut avouer que son activité dans le ciment, les gros marchés qu'il s'était attribués dans l'immobilier, le génie civil et les travaux publics, ainsi que ses méthodes brutales, dérangeaient bon nombre de concurrents en Italie, confie Roger. Faut-il en déduire qu'ils ont pu, eux aussi, placer quelques billets sur sa tête ? C'est possible. »

L'ultime glissade de Savonnette, en tout cas. Cette fois, sa chance légendaire l'avait bel et bien abandonné.

4

Fargette & Co : succession empoisonnée

Les obsèques du parrain du Var assassiné dans la fleur de l'âge, à quarante-quatre ans, auraient dû comme souvent dans l'histoire du Milieu marquer la fin d'une époque. Tel est, d'ailleurs, ce que laisse entendre l'épitaphe sur sa couronne mortuaire : « Tu es le boss et tu le resteras toujours. » Délicate attention. Mais il ne faut pas se laisser berner par les apparences. Non seulement cette envolée lyrique restera lettre morte, mais elle témoigne, *a posteriori*, d'un cynisme peu commun. Aujourd'hui, il est probable que plusieurs commanditaires de l'exécution de Fargette comptaient parmi les invités à son enterrement. Sur ce point, fidèle à ses habitudes, Roger ne fait guère de mystère.

« La piste du règlement de comptes politique a bien, à un moment, été envisagée, rappelle-t-il. Personnellement, je n'y ai jamais cru. Même s'il est vrai qu'il existait des rivalités terribles, sur le plan local, entre le clan de Maurice Arreckx, qui régnait sur la région, et sa nouvelle adversaire, Yann Piat. Il est exact qu'elle ne le ménageait pas, avait beaucoup d'ambition et lui témoignait une haine tenace, d'ailleurs c'était réciproque. Mais elle n'a rien eu à voir avec son exécution. »

Réélue députée de la circonscription en 1993, l'ex-étoile montante du Front national et filleule de Jean-Marie Le Pen, cette fois sous les couleurs de l'UDF elle aussi, semble promise à un bel avenir dans ce bastion de la droite. Pourquoi, dès lors, considérer l'hypothèse comme quantité négligeable ? N'apparaît-elle pas au contraire recevable, à la lumière des tragiques événements des mois suivants, qui vont stopper net l'ascension de la parlementaire vers une carrière nationale de premier plan[1] ? Roger, sûr de son fait, se garde bien de faire chorus à cette thèse : « À mon avis, c'est une voie sans issue. La vérité, c'est que le fromage des machines à sous du Grand rendait marteaux, et depuis longtemps, trop de gangsters du coin. Ils en bavaient de convoitise. Y compris parmi ses proches. La guerre de succession, larvée, avait d'ailleurs déjà démarré de son vivant. On ne comptait pas les gars qui lorgnaient la place et avaient clairement intérêt à ce qu'il disparaisse. »

Sans se montrer aussi catégorique, ce point de vue s'entend. La série de morts violentes qui vont se succéder au sein du Milieu local, puis certains épisodes troublants ayant agité le microcosme politique, y compris national, par la suite – nous y reviendrons – accréditent la piste de la guérilla interne, privilégiée par Roger.

Seule certitude : loin de s'éteindre avec lui, le feuilleton Fargette ne va pas tarder à rebondir, par procuration, au moins jusqu'en 2007. Soit près de quinze années durant. Une paye !

1. Voir chapitre 5, p. 96.

Un mort très actif selon certains, mais au chapeau trop large

À la lecture de certains titres de journaux publiés à l'époque, et tout humour macabre mis à part, on serait presque tenté de constater que Jacky Champourlier fut, pour nombre de ses contemporains, un mort particulièrement actif. Mais le chapeau dont on l'a affublé se révèle beaucoup trop large. Qu'on en juge : non contents de lui faire endosser l'exécution de Fargette, son ancien boss – hypothèse certes plausible –, de bons apôtres tenteront, sans grande inspiration, de lui imputer aussi le meurtre de la députée Yann Piat, près d'un an plus tard. Une fable. Laquelle ne résistera pas longtemps à l'épreuve des faits[1].

Notre homme compte parmi ceux qui écrasent une larme, au début du printemps 1993, devant le cercueil de Savonnette. Aux côtés du principal associé du défunt parrain se tiennent ses compagnons de route : José Ordioni, successeur possible lui aussi, tout comme Paul Grimaldi, fidèle lieutenant et – seul rescapé de la terrible purge à venir – Tony Donati, en charge du bon fonctionnement des boîtes de nuit sur la Côte, ou Henri Diana, homme d'affaires et flambeur invétéré, grand habitué des casinos.

À cette liste, non exhaustive, il convient d'ajouter Michel Régnier, fils de feu « Loulou », ex-taulier du Var et mentor de Fargette, avec lequel il usa ses fonds de pantalons d'adolescent turbulent, trois décennies plus tôt. Un cas particulier que celui de ce quinqua, considéré

1. Voir chapitre 5, p. 99.

comme un demi-frère par le Grand et désigné pour possible successeur, « à l'insu de son plein gré » et sur son simple nom, selon la rumeur locale. Ce titre, à vrai dire, Michel ne le briguerait pas vraiment. Pourtant, héritier il est né, héritier il reste aux yeux des pairs de son père, les truands. Ainsi raisonne le Milieu. Son statut, pas si enviable, suffira donc à l'envoyer *ad patres*, quelques mois plus tard, au volant d'une humble Fiat qu'il venait de garer devant la graineterie où il avait pour habitude d'acheter la pitance des oiseaux de son épouse, Anne-Marie. Celle-ci, plus chanceuse que lui, criblé d'une vingtaine de projectiles de 11.43 tirés par deux hommes cagoulés, ressortira indemne de la fusillade. Certains ne manqueront pas de rappeler, pour l'occasion, qu'elle est la fille du chef d'un clan lyonnais fort puissant. Cela peut aider...

Reste que ledit Michel Régnier aurait dû comparaître, le 4 octobre de cette même année 1996, ô combien sanglante, devant la cour d'appel d'Aix-en-Provence, car accusé d'un présumé trafic de 300 kilos de morphine-base vers les États-Unis. Il avait aussi des « affaires » à Paris – dans les machines à sous notamment, qui l'eût cru ? – et s'était déjà « frictionné » avec la mafia italienne à Toulon. On ne prête qu'aux riches...

« La plupart des voyous de la région ont considéré que Michel allait reprendre la boutique après la disparition de Fargette, insiste Roger. Cela se tenait, même si le principal intéressé, lui, commençait à aspirer plutôt à une existence moins agitée. Mais ses concurrents n'ont pas voulu prendre de risque. Alors, ils ont préféré régler la question. Une fois pour toutes. »

Quid, donc, de Jacky Champourlier, un temps vedette à distance, et sans doute bien malgré lui, du procès des assassins de Yann Piat[1] ? On serait en peine, cette fois, de l'accuser d'être le commanditaire du meurtre de Régnier, son possible rival. Et pour cause : il l'aura devancé d'un semestre dans la tombe.

Le 17 avril, le cadavre à demi calciné de Champourlier est extrait du coffre de sa voiture incendiée, retrouvée sur le plateau de Signes, au-dessus de Toulon. Deux balles de 9 mm ont été logées, quasi à bout touchant, dans son crâne, et des traces de torture – nez et dents fracturés – sont relevées sur son visage. Plusieurs indices incitent les enquêteurs à penser qu'il avait rendez-vous avec ses assassins sur le lieu même du crime. D'ailleurs, il aurait été abattu à quelques mètres du véhicule avant même qu'on l'ait enflammé, puis son corps aurait été porté et déposé dans le coffre. Comble de malchance – ou d'imprudence – pour Champourlier ce jour-là : ses deux gardes du corps, qui d'habitude ne le quittent guère, étaient incarcérés. L'un au Maroc, l'autre en Italie. L'information n'a pas dû échapper à ses meurtriers.

« Tous ces éléments confirment qu'il s'est rendu sur le plateau en confiance, observe Roger. Il connaissait donc bien les gars qu'il devait y rencontrer. Sinon, il aurait pris des précautions autrement plus importantes que de s'y pointer seul. »

1. Voir chapitre 5, p. 99.

Mortelle litanie et incontournable dénominateur commun : ça sent le sapin !

La mortelle litanie continue. À un rythme toujours plus soutenu. Le 7 décembre, Michel Daumas, surnommé « Goldorak », proche du clan Régnier, est abattu à La Croix-Valmer, commune voisine de Saint-Tropez. Son assassinat suit de près celui de l'un de ses amis, perpétré à Marbella, dans le sud de l'Espagne, quelques semaines plus tôt. Ledit Goldorak, fiché au grand banditisme, avait longtemps été affilié au gang des Lyonnais. Les deux hommes s'étaient ensuite ralliés au clan Perletto – que nous retrouverons bientôt[1] –, surtout au sein d'une société roumaine montée de toutes pièces, experte dans l'exploitation et le trafic des machines à sous. Toujours le même dénominateur commun. Récurrent, incontournable, obsessionnel…

« Le lien crève les yeux mais, à l'époque, tout le monde s'en foutait, constate, un rien désabusé, Roger. Pourtant, il suffisait de recouper les faits, indices et détails matériels, dans toutes ces affaires, pour aboutir aux "bandits manchots" et aux torrents de pognon qu'ils généraient. À croire que les schmitts avaient des œillères ! »

Quatre jours avant la fin de cette année 1996, terrible pour le Milieu varois et provençal, et comme pour en marquer le point d'orgue, c'est au tour de José Ordioni, cinquante-deux ans, autre héritier putatif de Fargette, de tomber dans un guet-apens. Trois hommes cagoulés, et lourdement armés, lui tendent une souricière au fond d'une impasse. Pris au piège, il abandonne sa Porsche

1. Voir chapitre 5, p. 102.

puis se réfugie, à pied, sous le préau d'une école maternelle – heureusement inoccupée à cette heure – où ses meurtriers n'ont guère de peine à le rattraper. Il y est exécuté de quatre balles de 9 mm, tirées à bout portant.

Ordioni, sorte de légataire testamentaire du parrain : c'est bien l'ensemble du clan qui, cette fois, se délite pour de bon. Impliqué autrefois, en 1980, dans une triple tentative de meurtre menée au Prosper, une boîte de nuit dont il deviendra l'un des cogérants par la suite, à Carqueiranne, il dirige aussi le Rétro 2000, à Hyères, avec François Orsoni. Deux fleurons nocturnes de l'empire Fargette. Orsoni sera arrêté à Paris, en 1983, par la Brigade des stupéfiants et de la lutte contre le proxénétisme. Quant à Ordioni, après une cavale de neuf mois, il se verra condamné à dix années de prison suite à cette ténébreuse affaire. Peu après sa libération, il s'était reconverti, officiellement, en tant que garagiste et concessionnaire automobile, mais surtout spécialisé dans les voitures volées, grâce à une filière très active, montée par ses soins et transitant par la Belgique. Fin de partie pour lui, à quelques heures de la nouvelle année.

Avec la mort violente de Diana, dès octobre 1993, puis celle de Tony Donati, plus récente, la presque totalité des lieutenants du Grand a donc rendu l'âme en quatre ans. L'unique survivant de cette purge, Paul Grimaldi, se terre désormais dans son village corse, à l'abri duquel il s'est retiré en attendant des jours meilleurs, qui ne viendront jamais plus. Il y passera de mornes années à trembler chaque fois qu'il entendra un véhicule motorisé arriver dans son dos à vive allure.

*

Un ministre passionné, qui passionne aussi les RG

Avant d'entamer la lecture des paragraphes qui vont suivre, il convient de se montrer tout à fait clair quant à leur objet. Aucun fait avéré ne peut permettre d'affirmer que Bernard Laporte ait connu Jean-Louis Fargette. Ni même qu'il ait pu le rencontrer. Il n'existe donc d'autres liens entre le présent sous-chapitre et les précédents que les deux faits, indirects nous le verrons, à venir. En premier lieu, l'assassinat, brutal et opéré dans des circonstances très proches, hélas, de celles qui nous sont devenues familières au fil de ce récit, de Robert Fargette, le frère cadet de l'ex-parrain du Var. À un degré moindre, un partenariat d'affaires, jugé insolite à l'époque, entre l'éphémère ministre et la mère des deux défunts.

L'unique dessein de ces lignes – ne mentionnant que des éléments déjà rapportés par la presse, et d'autres sources plus institutionnelles encore, en leur temps –, consiste à s'interroger sur le rapport possible entre ce fait divers tragique et les machines à sous. Ni plus ni moins. Celles-ci en ont tant causé par le passé qu'il paraît légitime, en l'espèce, de le supputer. Non sans évoquer le contexte dans lequel il est survenu. Ce faisant, bien sûr, en se gardant de porter quelque accusation que ce soit contre quiconque, et s'efforçant de demeurer objectif dans la stricte narration des événements.

L'ultime épisode de l'interminable feuilleton Fargette, inattendu, viendra de nouveau préoccuper les plus hautes sphères de la politique nationale, en 2007 : soit un quart de siècle après la mort de Savonnette. Une fois encore, les « bandits manchots » constituent la trame, le lien constant ainsi que le fil conducteur de ce scénario digne d'un polar, plutôt original. Son acteur principal n'est autre qu'un ministre de la République. L'homme n'a jamais fait mystère de sa passion pour le business en général, mais surtout l'univers du jeu et des machines à sous en particulier. Aucun mal à cela. Il ne s'agit, en aucune façon, de jeter la suspicion sur ses activités, mais bien de constater que celles-ci se sont vite révélées incompatibles avec d'aussi éminentes fonctions. Le tout, simplement, par l'énoncé de faits. Lesquels sont apparus troublants au point d'intéresser, en même temps, les Renseignements généraux, les limiers du Service central des courses et jeux (SCCJ) ainsi que l'administration fiscale. N'en jetez plus !

Lorsqu'il débarque au secrétariat d'État aux Sports, le 22 octobre 2007, Bernard Laporte est déjà un homme riche, connu et précédé d'une réputation de businessman confirmé. Mais ce sont surtout sa gouaille, son esprit de gagne et, davantage encore, son positivisme communicatif qui ont séduit Nicolas Sarkozy, nouveau locataire de l'Élysée. Un ami qu'il fréquentait déjà, selon certaines gazettes parisiennes, avant même que celui-ci n'accède à la présidence. « Le Grand » – en voilà un autre, Bernard Laporte, culminant quant à lui autour du mètre quatre-vingt-trois – n'a-t-il pas mené, en tant que manager, le RC Toulon au sommet du rugby français après plusieurs décennies de pénitence ? N'est-il pas devenu ensuite un sélectionneur de l'équipe de France estimé dans l'univers de l'Ovalie ?

Non content de s'être imposé au sein du *Who's Who* local, Laporte a su aussi inoculer à ses ouailles, sur le terrain, son mental de conquérant. Cela aura suffi à réhabiliter les couleurs rouges et noires du Racing, tout en ramenant comme aux plus beaux jours le public dans les travées du stade Mayol. Chez les Bleus, le bilan apparaît plus mitigé. Au terme d'une Coupe du monde contrastée, qui a vu « les petits », jadis si chers au regretté Roger Couderc, écarter les All Blacks, super-cracks incontestés de ce sport, en quarts de finale, ils ont ensuite été balayés par l'Angleterre, future championne, en demies, avant de concéder la troisième place de la compétition face aux « Pumas » argentins. Désillusion.

Sitôt cette page refermée, le coach aux lunettes rondes, à l'accent occitan rocailleux et au verbe haut s'en est allé intégrer ses fonctions ministérielles. Lesquelles seront élargies, au printemps 2008, à la suite d'un remaniement du gouvernement Fillon, aux domaines de la Jeunesse et de la Vie associative. Mais cet Aveyronnais comblé, volubile et plutôt accessible, cultive aussi un profil plus ambigu qui intrigue les médias.

Le nouveau secrétaire d'État s'installe donc à l'automne 2007. Depuis six mois, il siège, avec sa société, DB Conseils, immatriculée un an plus tôt, à la présidence du conseil d'administration du casino de Saint-Julien-en-Genevois et détient 33 % de son capital. L'établissement, classé soixante-treizième du palmarès national, engrange chaque année des recettes financières quotidiennes de 34 000 euros. Cette manne est largement alimentée par les « bandits manchots », qui attirent à la fois une clientèle aisée venue de la Suisse toute proche et la pègre régionale. Il a été racheté au groupe Partouche, alors leader des casinotiers hexagonaux.

Actionnaire à 50 % de DB Conseils, Laporte y est associé, à parts égales, avec Denis Charvet, naguère encore brillant trois-quarts centre de l'équipe de France de rugby. Les deux copains auraient investi pas moins de 5 millions d'euros dans l'affaire. « Un prix d'ami », ainsi que l'écrivent, sans trop de nuance, certains titres de journaux ? Pas si évident. Alors l'opposition change de braquet, puis plaide le conflit d'intérêts. Cette fois, l'argument porte.

L'« empire » Laporte (guillemets de rigueur) comprendrait, tout de même, une quinzaine de sociétés, diversifiées dans l'immobilier, le sport, l'industrie alimentaire, la viticulture, la restauration, la publicité, le tourisme, de même que l'organisation de séminaires. Avec deux casinos désormais, pour compléter cette impressionnante galerie, cela commence à faire beaucoup.

Comble d'audace, l'ex-coach ne dédaigne pas arrondir aussi ses fins de mois grâce à des contrats promotionnels. Il prête ainsi son image à diverses enseignes, pour le moins hétéroclites, désireuses de vendre leurs produits. L'ensemble de ce volet est géré par sa société, BL Communication, à la tête de laquelle on retrouve… sa mère. Pour la seule année 2007, les retombées des collaborations seraient estimées à 700 000 euros, selon certains journaux. Assez peu habituel, il faut l'avouer, dans l'agenda et le background d'un ministre de la République.

Toutes ces rumeurs indisposent et inquiètent. Aussi bien du côté des Renseignements généraux qu'au sein du Milieu. D'ailleurs, dès 1996, un premier rapport d'enquête de la section « courses et jeux » des RG, aux conclusions négatives, avait pointé du doigt la gestion des casinos de Mimizan et Biscarosse, sur la côte landaise, dont Laporte était l'un des actionnaires. Sur la foi du même document, l'origine des fonds afférents à l'achat d'un autre établissement, situé sur le territoire de la commune voisine de Lacanau, paraissait douteuse. Concernant ce dernier, la licence d'exploitation de machines à sous se verra donc carrément refusée par le gouvernement Jospin. D'autres détails, plus ennuyeux, ne plaisent guère à nos flics d'élite. Ni, et moins encore, à des concurrents peu recommandables.

L'homme d'affaires aurait vendu ces trois casinos en juillet 2000, avec à la clé une plus-value de 1,5 million d'euros selon ses dires. Les policiers, eux, l'estiment à 8 millions. Or, d'un point de vue fiscal, les conséquences ne sont pas les mêmes. La presque totalité de ce jackpot proviendrait de « bandits manchots » qui y ont été installés, selon certains enquêteurs, dans des conditions pas très claires. Problème : ce secteur, très sensible, est alors toujours contrôlé par les truands.

« Une sorte de concurrence, jugée déloyale, qui aurait pu rendre méchants certains truands »

Coïncidence ou non, trois mois plus tard, Robert Fargette, le cadet bien aimé de feu Jean-Louis, sera abattu à La Valette, ville d'origine de la famille, à l'âge de quarante-trois ans. Deux tueurs à moto exécuteront la sentence, à la sortie d'un bar. Quinze balles de 9 mm seront extraites du corps de la victime. Rien que de très classique, hélas.

« Difficile d'affirmer qu'il existe une relation de cause à effet entre tout ça, constate Roger, dubitatif. Ce qui semblait sûr, du point de vue du Milieu de l'époque, c'était que Laporte ne manquait pas de facilités pour recevoir et installer des machines à sous. Mais aussi qu'il disposait sans doute des soutiens efficaces et haut placés nécessaires. Possible, alors, qu'à la longue, certains se soient un peu énervés : perdreaux comme voyous. »

Et notre vieux bandit de surenchérir, avec une certaine prudence : « Ce qui, peut-être, a pu chatouiller les truands, c'est que ce garçon avait l'outillage nécessaire pour obtenir des "baraques[1]" et les placer, où et quand il le voulait, mais qu'il en aurait aussi fait profiter ses amis. Je n'exclus pas que certains aient pu voir, dans le fait qu'il devienne en plus ministre, une sorte de concurrence déloyale supplémentaire. Si tel fut le cas, je ne doute pas que cela a pu les rendre méchants. »

Davantage une hypothèse, cette fois, qu'une allégation. À défaut de prétendre connaître l'ancien ministre, Roger, en revanche, n'ignore rien des us et coutumes du Milieu. Ni de la psychologie de ses grands bandits. Cela dit, les équipes de la Direction nationale des enquêtes fiscales (DNEF) n'auront pas été en reste avant, qui sait, de se poser les mêmes questions. Secondées par la police judiciaire toulousaine, à l'époque déjà, elles n'ont pas hésité à perquisitionner l'un des bureaux de Bernard Laporte dans la région. De nombreux documents comptables saisis seront ainsi passés au peigne fin. Sans grand résultat apparent. Les RG, de leur côté, ont aussi cherché à comprendre, en vain, pourquoi le Toulonnais d'adoption avait ouvert un restaurant, Les Princes, quelques mois plus tôt, avec une étrange coactionnaire nommée… Micheline Fargette. Étonnant : d'autant que la mère de

1. Expression argotique, plus ou moins codée, par laquelle le Milieu désignait, à l'époque, les machines à sous.

cette fratrie si célèbre n'avait jamais témoigné, jusque-là, une appétence particulière pour ce genre d'activité.

Face aux médias, non seulement Laporte ne nie rien, mais il assume et contextualise : « Robert Fargette ? Je l'aimais beaucoup. Je l'avais connu, jeune, alors qu'il jouait au rugby au club de La Valette. C'était un garçon charmant. Et puis je n'ai pas pour habitude de juger les autres et j'ai ma conscience pour moi. »

Au terme de douze mois d'enquêtes et de quinze perquisitions, Bernard Laporte, secrétaire d'État aux Sports, à la Jeunesse et à la Vie associative, un temps suspecté par le fisc de plusieurs délits, déléguera officiellement la gestion de la quasi-totalité de ses activités à une banque privée. Sa brève carrière politique s'arrêtera, quant à elle, le 22 juin 2009, lorsqu'il cédera son poste à Rama Yade, après un nouveau remaniement ministériel décidé au sein du gouvernement Fillon.

Demeurent ces lignes, lapidaires, extraites du rapport d'enquête des Renseignements généraux, rédigées durant l'été 2000, qui ne laissent pas d'interroger : « TSA Holding[1] aurait bénéficié de la notoriété de trois joueurs afin d'obtenir les crédits bancaires et les autorisations administratives nécessaires à l'installation de machines à sous dans ses casinos[2]. »

Troublant.

Sans rapport direct avec les faits relatés, ajoutons l'information suivante rendue publique, de source officielle, à la fin de l'année écoulée. Le 13 décembre 2022, le

---

1. L'une des sociétés de Bernard Laporte, cogérée avec d'anciens rugbymen et internationaux français de renom.
2. *Le Monde*, 19 juillet 2007.

tribunal correctionnel de Paris a jugé Bernard Laporte, en première instance, dans le cadre d'une affaire de corruption supposée, survenue tandis qu'il était président de la Fédération française de rugby, depuis le 3 décembre 2016. Il l'a condamné à deux ans de prison avec sursis, ainsi que 75 000 euros d'amende, pour prise illégale d'intérêts et trafic d'influence. Les attendus du jugement mentionnent également des délits de corruption passive et recel d'abus de biens sociaux. Il lui est interdit, depuis le procès, d'exercer toute fonction dans le rugby, et ce, pendant la durée de la condamnation.

La juridiction reproche, en outre, à l'ancien ministre, « d'avoir exercé son influence, en tant que président de la FFR, au bénéfice de Mohed Altrad, propriétaire du club de Montpellier, et de la société AIA, concernant un contrat de sponsoring signé par celle-ci, en 2017, avec le XV de France ».

Précisons que Bernard Laporte a interjeté appel de ce jugement, avec effet suspensif sur ladite condamnation. Il faut aussi rappeler que l'International Board, principale instance du monde de l'Ovalie l'a désigné, en 2021, comme le dirigeant le plus influent de ce sport sur l'ensemble de la planète, alors qu'il occupait encore cette prestigieuse fonction. Un bel hommage de ses pairs, quelques mois avant la prochaine Coupe du monde qui se déroulera dans l'Hexagone, à l'automne 2023.

Ultime épisode de ce long feuilleton, le 26 janvier 2023 : après quelques heures passées en garde à vue dans le cadre d'une autre affaire, à l'issue desquelles il est ressorti libre, Bernard Laporte, mis en minorité par le Comité directeur de la Fédération française de rugby, a démissionné de son mandat de président de l'institution.

5

Le funeste destin d'une députée de la République

La nuit est tombée sur le massif des Maures. Le faisceau lumineux des phares d'une Clio Baccara balaie la route montagneuse, qu'elle grimpe vaillamment. L'un après l'autre, elle en avale les lacets sous la conduite, à l'évidence experte, de l'homme qui tient le volant. Son nom ? Georges Arnaud, chauffeur de son état. Mais c'est surtout sa passagère, pendant ces quelques minutes du trajet habituel, qui attire l'attention. Il s'agit d'une femme brune, à la peau mate, au regard pénétrant, élégante et coiffée très court. Les habitants de la bonne ville d'Hyères l'ont depuis peu surnommée, avec un brin d'affection teintée d'ironie provençale, « Yann d'Arc ».

En ce 25 février 1994, la voiture de Yann Piat, députée du Var, réélue l'année précédente, n'est plus qu'à trois centaines de mètres du Mas bleu, sa destination finale. Ce dernier mot sonne prémonitoire. Comme souvent, la dame paraît pressée de regagner son domicile. À la hauteur du mont des Oiseaux, observatoire panoramique aménagé en plein virage vertigineux, une moto vient d'allumer ses phares qui, illico, se reflètent dans le rétroviseur intérieur de « Jo » Arnaud. Un picotement désagréable le saisit à l'estomac. Lui et sa patronne viennent de comprendre, en même temps, que l'engin roulait jusque-là tous feux éteints et les suivait. Une précaution qui n'augure rien de bon.

« Que me veulent-ils, ceux-là ? », grommelle la parlementaire, impatiente de retrouver un peu plus tard ses deux filles, Laetitia et Angélique, dans une pizzeria de la ville. Elle vient de prononcer ses dernières paroles. Il est 20 h 06 : un bon quart d'heure auparavant, Yann Piat a quitté sa permanence afin de repasser rapidement chez elle et de se changer, au terme d'une énième journée bien remplie. Elle distingue maintenant deux hommes sur la moto, une Yamaha Fazer. À cet instant, trois coups de feu claquent et font exploser la lunette arrière. L'élue tente de se tasser sur la banquette. Trop tard. Le bolide fait mine de doubler, puis se maintient à sa hauteur, permettant ainsi à son passager de l'ajuster sans trop de peine. Trois nouvelles détonations retentissent. Une première balle, de calibre .38, transperce le poumon droit de la femme. La seconde se loge dans l'artère pulmonaire et la suivante blesse « Jo » à la cuisse.

Les assassins ayant pris le large, à tout le moins le croit-il[1], le chauffeur a la présence d'esprit de faire demi-tour. En quatrième vitesse, il redescend la côte puis s'engouffre dans la cour d'une caserne de pompiers, située en contrebas du belvédère. Six minutes à peine se sont écoulées

1. En fait, la moto et ses deux passagers ont fait une lourde chute, quelques virages plus loin, ainsi que le découvriront les enquêteurs. Ils retrouveront le carter d'huile de l'engin, durant une reconstitution réalisée dans le cadre de l'instruction.

entre le drame et l'irruption de la Clio chez les soldats du feu. Mais tout est déjà fini. Ni le massage cardiaque, ni l'injection d'adrénaline, administrée par le médecin du SMUR de garde, ne permettront de maintenir en vie la députée. Yann Piat expire, à quarante-quatre ans. Elle est la première députée française assassinée en cours de mandat. L'onde de choc promet d'être considérable.

Le plus triste, dans ce tragique fait divers qui défraie la chronique médiatico-judiciaire, c'est qu'il n'a rien d'une réelle surprise. Surtout pour l'entourage de la députée. Tout au contraire. De là à penser qu'il aurait pu être évité, il n'y a qu'un pas, bien vite franchi. Depuis quelques semaines, Yann Piat faisait l'objet de pressions psychologiques qui n'ont guère tardé à se transformer en menaces. Pourquoi ? Parce qu'elle dérangeait. Ainsi, à peine réélue dans l'Hémicycle, elle avait décidé de déclarer la guerre au crime organisé, à la corruption, de même qu'à la violence endémique qui, de longue date, rongent la région. Comment ? En se portant candidate à la mairie d'Hyères.

À l'Assemblée nationale, la députée était aussi membre d'une commission d'enquête sur la pénétration de la mafia dans l'Hexagone. À ce titre, elle s'estimait, non sans raison, particulièrement qualifiée pour dénoncer ce qu'elle considérait comme une collusion entre « la pieuvre » et la classe politique locale. Conviction qui avait fini par devenir quasi obsessionnelle chez cette femme dotée d'un fort tempérament.

Les enquêteurs – ils seront bientôt près d'une centaine, diligentés sur le terrain par le pouvoir chiraquien sorti des urnes en 1993 – s'appliquent alors à rembobiner le film des événements. Dès le début de l'année, ils se sont enchaînés pour aboutir au meurtre. Retour en arrière.

Le communiqué de presse acte la candidature, puis allume l'incendie

L'acte de candidature initial de Yann Piat prend la forme d'un bref communiqué, publié dans la presse régionale. « Doit-on se résigner à ce qu'Hyères et sa région demeurent une "zone franche" pour le banditisme et la délinquance en tous genres ? », écrit la députée du Var, ex-élue du Front national, désormais sous les couleurs du Parti républicain, dirigé par François Léotard. Nous sommes le 29 janvier 1994. L'année qui commence s'annonce bousculée, dans un département où le contexte politique paraît empoisonné comme jamais. Très vite, les choses s'enveniment encore davantage. Le temps n'est plus aux invectives ni à l'intimidation mais bien à la haine, inexpiable, et aux conséquences irréparables. Dix-sept jours après la déclaration incendiaire, les tueurs vont donc entrer en scène. Pour le pire.

« Aucun doute possible, tranche Max. Le contrat sur la tête de Yann Piat a bien été passé à ce moment-là. Tous les indices, enregistrements d'écoutes téléphoniques et témoignages recueillis par les policiers, vont dans ce sens. Sauf que l'enquête, pourtant impressionnante par l'ampleur des moyens déployés, est passée à côté de choses essentielles. L'ennui, c'est qu'elles n'auront jamais été approfondies. Même si les tueurs et les principaux coupables du meurtre ont bien été arrêtés, puis condamnés. »

Les questions, en effet, ne manquent pas. Pourquoi, par exemple, « Yann Courage » – dont les sobriquets populaires soulignent la probité ou la détermination – n'a-t-elle bénéficié que d'une brève protection rapprochée ? N'était-il pas de notoriété publique que sa sécurité se trouvait menacée ? L'une de ses amies et collaboratrices, du nom de Carmen, apporte sa réponse propre, pour le moins dérangeante : « Un temps, un vigile privé et armé, ancien para, venait monter la garde au Mas bleu, se souvient-elle. Il était accompagné d'un chien de race briarde. Mais le dispositif n'a duré qu'une semaine. Nous autres, accablés, lui avons alors conseillé de se présenter à Bormes-les-Mimosas. Parce que cela nous paraissait plus calme. À la permanence, on recevait des appels anonymes qui nous disaient : "Vous allez sauter" ou : "Ce soir vous ne rentrerez pas chez vous." Parfois aussi, nous étions suivis en voiture. Ce lourd climat, pourtant, n'inquiétait pas outre mesure Yann, qui n'était pas du genre à se laisser guider par la peur. Elle nous répondait plutôt des choses comme : "Ici, c'est vraiment le Var-West", ou bien : "Je suis une femme députée, ils n'oseront pas..."[1] »

Mais « ils » vont oser...

« Lorsque les sondages sont sortis et lui donnaient huit points d'avance pour la mairie, Yann n'a plus hésité, poursuit ladite Carmen. Elle nous a lancé : "Je fonce. Il est temps d'assainir Hyères." Mais pour cela, il aurait fallu qu'elle soit protégée. Malheureusement, c'était une femme seule. »

Un constat accablant qui, de surcroît, ne date pas d'hier. Les enquêteurs n'ignorent pas que les pressions

1. *Paris-Match*, 25 février 2019.

exercées sur Yann Piat ont commencé quelques mois plus tôt, lors de la campagne des élections législatives de 1993. Des attaques d'une violence inédite auraient notamment été proférées par Joseph Sercia, son adversaire malheureux pour le siège de la circonscription, occupé par l'ancienne élue du Front national depuis 1988. Certains, parmi ses proches, affirment avoir entendu des menaces de mort dans la bouche du challenger. Pourquoi, dès lors, tant de désinvolture dans le système de protection de la parlementaire ? Coïncidence ou non – et ce fait, lui, est avéré –, sept gros bras viendront ensuite mettre à sac sa permanence électorale, après que l'un de ses meetings avait été perturbé par d'autres nervis du même acabit. Au milieu de ce peu glorieux aréopage, deux proches du gang Fargette seront identifiés. Ambiance…

Le contentieux a dégénéré, au point que Yann Piat a fini par déposer ses dernières volontés chez son notaire. Non sans adresser aussi un courrier au procureur de la République dans lequel elle désigne, mue par un sombre pressentiment, ceux qu'elle imagine comme étant ses futurs assassins. La lettre mentionnerait nommément le clan Fargette, Maurice Arreckx, mais aussi un homme d'affaires français très connu, un ex-conseiller général du Var ainsi que Daniel Savastano, truand marseillais affilié au gang du parrain toulonnais. Du très lourd, mais qui ne débouchera sur rien de concret.

La piste politico-mafieuse fait long feu... encore que

Logiquement, l'enquête s'oriente alors, dans un premier temps, vers la piste politico-mafieuse. Celle-ci paraît d'autant plus plausible que la députée prétendait s'opposer à différents projets, fort lucratifs, sur lesquels spéculaient ses rivaux. L'extension de l'aéroport de Toulon-Hyères, l'aménagement d'une marina sur la presqu'île de Giens, pourtant classée en tant qu'espace protégé, et la construction de luxueuses résidences immobilières de nature à bétonner toujours davantage la côte figuraient notamment parmi ses chevaux de bataille. Les grands flics, délégués sur place pendant quelques jours, en ont pris bonne note.

Dame ! Hyères et ses alentours, dernier bastion de verdure de la région, comptent 15 000 hectares de terrains constructibles. Une manne, qui dort encore et en fait saliver plus d'un parmi les affairistes qu'elle dénonçait.

« Ce béton était largement financé par l'argent de la drogue, et ça les flics le savaient, mais aussi par le rendement des machines à sous, révèle Roger, presque trente années après les faits. Sur ce dernier point, à mon humble avis, ils ont fait chou blanc. Les intérêts contrecarrés par Yann Piat étaient si importants que les commanditaires du contrat passé sur sa tête lui ont d'abord proposé beaucoup de pognon pour lui faire lâcher l'affaire. »

En vain. La députée refusera de renoncer à ses ambitions municipales, d'autant – on l'a vu – que les sondages émanant d'instituts spécialisés gonflaient ses voiles. Alors ses meurtriers sont entrés dans la danse, en prenant la précaution d'utiliser de « petites mains » pour leurs basses besognes. Puis, le destin s'est mis en marche.

Les obsèques de Yann Piat ont lieu le 1er mars 1994. À La Londe-les-Maures, humble village varois où se pressent plus de deux mille personnes, certaines figures de la vie politique, nationale et locale, font une apparition remarquée. Autour de l'ancien président de la République Valéry Giscard d'Estaing et de François Léotard, ministre de la Défense du gouvernement Balladur, on reconnaît Charles Millon et Bernard Pons, présidents des groupes UDF et RPR à l'Assemblée nationale, Gérard Longuet, ministre de l'Industrie, Jean-Claude Gaudin, président du conseil régional de Provence-Alpes-Côte d'Azur, ainsi que l'incontournable Maurice Arreckx, président du conseil général du Var. D'autres élus du cru ont, eux aussi, fait le déplacement. En revanche, un absent a été fermement prié par la famille de la défunte de ne pas assister aux funérailles. Son nom ? Joseph Sercia…

*

La piste politico-mafieuse a fait long feu. À l'issue de plusieurs semaines d'écoutes téléphoniques, de visionnages de rendez-vous filmés, ou photographiés, au besoin par téléobjectif, de recoupements divers et variés mais aussi de nombreux témoignages, les enquêteurs ont acquis la conviction que Yann Piat a été assassinée par des malfrats. De petite envergure qui plus est. Pour cela, ils ont aussi reconstitué à la loupe ses dernières heures. Et tant pis si certains détails clochent toujours quelque peu.

Un déjeuner parisien qui intrigue les policiers, avec machines à sous au menu

Parmi les éléments collectés par ces policiers, dirigés par Jacques Franquet et Ange Mancini, patrons des affaires criminelles au ministère de l'Intérieur et proches de Charles Pasqua, l'homme fort du gouvernement de cohabitation, un rendez-vous figurant à l'agenda de la députée décédée attire particulièrement l'attention. L'entretien se déroule à Paris, le 23 février, soit une soixantaine d'heures avant le meurtre. Il réunit, à déjeuner, Yann Piat et Dominique Vescovali, désigné comme son futur premier adjoint pour les élections municipales. Cet élu, membre du Parti républicain, est l'un des bras droits de François Léotard dans la région varoise. La retranscription d'une écoute téléphonique – publiée depuis par certains journaux[1] – intrigue les limiers de la « crim ». Au cours de cette conversation, peu de temps avant leur rencontre, les deux partenaires politiques calent le lieu et l'horaire du repas puis échangent, déjà, quelques confidences.

« 13 heures chez Lipp, cela vous convient ? demande Vescovali.

— Non, répond sans détour la parlementaire. On y déjeune trop souvent côte à côte, par manque de place, et moi j'aime bien voir mes interlocuteurs en face.

— Bon, alors que diriez-vous du Cercle interallié à la même heure ? », propose Vescovali, conciliant.

Yann Piat acquiesce. Puis elle ajoute, en veine de révélations : « Sachez que j'ai déposé chez le procureur de

1. *Paris-Match*, 25 février 2019.

Toulon, voilà quelques semaines déjà, un dossier concernant plusieurs affaires. Entre autres, celle du club de basket et une à propos de l'installation de machines à sous. Or, rien ne sort nulle part. Je ne comprends pas. »

La candidate conclut le bref échange en confirmant à son interlocuteur que leurs adversaires lui ont bien proposé la bagatelle de 3 millions de francs pour renoncer au fauteuil de maire d'Hyères. Sur la base de ce document, et d'autres de même tonalité, les policiers comprennent qu'il faut chercher les commanditaires du meurtre parmi ceux auxquels ces projets pourraient rapporter gros. Le problème, c'est qu'ils sont légion.

En investiguant dans l'entourage de Joseph Sercia, rival assumé, revendiqué et ô combien déterminé de Yann Piat, les « bleus » ont acquis la conviction que l'un des nœuds de l'enquête se situe du côté d'un bar du port d'Hyères, Le Macama, tenu par un certain Gérard Finale. Celui-ci, connu pour ses liens, via plusieurs affaires communes, avec Sercia, a pour clients réguliers – voire quotidiens – quelques spécimens de la petite délinquance locale. Leur désœuvrement n'a d'égale qu'une impulsivité plutôt mal contrôlée. Très vite, cette piste s'affermit.

Tout s'accélère davantage encore lorsqu'une jeune femme affiliée à la bande, toxicomane, et qui se prétend la compagne de l'un de ces « demi-sel », est arrêtée dans le cadre d'une banale histoire de vol de moto. Cuisinée par les flics, elle révèle alors que son petit ami, flanqué d'une demi-douzaine de copains aux profils identiques, serait impliqué dans l'assassinat de Yann Piat. Son témoignage, relayé par la presse locale, fait l'effet d'une bombe, puis emporte tout dans son sillage. L'enquête s'en trouve chamboulée et les aveux ne vont pas tarder à s'enchaîner. La prénommée Delphine, en réalité, est l'ex de Marco Di Caro, que les policiers identifient bientôt comme le pilote de la Yamaha Fazer utilisée le soir du meurtre de Yann Piat. L'audition permet non seulement d'attribuer une identité au passager de la moto – donc probable assassin de la députée –, mais aussi de découvrir une liste de « gêneurs » promis, selon la gardée à vue, à l'élimination par ladite bande. Outre celui de l'élue, un nom y fait tiquer les limiers de la criminelle : celui de Jacky Champourlier. Cette fois, la pêche semble bonne. Quant au tireur, lui, il s'appelle Lucien Ferri.

L'étape finale de l'enquête accable un certain… Finale

Hormis le peu reluisant tandem, âgé d'à peine plus de cinquante ans au total, quatre autres individus, habitués du Macama, ainsi que Gérard Finale, le patron de l'établissement, qui fait figure de mentor pour cet agrégat de paumés, sont appréhendés. Il s'agit de Romain Gressler, Olivier Tomassone, Stéphane Ali Guechguech et Stéphane Chiarisoli. Tous sont interpellés le 15 juin 1994. L'instruction démarre. Pour que s'ouvre leur procès, il faudra patienter quatre ans : jusqu'à la date du 4 mai 1998.

Sitôt celui-ci commencé, les avocats de la défense s'emploient à brouiller les pistes. Dans un premier temps en tentant d'orienter les débats vers une supposée culpabilité – posthume nous l'avons vu – de Jacky Champourlier, en tant que commanditaire du meurtre de Yann Piat. Sans succès. Ensuite, en s'appuyant sur les liens entre

Gérard Finale et Joseph Sercia, que nul ne nie, afin de diluer la responsabilité du tenancier du Macama. Lequel a bel et bien reconnu avoir recruté l'escouade de jeunes loubards, mais pas pour perpétrer un assassinat. Selon son défenseur, il l'aurait juste mise en contact avec de mystérieux commanditaires.

Cette fois, leurs arguments font mouche auprès de certains observateurs des débats. Nombreux en effet sont ceux qui, parmi les magistrats et journalistes de la région et d'ailleurs, dénoncent une supposée mansuétude témoignée par la justice à l'égard de l'ancien vice-président du conseil général du Var. Selon eux, s'en prendre à Sercia, ce serait mettre le doigt dans un engrenage dangereux, qui se poursuivrait avec Maurice Arreckx voire peut-être éclabousserait, plus haut encore dans l'organigramme du Parti républicain, l'ex-pouvoir giscardien. Il n'en faudrait pas davantage pour tempérer les ardeurs vengeresses de l'institution judiciaire. Possible, à défaut d'être sûr.

Le sentiment de malaise général se voit en outre entretenu par les changements de versions, incessants et toujours plus fantaisistes, émanant de plusieurs accusés : Ferri et Di Caro en tête. À ce rythme, la cour d'assises du Var et le public finissent par attraper le tournis, de sorte qu'il devient difficile de dissocier le vrai de la galéjade. Heureusement, grâce aux témoignages souvent convergents qui se succèdent à la barre, quelques faits majeurs finissent par susciter un large consensus. Le sieur Finale aurait eu des idées de grandeur, puis l'ambition de succéder à Fargette comme parrain du Var. Il n'avait nullement la carrure pour un tel job. Mais les voyous de la bande du Macama subissaient son influence, au point de se laisser entraîner dans ce complot qui s'est si mal terminé. Un nouveau clan, celui de la famille Perletto, constitué autour du patriarche, Max, et de ses deux fils, Pascal et Franck, se serait imposé, vraiment quant à lui, à la tête du Milieu local. La place tant convoitée était donc prise. Enfin, et là il ne s'agit plus d'un scoop, chacun s'accorde à souligner que Yann Piat, animée par une volonté de fer, dérangeait beaucoup trop de monde pour vivre son mandat de députée et celui de future maire d'Hyères de façon paisible. Euphémisme. S'il ne ressemble guère à un boulevard, le chemin étroit et sinueux vers la vérité semble s'esquisser.

La thèse d'une seconde équipe de tueurs s'impose aux jurés : question de calendrier

À défaut de ne jamais vraiment susciter l'unanimité, une hypothèse commence aussi à se frayer un passage dans les esprits : la présence, dans la mouvance du Macama, d'une seconde équipe de tueurs qui aurait sévi après l'incarcération des accusés du meurtre de la députée. Notamment lors de l'élimination des proches de Fargette, en 1996. Nous ne tarderons plus, pour notre part, à la privilégier, et ce pour d'évidentes raisons de calendrier judiciaire.

« Le paysage, depuis la disparition de Fargette, avait beaucoup changé et très rapidement, confie Roger, soucieux de compléter le tableau. La dislocation de son gang, la prise de pouvoir des Perletto, la mise en retrait d'Arreckx, même relative, à Toulon, et la rivalité implacable entre Yann Piat et Sercia avaient modifié les rapports de force. Certains, et non des moindres, pensaient donc qu'en faisant disparaître sa rivale, Finale s'était donné les moyens de peser davantage sur le bras droit d'Arreckx. Ainsi, en facilitant l'accession de Sercia à la mairie d'Hyères, il pourrait accroître son influence dans la ville. Une façon pour lui de préparer l'avenir, puis de succéder à Fargette. »

Sans prendre pour argent comptant l'allégation de notre vieux truand favori, il est loisible, en compulsant la presse varoise de l'époque à trois décennies de distance, de constater que celle-ci corrobore son analyse. Presque point par point. Deux alliances, d'intérêts divergents, se seraient bien, alors, retrouvées face à face : le tandem Sercia-Finale, plus ou moins héritiers du clan Fargette, et affichant ses sympathies UDF ; le gang Perletto, désormais aux manettes du business local, qui ne cachait pas quant à lui ses amitiés avec le RPR du cru. Cette thèse paraît plausible, même si aucune implication de Joseph Sercia n'apparaît dans le dossier d'instruction. Évident, en revanche, s'impose le triste constat suivant : Yann Piat, déboulant au milieu de ces conflits larvés, a fait l'unanimité contre elle. Avec les conséquences que l'on connaît.

Deux ultimes coups de théâtre vont venir bousculer s'il en était encore besoin ce procès hors normes et déjà haut en couleur. Comme pour mieux instiller le doute. Mais la messe, auprès de la cour, des jurés et de nombre d'observateurs présents, semble dite. Le tandem Ferri-Di Caro, à ce moment des débats, n'est tout simplement plus crédible aux yeux des magistrats, du public et des journalistes qui emplissent le tribunal de grande instance de Toulon. Trop de mensonges, de changements de cap et d'approximations sont venus émailler leurs déclarations successives. Pourtant, celles – explosives – tenues par les assassins de Yann Piat, en ce jour de juin 1998, ont de quoi laisser perplexe. Quand bien même elles n'infléchiront plus le moins du monde le cours de la justice.

« Une fois, Ferri m'a expliqué que le commanditaire principal du meurtre était Jacky Champourlier, assène, en pleine audience, Di Caro au président Dominique Bréjoux. Mais il était aussi un obstacle qui empêchait Gérard Finale de succéder à Fargette. »

Un silence de plomb s'abat sur l'assistance. Faut-il y voir l'aveu implicite d'un projet de meurtre contre le lieutenant de Savonnette ?

« Qu'est-ce qui vous prend ? C'est la première fois que vous dites ça, répond, agacé, le magistrat.

— Ben oui ! Il fallait pousser l'instruction plus loin, réplique, frondeur, l'accusé. »

Quelques heures plus tard, les regards – et les questions – se tournent vers son comparse : l'homme qui a avoué avoir tiré à six reprises sur la voiture de Yann Piat, avant de se rétracter, puis d'assumer de nouveau son acte odieux.

« Je connaissais Champourlier depuis très longtemps, confirme alors Ferri devant la cour. Personne ne le savait, mais je lui trouvais des emplacements pour installer des machines à sous. Il me donnait beaucoup d'argent pour cela. Un jour, il m'a dit : “Je cherche des jeunes types pour assassiner Yann Piat. Je ne veux pas me servir de mes proches, parce que je ne souhaite pas qu'on sache que le coup vient de mon camp.” »

Bravade ? Énième rebondissement d'un procès qui n'en a connu que trop ? Faribole ? Qui saurait trancher pareil doute ? Ferri a gardé, si l'on ose dire, le meilleur pour la fin. En témoigne cet autre échange, quasi surréaliste, avec le président :

« Comment la préparation du meurtre s'est-elle déroulée ? interroge ce dernier.

— Il y a eu des réunions préparatoires avec les commanditaires. J'étais présent, mais seul, répond Ferri.

— Qui sont ces commanditaires ?

— Je ne peux pas vous le dire.

— S'agissait-il d'hommes politiques ou de voyous ?

— Les deux.

— Ces politiques sont-ils si puissants que vous les redoutiez ?

— Ma foi, sinon, je vous dirais leurs noms... »

« Les coupables avaient déjà causé de sacrés dégâts dans la région »

Au terme de six heures de délibérations, la cour d'assises de Toulon condamnera, le 16 juin 1998 : Gérard Finale et Lucien Ferri à la réclusion criminelle à perpétuité. Marco Di Caro à vingt années de réclusion. Romain Gressler à quinze années. Olivier Tomassone, à treize années. Stéphane Ali Guechguech, à six ans de prison. Stéphane Chiarisoli, seul, sera acquitté. Les deux premiers décèderont au cours de leur détention.

« Cette femme, par son courage, ou son inconscience diront certains, me rappelle le juge Michel, confie Max. Ce magistrat a connu le même destin tragique, à Marseille, quelques années plus tôt. Comme lui, elle se sera dressée en travers de la route de beaucoup trop de gens puissants et haut placés. Bien au-delà du Macama et des délires de Finale, flanqué de son équipe de *losers.* »

Le mot de la fin de cette bien ténébreuse affaire revient à Roger, qui y va de son énième scoop : « La bande de zigotos ayant avoué le meurtre de Yann Piat avait déjà causé de gros dégâts dans le Milieu varois, lâche-t-il. Je n'ai pas bien connu Champourlier, alors je vais rester prudent pour ce qui le concerne, mais je peux affirmer que des contrats, passés sur José Ordioni et Michel Régnier, sont bien partis du Macama. Parce que tous deux étaient de possibles successeurs de Fargette. Or, Finale, nous le savons, voulait la place. Je suis tout aussi convaincu que l'exécution d'Henri Diana, quelques mois plus tôt, y a été commanditée. C'est aussi simple que ça. »

Une bombe ! Jamais révélée à ce jour. Quant à la thèse de la seconde équipe de tueurs, si l'on suit la version de Roger, elle ne ferait, *de facto*, plus de doute.

Et notre truand retraité de conclure, philosophe : « Yann Piat, sans le savoir peut-être, avait déclaré la guerre au trafic de drogue, ainsi qu'au business des machines à sous dans sa région. Autant dire les deux canaux de financement les plus prolifiques du Milieu de l'époque. En agissant ainsi, elle prétendait contrer des intérêts très puissants et importants. A-t-elle eu raison ou tort ? Je n'ai pas à me prononcer sur ce point. L'aurait-elle vraiment fait ? On ne le saura jamais. Ce qui est certain, c'est que cette femme courageuse souhaitait ainsi entreprendre ce que bon nombre d'hommes n'ont pas osé tenter. Et qu'elle en est morte. Pour rien. »

6

Le « rôtisseur » qui marchait sur des braises

Il y a de l'ambiance, en cette soirée du 4 avril 2006, au bar des Marronniers, dans l'un des quartiers nord de Marseille. L'Olympique lyonnais affronte le Milan AC, en quarts de finale de la Ligue des champions – l'ex-Coupe d'Europe des clubs champions de football – et le match est retransmis à la télé, sur grand écran, ce qui fait le bonheur des clients présents. Assis devant leurs verres, trois hommes ne perdent pas une miette du spectacle. Ils ponctuent les meilleures actions de commentaires passionnés, plus ou moins éclairés. Tous sont de type maghrébin, bruyants, agités, rieurs et visiblement très copains.

L'aîné du trio, la quarantaine svelte, ténébreux et visage émacié, a presque gardé les traits d'un adolescent. Mais ils contrastent avec son regard d'oiseau de proie. Un renflement suspect, au niveau de la poche de sa veste, témoigne du statut de l'inquiétant personnage. Farid Berrahma, trente-neuf ans, naguère encore surnommé « Fafa », « l'Indien », puis « le Gremlin » – sobriquet déjà plus terrifiant – par la cantonade, vient une nouvelle fois d'en changer. Depuis quelques mois, il est connu, à Marseille ou ailleurs, sous la dénomination du « Rôtisseur », et, pour les intimes, « Barbecue ».

Ses exploits alimentent la rubrique faits divers des quotidiens. Pourquoi ? Parce qu'il est l'initiateur d'une nouvelle technique d'élimination de la concurrence. Au sein du Milieu phocéen, celle-ci fait désormais fureur. Le mode opératoire, aussi simple que définitif, consiste en un assassinat brutal, par balles, de la cible assise au volant de sa voiture, le placement du cadavre dans le coffre, puis la mise à feu après aspersion d'essence sur l'ensemble du véhicule. Zéro trace et empreinte garanti. Propre, net et efficace, répète-t-on chez les initiés. La terreur, inspirée par ces méthodes d'un autre âge, va crescendo. Elle se répand désormais à toute vitesse parmi les truands sévissant sur le littoral méditerranéen.

Berrahma, pas davantage ce soir qu'à l'accoutumée, ne semble s'en émouvoir. Ni du reste de sa renommée, aussi sinistre que grandissante. Alors il blague, encore et toujours, avec son tandem de complices, et ingurgite force bières en suivant la rencontre. Peu après la demi-heure de jeu, les mines se sont passablement allongées dans l'assistance. Un parfum de drame flotte maintenant au-dessus de la défense de l'OL, car les Italiens ont bel et bien pris l'ascendant. Mais ce n'est rien, comparé à celui qui se déroule soudain. Sans crier gare, une dizaine de types encagoulés a fait irruption dans l'estaminet. Laissons la parole à Max pour la suite de l'histoire.

« Les gars étaient tous enfouraillés jusqu'aux sourcils et n'ont pas hésité l'ombre d'une seconde à tirer les premiers, raconte-t-il presque comme s'il vivait la scène. Barbecue et ses potes n'ont pas eu le temps de dire ouf. Et encore moins de sortir leur propre artillerie. L'un d'eux a tenté d'échapper au massacre en traînant la patte. Peine perdue. En quelques secondes, lui et Berrahma étaient morts. Le troisième larron, pour sa part, décédera à l'hôpital, quelques heures plus tard. »

La triple exécution ainsi que le déluge de plomb qui l'a accompagnée n'auront duré qu'une poignée de minutes. Un témoin, après avoir reçu une balle perdue dans le pied, racontera aux enquêteurs la fuite des assassins, dans plusieurs voitures de grosse cylindrée, avec l'évacuation de l'un des leurs, blessé. Des faits recoupés par la PJ d'Aix-en-Provence qui, hormis douilles, ogives et cartouches de calibres divers, retrouvera aussi une traînée de sang, sur plusieurs mètres, au sol du bar des Marronniers.

L'expédition punitive vire au carnage : l'unique accusé reste muet

Kalachnikov, fusils à pompe, pistolets semi-automatiques… Le commando, avant ce carnage, n'a pas lésiné sur les moyens afin de garantir le succès de son expédition punitive. Mais les investigations, menées au pas de charge, avancent vite elles aussi. Les flics ne tardent pas à retrouver un quidam, assez sérieusement blessé, dans une clinique des environs. Le coup de filet paraît d'autant plus encourageant qu'il s'agit d'un certain Ange-Toussaint Federici. Une vieille connaissance pour eux. « Santu », surnom évocateur, attribué sur l'île qui l'a vu naître puis repris au sein du Milieu, berger corse de son état et originaire de Venzolasca, est âgé de quarante-six ans au moment de ces tragiques événements. La justice le considère alors comme l'une des figures de proue de la célèbre bande de la Brise de mer, dont les multiples ramifications irriguent la région Provence-Alpes-Côte d'Azur.

« Les perdreaux l'ont tout de suite soupçonné d'être le commanditaire du triple meurtre, poursuit Max. C'était tentant, parce que Santu, un type charmant que j'ai bien connu lors d'un passage commun à Fresnes, en 2009, pendant sa longue détention, se voulait très proche de Roch Colombani, un ex-truand corse, assassiné peu de temps avant la fusillade des Marronniers. On a fini par devenir très potes, Ange et moi. Il était détenu dans l'une des sections situées au niveau bas de la prison, tandis que je créchais, pour ma part, à l'étage supérieur avec les autres corses. Tous les voyous que j'ai pu croiser le considéraient comme un gars réglo. Une tombe sur qui, dans les coups durs, on pouvait compter. Bref : c'était un vrai voyou à l'ancienne. Son vieil ami Colombani, le restaurateur, lui-même neveu d'un parrain du gang de la Brise de mer, avait refusé tout net d'installer des machines à sous que Berrahma et ses complices voulaient placer dans son établissement d'Aix-en-Provence. Quelques heures plus tard, on le retrouvait mort. »

Autre détail troublant, l'équipée sauvage du bar des Marronniers, opérée deux semaines à peine après le meurtre de Colombani, coïncide avec la date d'anniversaire du défunt. Mais ces concordances, aussi nombreuses soient-elles, ne suffisent pas à perturber Santu. L'homme nie d'abord en bloc, puis s'enferme ensuite dans le mutisme. Faute de preuves, il est relaxé, au terme de son hospitalisation, après plusieurs auditions face aux enquêteurs, mais fait l'objet d'une étroite surveillance. Laquelle finira enfin par porter ses fruits.

Le 12 janvier 2008, des policiers de la Brigade de répression du banditisme l'arrêtent place de la Madeleine, à Paris. Le berger corse, porteur d'un passeport au nom de « Giordano », d'une somme d'argent de 3 275 euros, ainsi que d'un curieux reçu apparemment délivré par la mairie d'Amiens, en rapport avec le document d'identité en question, présente toutes les caractéristiques du voyageur en partance. Le juge d'instruction, qui diligente le dossier de la tuerie du bar des Marronniers, ne prend donc aucun risque et le place en détention préventive, à la prison de Fresnes. Deux ans plus tard, le 5 novembre 2010, la cour d'assises d'Aix-en-Provence condamnera Ange-Toussaint Federici à une peine de réclusion criminelle de vingt-huit années, dont vingt-deux de sûreté.

« En fait, Santu, à cause d'empreintes relevées sur place par les poulets – les fameuses traces de sang sur le sol, qu'ils ont pu comparer avec un prélèvement sanguin effectué dans l'un de ses bras, à la clinique où on le soignait –, a dû finir par lâcher du lest, précise Max, toujours en veine de confidences. Il a reconnu avoir été présent, au bar des Marronniers, le soir du règlement de comptes, mais tranquillement installé, debout devant le comptoir, à regarder le match. Pour expliquer sa blessure, sérieuse, au genou, il a prétendu qu'une balle avait ricoché dessus. Une version d'autant plus plausible que d'autres types avaient, eux aussi, morflé pendant le déluge de plomb. Heureusement sans trop de gravité. Pas sûr, en fait, que les enquêteurs l'aient cru. Après s'être fait choper, à Paris, il a d'abord pris trente ans, en première instance, puis a interjeté appel. Au bout du compte, les juges ne lui ont accordé que deux années de moins. »

Santu demeure, à ce jour, le seul condamné dans la sanglante affaire du triple meurtre du bar des Marronniers.

*

Farid Berrahma vient au monde le 20 mai 1966, à Marseille. Dernier né d'une prolifique fratrie de neuf enfants, il passe ses premières années dans les quartiers nord et vit, parmi sa famille venue d'Algérie au début des années 1960, au cœur de la cité – bien mal nommée Kallisté, d'un mot grec qui signifie « la plus belle ». Une galéjade ! L'antique Massilia a certes raison de revendiquer ses origines helléniques ; mais tort d'avoir paré de ce titre l'un des lieux les plus miséreux de son territoire. Et c'est aujourd'hui plus vrai que jamais. Ceux qui ont connu « Fafa » à l'époque le décrivent comme un fils autant qu'un frère aimant, puis un oncle affectueux à l'égard des siens. Soit. Disons alors qu'il s'agissait là d'une parenthèse, au seuil d'une existence marquée du sceau de l'extrême violence.

À l'issue d'une scolarité chaotique dont il décroche dès l'âge de quatorze ans, le garçon, désormais installé à Salon-de-Provence avec ses parents, plonge rapidement dans la petite délinquance, au milieu de ses camarades de la turbulente et toute récente cité des Canourgues. Vols de voitures, vols à la roulotte, larcins divers et variés, cambriolages, agrémentés de quelques rixes, jalonnent le parcours de l'adolescent, avant son premier séjour derrière les barreaux. Dans la bonne ville d'Annecy, où vit l'un de ses frères, Berrahma passe quelques semaines en prison. Une manière comme une autre, pour lui, d'étoffer un casier judiciaire déjà bien garni. Nous sommes en 1988 et il vient d'atteindre ses vingt-deux printemps.

Premières armes sur fond de morts violentes et de règlements de comptes

Notre homme découvre ensuite les délices de l'argent facile prodigué par le trafic de haschich. Rien encore de trop méchant, mais le destin précipite son naufrage. Celui que l'on surnomme « l'Indien », à cause de son mutisme et de ses longs cheveux noir corbeau, apprend qu'il est atteint d'un cancer, depuis sa dix-septième année, et doit s'astreindre à une chimiothérapie. Se croyant condamné à brève échéance, Farid, déjà fragile psychologiquement, bascule corps et âme dans le grand banditisme. Le voilà qui s'impose, à la tête d'une bande sans foi ni loi de jeunes types de son âge, puis commence à côtoyer le Milieu marseillais.

Par chance – où malchance selon le point de vue d'où l'on se place –, sa route croise celle d'un truand déjà trentenaire, aussi déterminé qu'ambitieux, en quête de minots capables de l'aider à faire fructifier ses affaires. Berrahma, le plus âgé du gang, devient ainsi le fidèle second d'Eric Schöne, ancien légionnaire, de dix ans son aîné, pied-noir au physique avantageux et au verbe fleuri, originaire de Sidi Bel Abbès en Algérie. Un « pays », ou presque. Étoile montante au firmament du banditisme, Schöne n'a qu'une obsession : dépouiller ses ex-associés, les Belayel – un clan familial puissant régnant sur le monde de la nuit local, autour de Cavaillon et Salon-de-Provence – de leur « empire ». Pour l'essentiel, des discothèques, bars de nuit et autres bastringues. Certains de ces établissements, à l'orée des années 1990, arrondissent largement leur chiffre d'affaires grâce aux machines à sous. Qui l'eût cru ?

À ce rythme, le contentieux entre Schöne et les Belayel ne tarde pas à s'envenimer. Berrahma et ses sbires font merveille dans l'extorsion de fonds, les braquages, le racket, puis le placement de « bandits manchots », le plus souvent clandestins, sur les sites mêmes qu'ils conquièrent par leurs méthodes expéditives. Le conflit sans merci vire à la lutte à mort. À quelques semaines d'intervalle, Rachid-Robert Belayel, l'un des fils du clan, puis Eric Schöne à son tour échappent à des tentatives de meurtres. L'Indien, devenu depuis le Gremlin pour ses ennemis, flanqué de ses exécuteurs de basses besognes, passe alors la vitesse supérieure.

Soupçonnés d'avoir participé à ces règlements de comptes, Berrahma et plusieurs membres de son escouade sont arrêtés puis jugés, à l'été 1991. « Fafa » retourne à l'ombre, condamné à quatre ans de détention pour vols avec violence et extorsions. A-t-il d'autres crimes à se reprocher, plus graves encore, ainsi que le pensent certains enquêteurs de la police judiciaire d'Aix-en-Provence ? Impossible pour eux de le prouver. Mais le fait est qu'à dix jours d'intervalle, en janvier 1991, Hacène « Cacou » Belayel, le patriarche de la famille, puis son frère Mustapha, dit « Michel », sont assassinés dans des circonstances troubles. En juin 1994, c'est cette fois Nicolas, l'un des fils Belayel, que l'on retrouve mort au volant de sa BMW. Enfin, six mois plus tard, Rachid-Robert tombe sous les balles d'un tueur, en public, lors d'une vacation dans le somptueux hôtel des ventes aux enchères d'Aix-en-Provence. Incroyable audace. Berrahma, pour le coup, est désormais hors de cause car incarcéré. Il n'empêche : le redouté clan Belayel a bel et bien disparu. La voie du business s'ouvre toute grande devant le Gremlin et consorts. Rendez-vous est pris.

Pendant sa détention, le caïd de Salon fait une seconde rencontre déterminante. Davantage encore que la précédente, celle-ci va infléchir le cours de son existence déjà si mal engagée, de façon inéluctable cette fois. Antoine Cossu, truand quinquagénaire au casier judiciaire lourd comme un bottin téléphonique, décide de le prendre sous son aile. Ce type déjà grisonnant, de belle prestance, n'est autre que l'un des beaux-frères de Francis le Belge. Quelle grande famille que le Milieu ! Grâce à son œil expert, le bandit a perçu l'évident potentiel de l'Indien des quartiers nord. Ce dernier, de son côté, voit en cette relation nouvelle l'opportunité de gravir un échelon supplémentaire dans la hiérarchie du crime, son objectif désormais. Soucieux de se faire un nom au plus vite, Berrahma se place donc sans hésiter dans le sillage de son deuxième mentor.

« Tony l'Anguille » – le surnom éloquent attribué par ses pairs –, plus « capé » que Schöne à cet égard, ne tarde pas à convaincre son poulain. Le braquage – qu'il a pourtant pratiqué, longtemps avec bonheur, deux décennies durant –, cela rapporte, certes, mais expose aussi à beaucoup trop de risques. Le trafic de drogue presque autant, eu égard surtout à la lourdeur de la sanction pénale menaçant celui qui « tombe ». Nul doute alors que le meilleur parti possible réside dans le business des machines à sous. Lequel apparaît comme une véritable sinécure au tournant de ces années 1990. Deux ans de prison maximum, en cas de coup dur devant une juridiction : de la dentelle !

Fort des conseils dispensés par son aîné – et lesté du carnet d'adresses impressionnant qu'il a bien voulu lui transmettre –, Berrahma quitte en 1995 la maison d'arrêt de Luynes dans la peau d'un loup affamé, ivre d'ambition et de puissance. Sa vie, si l'on ose dire, redémarre, à double titre puisque ses ennuis de santé sont derrière lui. Non content de retrouver Schöne et deux de ses propres beaux-frères, aux pedigrees aussi confirmés que le sien, il a également étoffé son équipe, constituée à Salon, de voyous notoires.

« J'ai, pendant tout le temps qu'on a passé ensemble, toujours été un seigneur avec lui », affirmera plus tard Antoine Cossu, lucide à défaut de se montrer modeste. Aucun doute sur ce point.

La chute du clan Toci, dernier avatar de l'ère Zampa, rebat les cartes

Dans la région, durant ses quatre années de prison, le marché des « bandits manchots » n'a cessé de croître et embellir. Difficile pourtant d'imaginer que ces bécanes truquées, d'apparence encore assez rudimentaire dans la journée – le plus souvent de faux flippers ou bien des jeux d'arcade[1] – rapportent, la nuit, 1 000 à

1. Jeux vidéo, de conception assez grossière, basés sur des animations de petits personnages et dotés d'un logiciel de programmation. Celui-ci permettait aisément de les transformer, la nuit, en machines à sous.

10 000 euros par mois à l'unité. Les sociétés qui les commercialisent, tout à fait légales à première vue, mais presque toujours tenues en sous-main par le Milieu, prospèrent dans un tel contexte très rapidement. Rares désormais sont les cafés et autres troquets, y compris ceux des petites villes et zones périurbaines, où les si lucratives machines à sous ne fleurissent pas. Mais ce joyeux « bazar », où tout le monde gagne hormis le joueur, suscite maintenant tant de convoitises que les voyous commencent à se marcher sur les pieds. Et le climat ambiant s'en ressent.

Tout va finir par basculer en mai 1997 avec l'assassinat de « Jeannot » Toci, le demi-frère de Zampa, sur un parking. Fruit amer d'une guerre intestine de son gang pour le contrôle de plusieurs centaines de « baraques » que le boss possède, rien que dans la région, cette énième exécution aura des conséquences incalculables au sein de la pègre sudiste. Habilement, Berrahma et son équipe profitent du chaos qui s'ensuit pour s'emparer de nombreux établissements appartenant jusque-là au clan adverse. Farid, en bon disciple de Tony Cossu, a rejoint la *team* de Francis le Belge et de son acolyte, Jacky le Mat. On murmure même qu'il aurait un temps servi de chauffeur au parrain marseillais, avant l'exil parisien de ce dernier. Mais le futur Rôtisseur, plus mutique que jamais, se refusera à confirmer cette flatteuse renommée. Et pour cause.

« Dans le Milieu, il n'y a jamais eu vraiment de doute à propos de l'implication de Barbecue dans le meurtre de Jeannot Toci, assène Max, catégorique. Nombreux sont ceux qui, parmi les voyous, pensent même qu'il aurait commencé à tuer pour le Belge et le Mat une dizaine d'années plus tôt. Pour ma part, j'ai entendu dire qu'il avait aussi participé à l'exécution de Gérard Vigier, à la sortie d'une boîte de nuit toulousaine, dès 1987[1]. Soit moins de trois ans après la pendaison organisée de Zampa, avec la complicité de certains matons, aux Baumettes, dans le cadre d'un contrat lancé par Jacky Imbert[2]. »

Les parts de marché tombant dans l'escarcelle du « gang des Salonnais », aussi hétéroclite qu'efficace, s'amoncellent maintenant. On trouve dans ce gang Français, Gitans, Arabes, Kosovars et autres Albanais, mais il est notable que les Corses n'y sont pas légion. Le champ d'action de cette fine équipe s'étend, lui aussi, vers l'ouest de la cité phocéenne, du côté de l'étang de Berre. Une zone à fort potentiel industriel et financier, dirait un économiste. Plus que jamais, les « bandits manchots » entretiennent la fortune de Berrahma et de ses complices qui, non contents de s'enrichir désormais presque en dormant, conquièrent de nouveaux emplacements, propriétés de malfrats embastillés.

En 1996, le Gremlin s'est marié. Deux petites filles sont nées, depuis, de cette union. Il a également investi dans l'achat de deux boîtes de nuit : un classique du Milieu. Enfin, histoire de ne pas perdre la main, lui et sa bande participent à quelques braquages retentissants – banques, fourgons blindés et, surtout, celui de l'hippodrome de Salon-de-Provence, qui défraiera la chronique par son audacieux scénario –, avec un succès jamais démenti.

1. Voir chapitre 7, p. 136.
2. Voir chapitre 1, p. 23.

À la faveur de cette quasi-impunité, Fafa se découvre une passion pour le sud de l'Espagne et son immobilier de luxe, volontiers tape-à-l'œil, devenu terre d'élection pour la pègre française. Mais la Costa del Sol l'attire surtout grâce au trafic de cocaïne, ainsi à un degré moindre que celui du haschich, qui s'y pratiquent avec aisance. Là-bas, il retrouve – sûrement pas une coïncidence – son ami Cossu, flanqué de plusieurs voyous de renom. Suractif, Farid, parmi tout ce joli monde, organise des filières ainsi que des parcours afin d'acheminer la marchandise vers la région PACA. Une fois encore, l'argent coule à flots. Berrahma, décidément précurseur, serait selon certains de ses biographes l'un des principaux concepteurs du système « *go fast*[1] » qui, pendant de longues années, mettra en échec policiers et douaniers européens. Avant que les États de l'Union européenne ne finissent par adopter, à leur tour, les voitures puissantes de grosse cylindrée et la conduite pied au plancher… mais avec un sérieux retard sur les trafiquants.

À l'aube du XXIe siècle, l'ex-Indien des quartiers nord a atteint son but. Il joue désormais dans la cour des grands et brasse chaque mois quelques millions d'euros, que lui octroient pour l'essentiel trafic de came et machines à sous. Pas question, on s'en doute, de s'arrêter

1. Technique de conduite extrêmement rapide pratiquée sur les autoroutes européennes par des trafiquants de drogue, souvent en provenance du Maroc et d'Espagne. En prenant des risques inconsidérés, au mépris des limitations de vitesse et de tout arrêt aux barrières de péage, les conducteurs formés à cet effet ont pu, pendant de longues années, échapper ainsi aux policiers dans l'espace Schengen.

en si bon chemin. Les policiers d'élite qui, de France, se sont enfin penchés sur son cas et le suivent désormais sur leurs écrans radar, ont acquis la conviction que ce Berrahma « New Age » serait devenu l'un des piliers du réseau Topaze, de sinistre réputation. Il s'agit d'une filière de trafic de stupéfiants, d'ampleur internationale, dans la lignée – le cas de le dire – de la *French Connection*, trente ans plus tôt. Ainsi, au cours de l'été 1998, un cargo est-il arraisonné par les douanes au large de Montpellier. À son bord, pas loin de 700 kilos de cannabis sont saisis. Les gabelous, sans la moindre hésitation, désignent dans leur rapport tant l'« affréteur » du navire, Berrahma, que son destinataire : un certain Marc Monge, dont nous reparlerons[1]. Il s'agit d'un adepte, tout aussi irraisonné que Barbecue, du business des machines à sous. Avait-on jamais, il est vrai, observé semblable « pompe à pognon » dans l'histoire tourmentée du grand banditisme ?

Mais les meilleures choses ont une fin. L'ami Cossu tombera bientôt, à l'orée des années 2000, dans le cadre d'un impressionnant coup de filet mené contre ledit réseau Topaze. Nouvelle incarcération, la dernière, qui fera passer son total derrière les barreaux à trente ans. Non sans avoir tenté au préalable de tempérer quelque peu l'inquiétante dérive de son poulain, toujours plus incontrôlable.

« Si tu l'écoutes, il veut tuer tout le monde, le Farid », avait-il pris l'habitude de répéter, au cours des mois précédant la mort de ce dernier. Paroles prophétiques !

Berrahma assume la succession, puis impose son style. Le Rôtisseur couve sous le Gremlin, mais marche déjà

1. Voir chapitre 7, p. 142.

sur des braises. La terre de Marbella brûle maintenant sous ses pieds. Jusqu'à ce jour de fin novembre 2001 où la police espagnole l'interpelle, puis le place sous écrou extraditionnel. En attendant son futur procès en France. Le début d'une nouvelle étape, plus sanglante encore, dans l'itinéraire de cet enfant perdu du Milieu.

*

La voiture, abandonnée à un jet de pierre d'une voie ferrée, au plus profond d'une zone reculée de cette petite bourgade du Vaucluse, semble achever sa cuisson sous le chaud soleil provençal. Ses tôles, aux trois quarts calcinées, ont fini par attirer l'attention de riverains passant dans le secteur. Ce sont les pompiers, d'abord incrédules, qui ont ensuite trouvé les deux cadavres humains carbonisés assis à l'avant. Du moins ce qu'il en restait. Que pouvaient-ils bien être venus faire dans cette clairière, sinistre et désolée, éloignée du centre-ville de Rochefort-du-Gard, à quelques kilomètres d'Avignon ? Les enquêteurs, qui s'affairent maintenant autour de la carcasse de l'épave, n'ont guère de doutes. Le tandem devait retrouver ses assassins sur place. Lesquels ont choisi ce no man's land pour dresser leur guet-apens. Mortel.

Cette nouvelle affaire n'est pas sans en rappeler d'autres, assez récentes. Le mode opératoire apparaît en tout point identique. Les deux hommes ont été tués par balles, puis leur Renault Clio, immatriculée dans les Alpes-de-Haute-Provence, a été aspergée d'essence et enflammée. Avantage, évident, de ce processus, certes d'une cruauté sauvage mais efficace en termes de discrétion :

pas la moindre empreinte ni de relevé ADN à prélever dans les débris du véhicule. Du travail de professionnel.

Un mode opératoire qui fait frémir, sous le signe de Barbecue

Les limiers de la PJ d'Aix-en-Provence sont pourtant unanimes : depuis deux ans, les règlements de comptes se suivent et se ressemblent entre Toulon, Marseille et l'étang de Berre. Parfois même un peu au-delà. La mode du « barbecue » – l'expression compte toujours davantage d'adeptes dans le secteur –, fait rage et s'installe pour durer. Les policiers situent le début de cette série noire à 1999, avec la double exécution de figures régionales du grand banditisme : Charly Lecouls et Sauveur Manzo. Ensuite, est survenu un autre double homicide notable, sur le parking d'un hôtel de Marignane, en novembre 2000. Surpris par un traquenard, Raphaël Liminana et Abdel Djendoubi, vieilles connaissances là encore des flics du cru, n'ont pas survécu à ce second rendez-vous d'affaires qui a mal tourné. Seul détail différent : les victimes, cette fois, s'étaient rendues au point de rencontre dans leurs voitures respectives. Qu'à cela ne tienne, toutes deux ont été brûlées. Leurs tueurs révélant ainsi une certaine capacité d'improvisation. Troisième fait divers édifiant, deux semaines plus tard : le meurtre d'Henri Tournel, voyou renommé, récemment libéré après avoir purgé une peine de quatre années de détention pour trafic de drogue. Criblé de balles de gros calibre, le corps de l'individu a été retrouvé carbonisé, au volant de sa

Golf, au Puy-Sainte-Réparade, petite commune de la périphérie aixoise.

Au terme d'une investigation minutieuse et rondement menée, les policiers n'ont pas tardé à identifier le dénominateur commun entre ces morts violentes : la guerre sans merci livrée pour le contrôle des machines à sous, autour de Marseille et de sa région. Quant à désigner les coupables, c'est une autre paire de manches. L'absence d'indices matériels d'origine humaine, garantie par la combustion des véhicules, a un second effet délétère, selon les flics, celui de retarder l'enquête, puis la procédure pénale qui s'ensuit. Au fil du temps, ils n'en ont pas moins acquis une conviction, largement étayée par les activités grandissantes de l'intéressé au sein de la pègre provençale : ces méthodes expéditives sont celles de Farid Berrahma, l'ex-petit caïd des quartiers nord devenu grand. Mais comment le prouver ?

« La technique du barbecue était déjà parfaitement rodée bien avant l'arrestation de Berrahma, affirme Max sans détour. Ces exécutions en témoignent. Mais le type sorti des geôles espagnoles, après ses quatre années de placard, n'était plus le même homme. Il avait attrapé la haine là-bas, parce qu'il estimait, à tort ou à raison, que la plupart de ses potes l'avaient abandonné pendant sa détention. Comme bon nombre d'entre eux s'étaient fait des couilles en or en son absence, et qu'il leur avait plus ou moins mis le pied à l'étrier dans le business des machines à sous, il les considérait comme ses débiteurs. D'où sa volonté de les mettre à l'amende, en réclamant son dû. Évidemment, les gars n'étaient pas sur la même longueur d'onde. Alors, les choses sont vite parties en vrille. Les autres morts, eux, appartenaient à l'équipe de Gaëtan Zampa, dont Jeannot Toci avait pris la succession. »

Mais le Rôtisseur n'entend pas signer ses crimes en déposant sa carte de visite à chaque règlement de comptes. De longs mois durant, sa méthode, aussi féroce qu'efficace pour effacer toute preuve matérielle contre lui, va donc lui servir de paravent. Une précaution qui se révèlera fort utile en prévision des déboires juridiques s'esquissant à l'horizon, après son extradition en France.

« Baraka démoniaque »
et galéjades pagnolesques version gore

Selon des écoutes téléphoniques opérées par les enquêteurs de la PJ aixoise, ces éliminations physiques spectaculaires étaient aussi presque toujours annoncées, puis commentées après coup, dans un jargon typiquement marseillais, par Berrahma et ses proches. En des circonstances moins dramatiques, les expressions employées, censées être hermétiques à toute oreille indiscrète, pourraient presque s'apparenter aux galéjades échangées sur le Vieux-Port. Ainsi, les exécutions se voyaient baptisées « anniversaires », « feux d'artifice », voire carrément « bouillabaisses ». Les victimes, pour leur part, étaient affublées de qualificatifs délicats tels que « dames », « mariées » ou « fiancées ». Les enquêteurs, médusés, ont donc pu archiver des échanges qui laissent pantois, du style : « La fiancée a avalé la langouste comme prévu. » Du Pagnol, mais version gore…

« À cette époque, Barbecue faisait vraiment peur, approuve Max avec une certaine gravité. Plus seulement par la violence animale qui se dégageait de ses assassinats, mais aussi à cause du cynisme et de l'indifférence qui émanaient de lui. On avait le sentiment qu'il courait après quelque chose – le fric et la gloire à mon avis – et que plus rien d'autre, à ses yeux, n'avait d'importance. Y compris la vie humaine. Alors, les mecs qui se trouvaient sur son chemin ont, à leur tour, tenté de l'éliminer, mais il a longtemps conservé une baraka assez démoniaque. »

De fait, visé par une tentative d'exécution, Berrahma échappe une première fois à son sort grâce à un concours de circonstances plutôt bienvenu. Ce jour-là, il confie une mission à l'un de ses comparses, pour laquelle il lui prête la voiture qu'il avait prévu d'utiliser. Puis il choisit un autre véhicule, afin de vaquer à ses propres occupations. L'infortuné quidam sera donc abattu à sa place.

Mais c'est surtout en avril 2005, devant le tribunal correctionnel d'Aix-en-Provence, où il comparaît pour « association de malfaiteurs dans le cadre d'une utilisation frauduleuse de machines à sous », qu'il va entamer une série de victoires judiciaires qui peuvent laisser rêveur. Condamné dans un premier temps par défaut à dix années de prison, lors de son incarcération en Espagne, le voilà purement et simplement relaxé. Son avocat a obtenu, de haute lutte, l'annulation de la procédure, entachée de vices de forme. Quelques semaines plus tôt, il devait déférer en raison de son rôle supposé au sein du réseau Topaze, sur lequel les flics de la PJ locale avaient travaillé d'arrache-pied, de longs mois durant. Sept personnes ont, jusqu'alors, déjà été emprisonnées, mais son cas ayant été disjoint des autres dossiers, le même conseil – décidément aussi brillant qu'inspiré – a pu convaincre le Parquet d'opter pour une mesure de liberté provisoire, dans l'attente du procès.

« Berrahma, un peu à l'exemple du Belge, l'un de ses premiers patrons, aura trop abusé de sa chance, conclut Max, toujours philosophe. Son grand tort, selon moi, c'est de s'en être pris à Roch Colombani, très estimé chez les Corses et dans sa région aixoise. Santu, bien que carré et assez paisible par nature, ne pouvait laisser passer un truc pareil. Ce n'était tout de même pas un enfant de chœur. Les machines à sous ont rendu fou Barbecue comme tant d'autres avant lui. L'argent, qui coulait à torrents, lui est monté à la tête et il a fini par se brûler tout seul. »

Roger, pour sa part, se montre bien plus expéditif : « Il y avait, à l'époque et dans le contexte que tu connais désormais, un contentieux terrible entre Corses et Arabes, affirme-t-il. Il faut le dire, même si c'est un peu dérangeant. Le Milieu est régi par des règles moins policées que celles de la société. Ainsi, quand il a décidé de s'attaquer aux truands originaires de l'île, Berrahma leur vouait déjà une haine tenace. »

En guise de conclusion, Max abonde puis reconnaît, pudique : « Il n'a sûrement jamais pardonné aux Corses de l'avoir éconduit en le prenant pour un cave quand, dans sa jeunesse, il avait postulé à un job pour bosser avec eux. Barbecue, comme la plupart des voyous, avait la rancune tenace. »

Farid Berrahma, sans doute bien malgré lui, aura en définitive marqué le passage de témoin entre deux générations de voyous. Sa fuite en avant, inexorable, hallucinante puis bestiale, annonce l'ensauvagement de la pègre en France qui, dans un premier temps, contaminera la petite délinquance. Elle précédera ensuite, de deux bonnes décennies, celui de la société tout entière, que certains esprits intrépides n'ont de cesse aujourd'hui de dénoncer. Il enterre enfin, et à titre définitif, une époque dorée pour le Milieu : celle de la « mentale ».

7

« Free-lance », auxiliaires et hommes de main

Depuis la disparition, par pendaison, de Gaëtan Zampa à la prison des Baumettes, survenue dans des circonstances troubles le 16 août 1984[1], la « grinta[2] » semble peu à peu avoir déserté son clan. Un temps déstabilisé, celui-ci a d'abord laissé s'évaporer d'importantes parts de marché du crime organisé vers les caisses du gang de ses principaux rivaux, mené d'une poigne de fer par le tandem constitué par Francis le Belge et Jacky le Mat. Ce déficit est patent dans le domaine – à l'époque déjà essentiel à l'irrigation financière des bandes – du business des machines à sous. Une raison parmi d'autres expliquant pourquoi le Milieu considère aujourd'hui ce dernier, on l'a vu, comme le probable commanditaire de la mort provoquée de Tany, au fond de sa cellule.

Conscient du manque à gagner et de ses conséquences, dommageables à la survie de l'équipe, Jeannot Toci, demi-frère du défunt, a pris tant bien que mal sa succession. Fort de la légitimité découlant de ses liens familiaux avec l'éphémère parrain marseillais, il en perpétue

1. Voir chapitre 1, p. 23.
2. État d'esprit combatif, détermination à vaincre.

maintenant les méthodes. Son zèle, à cet égard, se révèle sans limites. À l'instar de son aîné, issu du même père mais né quatre mois avant lui d'une mère différente, Toci est un être impulsif, autoritaire et volontiers violent. Ses colères, aussi homériques que soudaines, en imposent à ses complices. Elles ne tardent pas à tuer dans l'œuf leurs éventuelles velléités d'autonomie.

Le nouveau boss a pu ainsi constituer une escouade de voyous – de fines gâchettes pour la plupart – afin de reconstituer l'empire Zampa. Parmi ces truands chevronnés, on trouve les figures familières à Marseille de « Bimbo » Roche et Gilbert Hoareau, alias le Libanais. De vrais durs, patentés. Charly Lecouls, l'un des régionaux de l'équipe, pied-noir d'origine implanté de longue date dans le Vaucluse, y tient bonne place lui aussi. Son « pays », Alain Paparella, l'accompagne souvent lors des périlleuses missions de porte-flingue. Les Corses, Sauveur Manzo et Jean-Marie Lucchesi, dit « Nono » – un vieux de la vieille, embarqué aux côtés de feu Tany depuis les années 1970 – ainsi que Serge Martin, Robert Dubois, Nicolas Nissirio, Raphaël Raposo, « Ralph » pour les intimes, ancien de la *French Connection* incarcéré dès 1974 dans le cadre d'un important trafic d'héroïne autour du Vieux-Port, répondent présents, eux aussi, lorsqu'il s'agit de faire le coup de feu. Enfin, Alain Mattéo et Barthélemy Regazzi, encore des Corses, complètent l'encadrement au sein de cette association de malfaiteurs, bougrement efficace. Ce dernier, que ses comparses ont baptisé « Bart », n'est autre que le frère aîné de « Gaby », lequel fut, de l'avis général, l'un des rares amis de Toci, avant de tomber dans une embuscade du clan adverse, où il périt. Sombre destin.

Pour lui succéder, Jeannot aurait pu choisir son propre gendre, Jean-Paul di Noïa, voire le cadet de cette même fratrie, Denis, qui lui voue un égal attachement. Il n'en a rien été. Afin de le seconder dans sa rude besogne, Toci a désigné le plus capé du lot. Rien moins que l'un des membres du célébrissime casse de la Société générale, compagnon d'équipée d'Albert Spaggiari à travers les égouts niçois, et ce, avant, pendant et après le vol sans violence le plus emblématique de la précédente décennie. Les exploits de Gérard Vigier, en ces circonstances exceptionnelles pour le Milieu français, ont notamment été immortalisés dans un livre, signé de la main d'un certain « Amigo », autre complice du « casse du siècle ». Derrière le sibyllin sobriquet se cacherait le sieur Jacques Cassandri, une pointure du grand banditisme phocéen, soucieux d'anonymat[1].

S'appuyant également sur le témoignage de la veuve de Vigier, Nadia, l'auteur n'hésite pas à y attribuer au disparu un rôle bien plus essentiel que celui de Spaggiari, lors de ce fait divers hors normes. Soit à peine moindre que le sien, cela va sans dire. Une chose est sûre : Vigier, un temps considéré comme un auxiliaire au sein du clan Zampa, acquiert vite des responsabilités importantes. Évolution logique selon Max, qui l'a, lui aussi, fort bien connu.

« À mon avis, les spécialistes du Milieu – ou supposés tels – ont tendance à sous-estimer l'estime réciproque qui existait entre Jean Toci et Gérard, observe-t-il. À la fin, tous deux se considéraient presque comme des frangins. Pas vraiment le genre de la boutique pour un mec comme Jeannot. Quand on prend en compte cet aspect

1. Amigo, *La Vérité sur le casse de Nice*, Les Petits Matins, août 2010.

des choses, son choix consistant à le désigner comme second apparaît plus compréhensible. Cela dit, il est exact d'affirmer que Vigier, dans la bande, a surtout accepté de jouer un rôle de gros bras et de porte-flingue. Encore doit-on souligner que le contexte de l'époque l'exigeait. Il fallait, coûte que coûte, reconquérir les boîtes, troquets et autres bordels que l'équipe Zampa avait perdus, puis dû concéder au Belge ainsi qu'à Jacky le Mat. Pour cela, intimidation, violence et brutalité se sont vite imposées comme les méthodes les plus efficaces. Domaines dans lesquels Gégé avait fait ses preuves. »

Premier fait d'armes du gang reconstitué par Toci, la reconquête de la myriade de discothèques, naguère encore détenues par Zampa. Là commence le plus difficile : les conserver. Il faut alors en découdre et se montrer plus cruel et déterminé que ses ennemis, afin de décourager leur rapacité. Succès. Mais la plus convoitée de toutes, l'immense et bien nommée Krypton, boîte de nuit phare d'Aix-en-Provence, manque à l'appel au terme de cette contre-offensive. Désillusion. L'établissement a été frappé d'une mesure de fermeture administrative à l'issue du procès qui, en 1983, a renvoyé Tany à l'ombre. Pour le compte cette fois. Depuis, ni la justice, ni surtout les élus locaux ne souhaitent cautionner sa réouverture, ainsi que les probables dégâts qui en découleraient aux yeux de l'opinion. Toci peste, mais n'y peut rien. Pire : il échoue aussi à récupérer les nombreux placements – en liquide bien sûr – effectués par son demi-frère dans plusieurs casinos de la Côte d'Azur.

Heureusement, ces fiascos, relatifs, sont compensés – ô combien ! – par les machines à sous. La *team* Toci en installe toujours davantage, presque à tours de bras, et ce dans l'ensemble de la région. Très vite, il a pu ainsi élargir sa zone d'activité. Désormais, c'est bien tout le sud-est de la France qui se retrouve infesté par les « bingos[1] » clandestins, qui tournent à plein régime dès la tombée de la nuit. On affirme, sous le manteau, que les limiers de la PJ aixoise en auraient dénombré plus de cinq cents rien qu'en PACA[2]. Cafés, bastringues, tripots et discothèques : chaque établissement possède, au minimum, le sien. L'accent est mis sur leur équipement du côté de l'étang de Berre, davantage prisé encore que le Vaucluse et les Alpes-de-Haute-Provence, pourtant en pleine expansion.

Un gros bras d'une redoutable efficacité en charge de « l'après-vente »

Au milieu de cette décennie 1980, le gang Zampa tient, plus que jamais, la dragée haute à l'équipe du Belge et du Mat, parmi laquelle un jeune homme, d'allure famélique et au regard de prédateur, fait alors ses premières armes. Son nom ? Farid Berrahma[3]. C'est à l'époque sans doute que le rôle de Gérard Vigier se révèlera le plus stratégique au sein du clan. Pour son plus grand malheur et celui de sa famille.

1. Un des surnoms donnés, en langage codé, aux machines à sous par les voyous. À l'origine, ce terme désignait un appareil de première génération, d'apparence assez rudimentaire, évoquant une sorte de flipper équipé de boules argentées.
2. La région Provence-Alpes-Côte d'Azur.
3. Voir chapitre 6, p. 118.

« Vigier, de tout temps, est resté dans le sillage direct de Zampa, puis de Toci, reprend Max. S'il fallait monter au feu ou bien fumer des types, les deux boss pouvaient compter sur lui. Gérard s'occupait aussi – c'était même l'essentiel de son activité – du business des machines à sous. Chaque fois qu'un concurrent marchait sur leurs plates-bandes, en offrant de grosses commissions à des tenanciers pour les convaincre de virer des "baraques" installées par le gang, Vigier déboulait alors sur place et montrait les crocs. L'objectif était de leur faire comprendre qu'ils ne devaient surtout pas jouer à ça. »

Et de préciser le mode opératoire en usage : « Je dirais presque, histoire de sourire un peu, que Gérard s'occupait de l'après-vente, poursuit-il. À défaut de placer lui-même des "bandits manchots", il s'assurait que les bécanes restaient bien sur leurs sites respectifs. Parfois, Toci, comme ses concurrents, prenait en charge une partie de l'investissement nécessaire à l'achat d'un bar, pour inciter des types à en accepter la gérance. Dans un deuxième temps, il y installait une ou plusieurs "baraques". C'est-à-dire le cœur même du dispositif car le bistrot en tant que tel, tout le monde s'en foutait. L'essentiel du rendement apporté par les murs résidait dans les machines. Aux yeux des truands de l'époque, elles étaient plus précieuses encore qu'une gagneuse[1]. Tu imagines ? S'ils avaient pu en fourguer une dans chaque épicerie de quartier, sois sûr qu'ils n'auraient pas hésité une seconde. »

Dans ce rêve éveillé, le moindre boui-boui borgne devient ainsi, en quelques semaines à peine, une véritable

1. Appellation commune désignant une prostituée, en usage dans le Milieu.

mine d'or. Sorte de version – sombre – de Cendrillon et de sa citrouille transformée en carrosse. La fortune désormais semble à portée de main pour une multitude de types dénués d'ambition, de compétences et surtout de morale. Alors les vocations spontanées ne manquent pas. Quant aux *success stories*, elles ne se font pas attendre. Mais malheur à ceux qui virent casaque ou succombent au chant des sirènes de l'autre camp.

« Entre 1980 et 1987, année de sa mort, Vigier a accompli la même besogne, avec une indiscutable efficacité, précise encore Max. Il arrivait dans le troquet, s'énervait sur un "bingo", le secouait dans tous les sens en l'accusant de marcher sur une patte, puis finissait par remonter les bretelles du tenancier. Le message se voulait clair : "On sait que tu as pris langue avec les mecs du Mat, ça ne nous plaît pas du tout et si tu continues à déconner, il pourrait bien t'arriver des bricoles." Neuf fois sur dix, les bécanes restaient finalement à leur place. »

Plus question, dans ces conditions, de perdre de nouvelles parts de marché. L'argent coule à flots comme aux plus beaux jours, et innombrables sont désormais les privilégiés qui se repaissent de ce gigantesque gâteau. Gérard Vigier, à l'instar de la plupart de ses complices, s'est lui aussi beaucoup enrichi. Originaire du Sud-Ouest, il multiplie désormais les allers-retours entre la région toulousaine et Aix-en-Provence, où ses fonctions de lieutenant de Toci l'appellent encore souvent. Aspirant pourtant à un certain calme autant qu'aux joies simples de la vie de famille, il a élu domicile dans la paisible sous-préfecture lotoise de Figeac, qu'il connaît bien. À défaut de se ranger, notre homme, âgé maintenant de quarante-quatre printemps, est aussi l'heureux propriétaire d'une boîte de nuit à Toulouse.

Le 16 février 1987, Gégé quitte donc Le JB, sa discothèque, sur le coup de 1 h 30. Il se dirige vers un parking, puis s'installe dans sa voiture. Quatre-vingt-dix minutes de route, environ, le séparent de son domicile, et comme à l'accoutumée, sa journée de businessman a été plutôt bien remplie. Au moment où il met le contact, Vigier a tout juste le temps d'apercevoir dans son champ de vision deux hommes casqués descendant précipitamment d'une moto. L'un porte un pistolet-mitrailleur Sten de 9 mm – une arme redoutable –, tandis que l'autre brandit déjà un fusil à pompe dans sa direction. Les coups de feu claquent. Le bras droit de Jeannot Toci, naguère encore compagnon de route de Gaëtan Zampa, le Serpent à sonnette de Marseille, s'effondre sur son volant, transpercé de plusieurs balles. Cette fois, pour le gang de feu Tany, sonne vraiment le commencement de la fin.

« Gégé est aujourd'hui considéré surtout, à tort selon moi, comme un homme de main, conclut Max. Il était bien davantage que cela. Plutôt un truand polyvalent, au sens où on l'entendait jadis dans le Milieu. À la fois braqueur, comme beaucoup d'autres, mais aussi capable de faire du business, de manager une affaire et, au besoin, de mener une équipe de mecs. Le souvenir que j'en garde, c'est avant tout celui d'un type intelligent. »

Vigier rejoint ainsi la liste des grands truands dont le jackpot des machines à sous aura infléchi le destin. D'abord en faisant sa fortune, puis en provoquant sa mort, aussi précoce que dramatique. Et ladite liste n'en finira plus de s'allonger. Trois années à peine se sont écoulées quand Jeannot Toci, en cavale depuis 1983, est appréhendé dans sa maison du Vaucluse, à Roquebrune-sur-Argens. En perquisitionnant, la police découvrira la bagatelle de 3,2 millions de francs, en espèces, de même qu'une jolie collection d'armes à feu. Au même moment, cinq de ses principaux complices sont interpellés dans des conditions similaires. Chez l'un d'entre eux, Charly Lecouls, les enquêteurs mettent la main sur une série de photos, dans laquelle ils reconnaissent Jacky Imbert. L'hypothèse d'un contrat « homo[1] » sur la personne du Mat ne fait guère de doute à leurs yeux. Pour Toci, la vengeance est un plat qui peut se réchauffer, y compris à plusieurs reprises.

Mais le successeur de Zampa n'aura dès lors d'autre recours que de recuire sa haine au fond d'une cellule. Condamné à sept années de détention pour infraction à la législation sur les armes, sur les jeux et falsification de documents administratifs, Jeannot se retrouve incarcéré à la prison de Luynes. C'est là que, le 8 novembre 1990, tandis qu'il déjeune devant la fenêtre de sa geôle, il reçoit une balle dans la main, échappant de fort peu à la mort. Un tireur, posté à 400 mètres de sa cible, a tenté de l'abattre avec un fusil à lunette infrarouge. D'ordinaire, l'arme absolue des tueurs à gages. Qu'importe, en vérité : l'interminable guerre des gangs, qui ensanglante le Milieu marseillais depuis près de deux décennies déjà, voit enfin s'esquisser son épilogue. Le clan Zampa ne se remettra jamais vraiment de cette nouvelle série noire.

*

1. Diminutif d'« homicide » dans le langage codé des services secrets.

Marseille, en cette journée du 8 mars 1983, a son visage habituel. Dans ce quartier du centre-ville situé non loin de la mairie, aussi animé que bigarré, les gens déambulent, s'affairent ou bien s'interpellent. Spectacle coutumier. Soudain retentit une déflagration sourde rue du Dragon, perpendiculaire à la rue de Paradis qui file tout droit vers le Vieux-Port. Elle semble heureusement assez contenue. Un court moment, la panique s'empare des riverains. C'est que le climat ambiant est lourd. Plusieurs attentats, à caractère antisémite pour certains, ont ensanglanté la France ces derniers mois. Or, l'une des synagogues de la cité phocéenne jouxte la grande artère déjà citée, près de laquelle l'explosion s'est produite. Difficile de ne pas redouter un lien de cause à effet.

Quelques minutes de sidération puis de flottement se sont écoulées. Voilà maintenant qu'une voiture a pris feu. Ses deux occupants sont morts, sur le coup. Pompiers et policiers investissent rapidement les lieux. Les flics marseillais, à « l'Évêché[1] », identifient ainsi Johnny Chicin et Daniel Scotti, un tandem de truands locaux spécialisé dans le racket. Très vite, les éléments obtenus au cours de l'enquête confirment leurs soupçons : les « clients » en question préparaient une expédition punitive contre le tenancier d'un bar mitoyen de l'endroit où stationnait leur véhicule. Apparemment peu familiers du maniement d'engins explosifs, ils auraient trop manutentionné la bombe artisanale sertie d'un pain de plastic visant à perpétrer leur forfait. À force, elle leur a explosé à la figure.

Marseille est en émoi, même si la thèse de l'attentat communautaire peine à convaincre la maréchaussée.

1. Surnom donné à l'hôtel de police de Marseille par ses habitants.

Les limiers de la PJ, en poursuivant leurs investigations, ont compris que les deux apprentis terroristes étaient de simples intermédiaires. Leur commanditaire – et ami – serait un certain Marc Monge. À défaut d'avoir défrayé jusqu'alors la chronique judiciaire, l'homme a déjà glané quelques maigres lauriers dans la sphère du grand banditisme. Ce natif de Carpentras tout juste trentenaire entendait ainsi régler ses comptes avec l'un de ses débiteurs. Le différend portait sur une créance impayée concernant une machine à sous, pour laquelle le dénommé Monge aurait mis son contradicteur à l'amende. Rien que de très classique, à l'époque, au sein du Milieu. Mais le contexte et les contingences politiques du moment vont en décider autrement.

Ce fait divers, repris par les quotidiens régionaux, se situe entre les deux tours de l'élection municipale. S'estimant menacé par son rival de longue date Jean-Claude Gaudin, le maire socialiste Gaston Defferre, ministre de l'Intérieur de François Mitterrand, ne laisse pas passer l'opportunité qui s'offre à lui. Le vieux renard a flairé le bénéfice politique qu'il pouvait tirer de cette ténébreuse mais banale histoire entre voyous. Quelques jours après la révélation du nom de Marc Monge, les journaux proches du « Patron » rapportent donc que tracts et affiches de campagne de Gaudin auraient été trouvés dans la Peugeot 104 de l'ex-épouse du truand. Coïncidence, certes, mais faut-il en tirer des conclusions définitives ? Pour la presse favorable au maire, la question ne se pose pas : l'attentat antisémite, orchestré par la droite, paraît évident. La communauté juive, nombreuse à Marseille, est ébranlée. La balle a bien atteint sa cible. Defferre conserve son fauteuil. Quant au « complot ourdi par la droite locale » ? Une galéjade de plus, dans cette ville qui les aime tant...

Exit *« le Blond », place au « Boiteux », qui joue les filles de l'air*

Marc Monge, lui, n'a pas tout compris à l'affaire. Plutôt que de se repasser le film au ralenti, il préfère positiver. Son nom apparaît désormais dans les titres des quotidiens... Du jamais vu ! Puis, voilà qu'il déchante. Les policiers l'interpellent, au cours de l'un de ses passages à Paris, quelques semaines plus tard. Il se retrouve inculpé, pour « tentative de racket ». Dès lors, mises en examens et séjours en prison vont s'enchaîner. Cambriolage commis dans le Vaucluse, braquage d'un poids lourd perpétré en Belgique, trafic de haschich en provenance du Maroc. La liste n'est pas exhaustive. Condamné en 1986, Monge passera au total une bonne demi-douzaine d'années à l'ombre. Comme souvent, c'est un homme nouveau, plus sombre et déterminé encore, qui reviendra à la vie civile après une série de détentions.

Par deux fois, avant son incarcération, il a échappé à la mort dans des circonstances quasi miraculeuses. D'abord à Monteux, non loin d'Avignon, lors d'un cambriolage qui a mal tourné. « Le Blond » – son surnom initial –, en passant par le toit, a perdu l'équilibre puis a chuté à travers une verrière. Bilan : fracture des cervicales. Arrêté sur place, il demeure un temps paralysé et conservera des séquelles de son accident jusqu'à la fin de sa tumultueuse existence. *Exit* le Blond ; place, désormais, au « Boiteux ».

À peine sorti des geôles une première fois, en septembre 1989, il hérite de deux balles dans l'épaule, en souvenir de la police belge et de l'assaut mené contre un camion de transport de marchandises. La peu brillante opération se solde par une condamnation à huit ans de prison, mais cela aurait pu être pire. Dans sa malchance, Monge a, si l'on ose dire, aussi de la chance. Un peu comme à Marseille, en 1983, quand il a envoyé deux complices mourir à sa place, sans s'en douter le moins du monde, pour apurer cette maudite créance impayée. Ainsi va le destin de ce free-lance du crime qui se rêve en futur parrain. Pourtant, en 1997, lorsque le Boiteux quittera enfin l'univers carcéral, il ne lui restera que trois années à vivre.

L'itinéraire personnel de Marc Monge se veut résolument atypique. Fils d'un repris de justice devenu supplétif du SAC assassiné en 1977, il entame sa propre carrière criminelle assez tard. Avec une propension certaine pour la tragi-comédie, plutôt rare dans le métier de voyou. Après l'épisode marseillais, retentissant mais avorté, qui marque son entrée officielle dans la galerie du grand banditisme français, il lance sa série de hold-up plus ou moins brinquebalants en Belgique. Le Blond choisit alors pour partenaire un quidam du nom de Frédéric Godfroid, dont la particularité réside dans son ancienne profession : commissaire de police à la PJ belge. Peu courant. Le bonhomme est connu comme le loup blanc, et peu prophète en son plat pays. Pour la discrétion, peut mieux faire...

Embarqué ensuite dans son trafic de stupéfiants vers la cité phocéenne, Monge élabore d'abord un dispositif assez approximatif afin d'acheminer la marchandise du

Maroc, via l'Espagne. Il camoufle un total de 175 kilos de haschich, répartis sur plusieurs voyages, dans le réservoir d'une Citroën CX. Et vogue la galère ! Avant de tomber, à l'issue d'une dernière équipée en voiture, puis de se voir condamné à dix ans de prison, en 1993 – il n'en purgera que quatre –, le dealer *new-look* a dû se résoudre à jeter une partie non négligeable de sa cargaison. Motif ? La résine de cannabis, imprégnée d'odeur de gasoil, n'était plus consommable. Le manque à gagner sera à l'avenant. On ne l'y reprendra plus.

« G2Tout », et surtout du cannabis : « le Diable » se moque des enquêteurs

Édifié par l'expérience, et afin d'abriter son lucratif petit commerce cannabique puis de l'optimiser, notre imaginatif voyou prendra bientôt soin de le doter d'un paravent original. Il ira pour ce faire jusqu'à investir quelques deniers, extraits de sa fortune issue du business des machines à sous, dans une entreprise d'importation de carrelage installée au Maroc. Non content de disposer des statuts adéquats ainsi que d'une comptabilité parfaite, Monge baptisera sa boîte « G2Tout ». Encore une façon bien à lui de mettre les rieurs de son côté. La drogue, fabriquée dans le Rif, au nord du pays, sera cette fois transportée en train, de Meknès à Casablanca, par paquets de 25 à 30 kilos dissimulés parmi d'imposantes palettes de carrelages. Les conteneurs poursuivront ensuite leur traversée par bateau, jusqu'au port de Marseille, au cours de deux livraisons, de 5 tonnes chacune, effectuées en avril et août 1998. Dès l'arrivée, le « shit » est d'abord stocké à l'entrepôt de G2Tout. Il achève son périple vers la région parisienne quelques heures plus tard, à bord de camions. Cette fois, le dispositif fonctionne comme une horloge suisse. Au total, pour l'année 1998, l'OCRTIS[1] et la police judiciaire créditeront *a posteriori* Monge ainsi que son gang de près de dix tonnes de cannabis et six kilos de cocaïne importés. Une paille – tout mauvais jeu de mots mis à part.

Ce subtil mélange de scoumoune et de baraka, relaté par les gazettes, finirait presque par rendre « Marco » sympathique auprès du public. Certains confrères n'hésitent pas à voir en lui « un artisan de la délinquance, un voyou pas comme les autres, ayant conservé une façade sociale affichée et assumée[2]... ». N'a-t-il pas en partie financé une épicerie à vocation sociale, dédiée aux plus démunis, dans sa ville natale de Carpentras ?

Fidèle en amitié, certes, l'autre « Diable boiteux[3] » cultive également de solides et inexpiables inimitiés. Parmi celles-ci, il faut surtout citer Jeannot Toci, le successeur de Zampa, Roger Spanu, dit « Lunettes », ou Paul Farrugia, alias « Petit Paul ». Autant de concurrents qui, dans la cité de la Bonne Mère, contrarient un temps son appétit vorace pour les « bandits manchots ». À telle enseigne que Monge sera soupçonné, mais jamais condamné, faute de preuves, lorsque ses trois rivaux passeront *ad patres*. On s'en serait douté : les raisons de ces haines, aussi durables que réciproques, découlent de

1. Office central pour la répression du trafic illicite des stupéfiants.
2. *Libération*, 1er février 2000.
3. Le premier – et illustre – titulaire de ce sobriquet fut Talleyrand.

pratiques commerciales peu orthodoxes dans le jackpot si convoité des machines à sous.

« Monge avait comme la plupart des truands de son époque tâté du braquage, avant d'essayer de se placer dans le trafic de chocolat[1], observe Max. Dès sa libération, après son premier séjour en cabane, il a acté que le moyen le plus rapide et efficace de s'enrichir sans trop de risques passait par les "bingos". Seulement voilà : il lui fallait pour ça dégommer un nombre important de types déjà bien installés dans ce business. Quand il a compris – trop tard à mon avis – que le marché était saturé autour de Marseille, il a voulu transférer une partie de ses billes vers Paris. Mais sa tête était déjà mise à prix car il comptait alors beaucoup trop d'ennemis. »

Une analyse et des faits corroborés par l'intéressé lui-même, pendant l'une de ses rares confessions aux médias. Dans une interview accordée à Xavier-Marie Bonnot[2], en novembre 1999, Monge décrit sa conversion aux délices de la vie facile – éphémère pour lui –, dispensés par le commerce des « bandits manchots ». Un statut de nouveau riche qu'il n'aura plus guère le temps de savourer.

« En 1997, lorsque je suis sorti de prison, mon ami Serge Martin a été le seul à me tendre encore la main alors que je n'avais plus rien, raconte-t-il. C'est lui qui m'a convaincu de monter une société de jeux, en m'affirmant qu'il ne fallait pas manquer cette évolution dans le métier. Je n'avais aucune autre solution que de

1. Surnom, parmi d'autres, désignant le haschich, et usité par le Milieu.
2. Journaliste, écrivain et réalisateur (*Berlin Requiem*, *La bombe et nous*…).

m'implanter sur le terrain des machines à sous. La reconversion professionnelle, pour un ex-taulard, je n'y ai jamais cru. Il ne me restait que le système D, comme démerde. À partir de là, pas moyen de faire autrement que de s'y tailler une place. »

De la théorie à la pratique, « le Diable » – encore un surnom – ne compte pas musarder en chemin. Règlements de comptes, expéditions punitives et autres vendettas succèdent à vitesse accélérée aux innombrables exécutions sauvages. À ce jeu sanglant, Monge et ses camarades ne sont pas manchots. Quitte à reconnaître, dans sa conclusion du même entretien exclusif, que toutes ces tueries, en définitive, ne servent à rien. Un constat lucide voire prophétique.

« Tuer pour une machine à sous est absurde, concède-t-il, mais inévitable dès qu'on a mis le doigt dans cet engrenage. Ensuite s'enclenche un phénomène naturel de vengeance. Il faut alors les tuer tous, ne serait-ce que pour essayer de ne pas l'être soi-même[1]. »

Une logique intangible qui, en moins de trois ans, va faire de Monge un millionnaire en lui permettant d'imposer sa chasse gardée sur l'impitoyable marché des « baraques ». Entre 1997 et 2000, année de sa mort, il en contrôlera une bonne cinquantaine, essentiellement dans le Vaucluse et le Gard. Performance enviable quand on sait que la concurrence ne l'a pas attendu et que ces zones, plutôt rurales, ne sont alors pas loin de la saturation tant les machines y foisonnent déjà. Alors, le Boiteux fait de la place, en s'appuyant sur son impressionnante équipe de tueurs. Tandis que les cadavres s'amoncellent,

1. *Idem.*

des « parts de marché » se libèrent. Après la fortune, la gloire ? Monge et sa *team* commencent à y croire. Non sans raison.

Un événement, majeur pour le Milieu français, va contribuer à rebattre les cartes en ce domaine désormais tant prisé du grand banditisme. Il s'agit de l'exécution de Jeannot Toci, alors âgé de soixante-trois ans, le 7 mai 1997. Le demi-frère et successeur de Zampa, qui a déjà échappé à plusieurs attentats, se laisse cette fois surprendre, sur un parking d'Istres, en regagnant sa voiture au bras de sa compagne. Cette énième tragédie propulse Monge davantage encore sur le devant de la scène du crime organisé dans la région marseillaise. S'il n'est pas exagéré d'affirmer qu'il sera l'un des principaux bénéficiaires de ce décès, lui en attribuer le rôle de commanditaire paraît hasardeux. Max, on le sait, balaie cette hypothèse d'un revers de main. Notre truand préféré attribue pour sa part, et sans hésitation aucune, ce meurtre au Rôtisseur Farid Berrahma, dans le cadre d'un contrat lancé par le Mat[1].

Cela précisé, le fait est que Marc Monge avait bel et bien lancé une OPA sur le clan Toci, et ce, avant même le trépas du « Patron ». Son amitié indéfectible avec Serge Martin, transfuge de la première heure ou presque, a-t-elle fait des émules parmi les anciens lieutenants de Jeannot ? Sans doute. De là à spéculer sur l'hypothèse qu'il faudrait chercher dans leurs rangs les assassins du boss, ce serait aller un peu vite en besogne. Mais ces tentatives de débauchages, au sein de la bande adverse, ont exacerbé les tensions de part et d'autre. Pour preuve, Martin, sortant

1. Voir chapitre 6, p. 118.

d'une cabine téléphonique, est abattu à son tour, en plein centre-ville d'Avignon, le 17 octobre de la même année. Grièvement blessé, il tente d'échapper à ses tueurs avant d'être rattrapé, sur le parking d'un supermarché, puis achevé de huit balles tirées à bout portant. Entretemps, Charly Lecouls et Sauveur Manzo, orphelins de leur chef Toci, avaient eux aussi rallié l'équipe du Boiteux, avant de disparaître, dans les conditions que l'on connaît[1], près de Saint-Maximin, petite commune du Var. Sans doute victimes de Barbecue. Encore une série noire en cours. L'épisode suivant ne tardera pas.

Le dauphin du Belge futur parrain de Paris ? Un dernier rêve qui finit mal

Après Toci et Lunettes, Monge, lui-même victime d'une tentative d'assassinat ratée en septembre 1997, à la sortie d'une boîte de nuit drômoise, doit écarter un sérieux concurrent de sa route. Il s'agit de Serge Leynaud, cinquante-deux ans, qui règne alors sur le secteur des machines à sous et discothèques entre Nîmes et Avignon. C'est chose faite en mai 1999. Sur une route proche d'Uzès, dans le Gard, une moto stoppe à côté d'une voiture arrêtée à un feu rouge. Le passager arrière de l'engin sort une arme de gros calibre puis abat Leynaud, au volant du véhicule, de quatre balles. Une inévitable avalanche de morts violentes s'ensuit dans les deux camps, avant que Petit Paul Farrugia, dernier « gros morceau » à tenir tête au clan Monge, ne tombe sous un déluge

1. Voir chapitre 6, p. 122.

de plomb, en compagnie de son épouse, dans un mas des Alpes-de-Haute-Provence. La série noire paraît ne jamais devoir finir.

« Ayant ainsi fait le ménage dans sa région, de manière impitoyable, Monge détenait maintenant près de cinq cents “baraques” entre le Vaucluse et le Gard, se souvient Max. Un nombre assez incroyable pour un artisan du crime, parti du niveau qui était le sien. Du coup, évidemment, il avait pas mal grignoté sur les plates-bandes du Belge et du Mat qui, on s'en doute, n'ont pas avalé la chose. À partir de cette époque, il a commencé à devenir beaucoup trop visible dans le paysage du Milieu. Tant sur le plan local que national. Cela ne pouvait durer très longtemps. »

Marc Monge, alias le Boiteux, fort de son implantation toujours plus étendue dans le sud-est du pays, vise à présent le marché parisien des « bingos », ainsi que celui de la nuit. L'homme, désormais, se considère comme le dauphin de Francis Vanverberghe, parrain provençal monté à la capitale avant lui. Il a décidé d'assister à une vente aux enchères tenue près des puces de Saint-Ouen, et s'y rend donc à pied, en toute décontraction et sans précaution particulière. Le voici presque arrivé à destination quand un véhicule arrive à sa hauteur. Quatre types, à son bord, le regardent avec insistance. Monge a compris. Trop tard. Une rafale de coups de feu claque. Le piéton s'effondre au sol, en plein jour, sous les yeux de nombreux témoins.

« Ça, c'est la version officielle, confie encore Max. Moi, je suis bien placé pour te dire qu'il se rendait à un rendez-vous d'affaires sur place, et n'avait pas grand-chose à cirer de la vente aux enchères en question. Le type qui lui a filé ce rencard l'a bel et bien vendu à ses assassins. »

Tout est fini. Nous sommes le 8 janvier 2000. Neuf mois plus tard, le Belge va périr, lui aussi, sous le feu d'un gang adverse, à un jet de pierre des Champs-Élysées. En moins de huit semaines, l'intégralité du clan Monge sera démantelée par la PJ dans le Gard et le Vaucluse, si chèrement conquis. Au terme de nombreuses perquisitions, un véritable arsenal de guerre pourra ainsi être saisi, sur différents sites de la région.

« Tuer pour une machine à sous n'a aucun sens, si ce n'est celui de rester en vie », affirmait, naguère encore, le Boiteux. Illusion. L'air de Paris, décidément, ne sied guère aux grands bandits marseillais.

*

Quatre jours par semaine, ainsi que le samedi, la même scène se déroule à cette heure matinale devant un coquet immeuble de Boulogne-Billancourt. Immuable ou presque. L'homme, plutôt grand, de belle prestance et d'une élégance discrète, sort le premier du hall du bâtiment puis installe ses deux filles, de trois et douze ans, dans son humble Renault Twingo, avant de les conduire à leur école, pourtant toute proche. Il a de faux airs d'Alain Delon, avec ses cheveux raides, noir corbeau, qu'il porte cependant plus longs que la star numéro un du cinéma français de l'époque. Ses traits fins semblent avoir été travaillés au burin. Quelques minutes plus tard, l'individu revient, regagne son appartement un court moment puis redescend, après avoir embrassé son épouse. Il est maintenant lesté d'une épaisse sacoche, d'un casque intégral et d'une combinaison de moto, qu'il enfile par-dessus son costume deux pièces. Avec des gestes précis et minutieux, le voilà qui range son porte-documents dans le compartiment bagage de l'engin, et qu'il démarre sans plus tarder. Vrombissement du moteur. Il s'agit d'une Yamaha 850 TDM : un fauve.

Pour ce prétendu représentant de commerce, spécialisé dans le marbre, marié, bon père de famille mais séduisant quadragénaire sur lequel le regard des dames s'attarde souvent, une nouvelle journée commence. Bien loin du matériau préféré des millionnaires soucieux de leurs salles de bains, dont on fait aussi les caveaux et pierres tombales. Encore que… Pas tant que cela, hélas, ainsi que nous le découvrirons. Il y a quelque chose d'un Janus voire, pis encore, du Dr Jekyll versus Mr Hyde dans la personnalité, duale, de Jean-Pierre Lepape. Son véritable travail ? Parlons-en ! Braqueur, trafiquant de produits psychotropes – qu'il met un point d'honneur, à l'inverse de nombre de ses comparses ou concurrents, à ne jamais consommer lui-même – et, surtout, homme d'affaires. De génie, affirment ses amis, et à plein temps, en dépit des apparences.

Grâce à sa double vie, de même qu'à son casier judiciaire, épais comme un mégot de cigarette, Lepape poursuit, depuis deux bonnes décennies déjà, une carrière atypique de grand bandit. Résolument discret et solitaire, alors que – paradoxe parmi beaucoup d'autres le concernant – policiers et journalistes lui prêtent moult titres de gloire. Qu'il s'évertue, pour sa part, à ne jamais revendiquer le moins du monde.

Que reproche-t-on à ce truand pas comme les autres ? Des broutilles selon certains. Une lointaine fusillade avec les flics, dans un bar de Bagnolet, en 1977, ponctuée par une escapade sur les toits, accompagné d'un complice. Tous deux étaient alors de jeunes hommes, sveltes, souples et rapides. Assez pour semer leurs poursuivants, puis s'en sortir indemnes. Un véritable morceau de bravoure de polar. Ensuite ? Une sombre affaire de racket, à Levallois-Perret, ainsi qu'une minable escroquerie aux Assédics. Moins glorieux, certes, mais bien peu de choses, en vérité, eu égard surtout à sa réputation. Suffisant, néanmoins, pour se retrouver fiché au grand banditisme puis passer une poignée d'années à l'ombre.

« *Illusionniste* », *chef de bande malgré lui ou cerveau du grand banditisme des années 1980 ?*

Quant au reste ? Beaucoup de soupçons qui, le plus fréquemment, ne reposent guère que sur du sable. Bref : Lepape pourrait se voir gratifier d'un surnom, comme il est souvent d'usage dans la pègre, « l'Illusionniste », tant il excelle à s'évaporer devant les yeux des enquêteurs. Maintes fois inquiété, après des braquages, plus ou moins spectaculaires, auxquels on l'associe, mais jamais confondu, depuis ses déboires juridiques qui datent désormais de deux décennies. Impossible d'y établir son rôle actif, faute de preuves. Une sorte de virtuose du non-lieu.

Il n'empêche : tout au long de sa carrière de voyou, digne d'un scénario de film, et aujourd'hui encore, soit un bon quart de siècle après sa mort, Lepape restera paré de la même aura, que bien des figures du Milieu pourraient lui envier car il laisse derrière lui une énigme insoluble. Pourquoi ? Parce que certains, avec obstination, lui attribuent tout à la fois la conception du fameux gang des Postiches et sa méthode. Celle qui défraiera la chronique, judiciaire ou médiatique, pendant près de dix ans, faisant tourner en bourriques les meilleurs flics de l'Hexagone ainsi que leurs ministres de tutelle successifs. On ne prête qu'aux riches.

Au début des années 1980, Lepape aurait ainsi, si l'on en croit ces chroniqueurs, initié le principe de l'attaque en nombre d'un objectif mobilisant parfois jusqu'à une quinzaine de types grimés sur site. Pendant que les plus spécialisés du lot accomplissent leur besogne, dédiée au traitement de la salle des coffres, avec dextérité, une seconde équipe déguisée elle aussi assure la neutralisation du personnel et des clients, et ce, au fur et à mesure de l'arrivée de ceux-ci. Le tout alors que l'établissement, apparemment, conserve son fonctionnement habituel. Processus d'autant plus culotté qu'il nécessite, pour quelques-uns des vingt-sept braquages réalisés, un effectif pléthorique.

« Du flan, tranche Roger, plus péremptoire que jamais. Lepape, que j'ai bien connu à cette époque, était un fils de bonne famille. Très intelligent, certes, ayant poursuivi d'excellentes études et doté d'une présence ainsi que d'un charisme incontestables. Il aurait pu mener une existence peinarde, car il ne manquait de rien, avait épousé une femme magnifique puis fondé un foyer solide, et possédait le bagage nécessaire pour faire carrière. Dans l'industrie ou quelque chose de ce style. Mais il y avait en lui une face sombre, longtemps cachée, qui le poussait vers le crime. La vie bourgeoise, c'est une certitude, ne suffisait pas à Jean-Pierre. Il avait besoin de pratiquer des activités beaucoup plus excitantes. J'ai croisé bien d'autres mecs dans son cas au cours de ma longue vie. Cela dit, je ne suis pas psychologue de profession, alors je vais éviter de m'embarquer au-delà. »

Pas si vite, Roger ! *Quid*, alors, de ses liens présumés avec les Postiches ? Notre vieux truand, qui sent qu'il en a trop dit ou pas assez, finit par maugréer, de mauvaise grâce pour une fois :

« La plupart sont encore vivants. On avait convenu de ne parler que des morts. Tu triches. Bon, d'accord, mais n'y reviens pas. Il avait connu quatre d'entre eux sur les bancs de l'école. Tous les cinq étaient de vrais Parigots qui sont restés, jusqu'au bout, très copains. Comme peuvent l'être des amis d'enfance. Mais, parmi ce quatuor de potes, on trouvait d'autres types fins d'esprit. Autant que lui à mon avis. D'ailleurs, l'un d'eux l'accompagnait, en 1977, quand ils ont croisé les perdreaux dans le troquet de Bagnolet. À ma connaissance, ce fut la seule et unique fois que Lepape fraya, sur le terrain s'entend et j'insiste sur ce point, avec les Postiches. Il était bien trop prudent, individualiste et soucieux de ménager son business – ainsi que sa vie de famille – pour s'embarquer dans leurs délires. »

De surcroît, certains des gars du gang braquaient-ils sous coke, avec tous les risques que cela pouvait comporter, ainsi que la rumeur a pu le colporter, à l'époque de leurs exploits et depuis lors ?

« Jean-Pierre, lui, détestait ça, confirme Roger. Cela, je peux l'affirmer sans risque d'erreur. Rien que pour cette raison, il n'aurait jamais braqué en compagnie de mecs poudrés. De là à affirmer que les autres le faisaient, je m'en garderai. Ils se voyaient en dehors du métier, avec ses copains devenus Postiches. Là, je ne dis pas. Mais le fait est qu'il préférait, de loin, bosser aux côtés de sa propre équipe. »

« Liquidé » par des proches à cause de la drogue : les limites de la discrétion

Des préventions on ne peut plus justifiées, autant que prophétiques. La fusillade stérile du Crédit lyonnais, rue du Docteur-Blanche, dans le nord de Paris, qui marquera le terme des « exploits » de ce gang si inspirant pour les médias, en 1986, le démontrera à l'envi. À la lumière de son témoignage, solidement argumenté, on serait tenté de suivre Roger dans sa voie originale. Les Postiches n'ont-ils pas, *in fine*, ainsi qu'il l'induit, confondu adaptabilité et improvisation ? Sang-froid avec délire psychotrope ? Succès plutôt que baraka ? Le débat n'a jamais été vraiment tranché. Une chose, en revanche, demeure certaine : à la fin de l'aventure du gang, Lepape avait déjà, et depuis longtemps, « largué les amarres », s'affranchissant de cette fine équipe afin de mener ses propres activités en solo. En quoi consistaient-elles ? Sur ce point, Roger se veut plus prolixe. Mais toujours aussi catégorique.

« C'était un homme d'affaires hors pair, confie-t-il. À défaut d'être attiré par la lumière, contrairement à bon nombre de ses concurrents, il a très vite su mener sa barque dans le business des machines à sous. Mais à la parisienne, et avec des méthodes bien à lui. Beaucoup plus huilées que dans le Sud, si tu vois ce que je veux dire. Ensuite, il a investi dans la came. Là encore, en privilégiant, dans un premier temps, discrétion et discernement.

Lepape pouvait être considéré comme un franc-tireur. Ce qui l'a perdu, à l'instar de beaucoup d'autres voyous cette fois, fut d'avoir doublé trop de monde. Y compris parmi ses propres complices. Il a fini par oublier que, dans le Milieu, il n'y a pas d'amitiés qui tiennent. Ou alors celles-ci ne durent jamais longtemps. »

Et d'ajouter, en guise d'ultime confidence : « Grâce aux énormes sommes de pognon qu'il aura su thésauriser, Jean-Pierre a pu assurer un capital solide pour son épouse, puis un héritage doré à ses deux filles qu'il chérissait autant l'une que l'autre. Une petite consolation, tout de même, face à sa mort beaucoup trop précoce. »

L'aîné de nos anciens bandits se renferme. Il n'en dira pas davantage, mais son message semble limpide. Lepape, selon lui, aura bien été « liquidé » par des proches. Clients, comparses ou les deux à la fois ? Tous les scénarios sont possibles, mais aboutissent au même dénouement. Tragique.

« Lepape, c'était une tronche, renchérit Max. Il avait su s'entourer de gars efficaces puis, tout en restant assez discret et prudent, se constituer un joli pactole, dans son coin, avec les machines à sous. Mais sans jamais pour autant, contrairement à beaucoup d'autres, s'afficher et mener la grande vie ou organiser des javas tapageuses. Il s'appuyait notamment sur un gros bras que l'on appelait "Phukitt". En dépit de son surnom asiatique, il s'agissait d'un Français bien de chez nous. Et pas du genre commode. Surtout quand il lui fallait contrôler le bon fonctionnement du business pour son taulier. »

Et d'enchaîner : « Avec sa petite équipe, Jean-Pierre se faisait respecter, sans plus. Tant qu'il s'est surtout occupé de "bingos", il a eu l'intelligence de prendre en compte le découpage géographique établi sur Paris et dans sa périphérie. Un gage d'espérance de vie, longue et heureuse. Hélas, dès qu'il a commencé à dealer cette saloperie de cocaïne, à grande échelle de surcroît, le nombre de ses ennemis a grimpé en flèche. Un peu comme s'il s'était accroché une cible sur le dos. Un beau gâchis ! »

Ce 1er juillet 1998, après son parcours matinal habituel à Boulogne, Lepape gare sa rutilante moto devant le bar de l'Amitié – cela ne s'invente pas –, dans la commune de Vitry-sur-Seine. Il y a ses habitudes, au minimum trois fois par semaine et ce, depuis quelque temps déjà. Le contraste entre cet environnement banlieusard peu engageant et son lieu de résidence résume, mieux qu'un long discours, les contours toujours plus hasardeux de sa double vie. Paisible, il commande un expresso puis s'installe, le dos à la vitrine du bistrot, afin de feuilleter *Le Parisien*. Une erreur de débutant que même un reporter formé en école de journalisme ne commettrait pas. Inexplicable, ô combien, pour un gangster de sa trempe. Comme souvent, il a rendez-vous avec l'un de ses principaux complices du moment, un certain « Rachid », chargé d'écouler des quantités substantielles de drogue pour son compte.

La mystérieuse sacoche emporte avec elle ses secrets

Le quidam, apparemment, se fait attendre ; mais Lepape, plongé dans la lecture du quotidien, semble vivre ce retard avec flegme. Il ne voit donc pas la voiture qui, dehors, se gare en double file dans son dos.

Pas plus qu'il ne voit les deux individus cagoulés qui en surgissent, armés de fusils à pompe, ni n'entend les cris accompagnant cette scène de cauchemar qui, en quelques secondes à peine, a vidé la rue de ses passants. Dans le café aussi, c'est bientôt la panique. Répondant aux injonctions des intrus, patron, serveurs et clients se sont jetés à terre, comme un seul homme. Trois détonations ont retenti. Lepape a glissé au pied de la table. Mort. Pour plus de sûreté, l'un de ses meurtriers lui tire une quatrième balle dans le crâne. À bout touchant. Le free-lance de quarante-neuf ans du crime parfait, jusque-là si prudent et bien inspiré, a rendu l'âme. Avant de filer, l'auteur du coup de grâce se saisit de sa sacoche puis l'emporte.

Moins de vingt-quatre heures plus tard, le dénommé Rachid est interpellé. Un box de location situé au Plessis-Trévise, dans le Val-de-Marne, déjà localisé par la police, où il entreposait cartons, marchandises et documents, est perquisitionné. Les enquêteurs y découvriront 25 kilos de cocaïne prête à l'usage. La presse s'emballe, au rythme d'une instruction judiciaire qui démarre sur les chapeaux de roues. Illusion. Très vite, les investigations s'embourbent, avant d'atteindre leurs limites. Le meurtre de Jean-Pierre Lepape, comme tant d'autres règlements de comptes de ce temps, restera sans coupable. La mystérieuse sacoche qui, en l'espèce, aurait pu se révéler si précieuse, ne livrera jamais ses troubles secrets.

*

L'homme, plutôt massif, est de constitution robuste mais de taille moyenne. Il porte beau, affecte une élégance un brin tapageuse et joue volontiers de son verbe, quitte à se montrer volubile, voire indiscret. Son teint olivâtre, son nez fort et ses traits, de type « levantin », soulignent d'évidentes origines orientales. Quant au regard, sombre autant qu'insistant, il semble vouloir fouiller l'âme de ses interlocuteurs. Seuls les cheveux, rares et qui grisonnent déjà, trahissent les toutes premières atteintes de l'âge. Fouad Allia, plus connu à Paris sous le sobriquet de Michel « le Libanais », qu'il a lui-même avalisé, est né à Marseille, le 7 décembre 1938. Quadragénaire dynamique, il arpente le bitume de Pigalle et ses rues adjacentes aussi aisément que s'il se promenait chez lui. Commerçants, tenanciers de bars et riverains se sont habitués à sa présence, à force de le voir déambuler dans le quartier, flanqué de ses deux gros bras qui ne le quittent guère. Des gardes du corps, à n'en pas douter, au point que le trio a hérité du surnom collectif des « Trois mousquetaires ». Facile.

C'est que ledit Michel n'a rien d'un promeneur, ni d'un touriste. Son activité principale ? Faire des affaires avec la pègre parisienne, toujours plus invasive à la fin de cette décennie 1970. La *French Connection* achève son reflux sous les coups de boutoir conjoints des polices française et américaine. Qu'à cela ne tienne : l'industrie des machines à sous, en plein essor quant à elle, débute – le cas de le dire – son âge d'or. Le Libanais, entre autres tâches, finance donc un « bingo » par-ci, prend des parts dans un établissement de nuit par-là, tout en prêtant l'oreille à chaque information ou rumeur qui filtre de ses longues conversations avec les tauliers. Désormais connu comme le loup blanc, il n'a pas son pareil pour se couler dans leur intimité, recueillir leurs confidences ou bien encourager leurs projets.

Sa principale caution réside dans la présence à ses côtés de l'un de ses gorilles, du nom de Marcel Bennacer. Un pur voyou à l'ancienne, adoubé en son sein par le puissant gang de la banlieue sud, dont la mainmise sur la capitale et alentour va crescendo depuis sa récente victoire, par KO, aux dépens du clan Zemour[1]. Du côté de ses pairs, on désigne plus volontiers ce grand gaillard sous son surnom de « Nénesse », tout en lui promettant un bel avenir dans le « métier ». La seconde lettre de créance du Libanais consiste en des moyens financiers qui paraissent étrangement illimités, et contrastent avec sa personnalité de sympathique hâbleur.

Mais la particularité de ce businessman atypique, à l'accent épais et aux manières dépourvues de subtilité, c'est aussi son profil de free-lance qu'il cultive jalousement. Bien malin qui pourrait lui faire dévoiler l'identité de ses donneurs d'ordres. Un phénomène fort rare dans le cénacle du Milieu mais qui, jusque-là, l'aura plutôt servi. Dissocié des querelles, affilié à aucun clan, cet artisan de la combine s'est tenu à bonne distance de l'impitoyable guerre d'usure qui vient de décimer le clan Zemour. Il n'a pas pour autant prêté allégeance à leurs ennemis, les Siciliens du sud de Paris, sortis indiscutables vainqueurs de cette litanie de règlements de comptes[2], mais entretient avec eux des relations toutes diplomatiques. Enfin, notre homme a su ménager ses

1. Voir chapitre 9 p. 193.
2. Voir chapitre 2, p. 43.

entrées auprès d'autres truands notoires, surtout issus de la diaspora corse, menant alors grand train dans la Ville lumière.

Indic de police, truand notoire et confident de gros bonnets : un métier à risques

Fort de ce choix de bon sens, Allia a atteint, déjà, un âge raisonnable – dans ce genre d'activité s'entend –, dépassant sans dommage la quarantaine. Mais son statut étonne le métier et ne manque pas, à la longue, d'y susciter un sentiment croissant de méfiance. Reste que les temps porteurs, les affaires florissantes et l'activité soutenue, y compris pour des intermédiaires tels que lui, fussent-ils totalement autodidactes, ont bel et bien facilité sa fulgurante ascension sociale.

« Tout le monde ou presque mangeait, en ce temps-là, sur Paname, observe Roger qui, lui-même, gagnait alors fort bien sa vie. Mais le fait de le voir bosser, indifféremment, avec Pierre Paul Jacques, petit à petit, intriguait et alimentait la suspicion à son égard. Nombreux étaient ceux qui, parmi les grands voyous, pensaient que le Libanais émargeait, en tant qu'indic, au Quai des Orfèvres. Ils n'avaient pas tort. Pour ma part, je n'en ai jamais douté. »

Bien vu, Roger ! Dès les premières heures de son immersion au sein de la pègre parisienne, Fouad Allia a bien agi en tant que « sous-marin », mandaté et appointé par les services de police. Non seulement auprès de la prestigieuse Brigade de répression du banditisme (BRB) et sa devancière, l'OCRB[1], mais aussi de la « Mondaine » qui traque le proxénétisme sous toutes ses formes, multiples et variées, dans les quartiers chauds de la Capitale.

En octobre 2009, au micro de France Inter[2], un certain Pierre Allia, neveu de Michel le Libanais, lancera un pavé dans la mare, si l'on ose s'exprimer ainsi car l'expression prend ici tout son sens, en livrant un témoignage particulièrement édifiant quant aux réelles activités passées de son oncle. Lui-même ancien gardien de la paix, au grade de sous-brigadier officiant à la préfecture de police, garde du corps puis dirigeant d'une société privée de sécurité, il apportera pour l'occasion nombre de précisions à propos des liens unissant Fouad à la « Grande Maison ». Une bombe, certes, mais dont les effets demeureront sans lendemain. Nous ne tarderons pas à comprendre pourquoi.

« Mon oncle, en dépit de ce qui a pu être dit ou écrit, parfois avec une certaine malveillance, n'était plus considéré comme un auxiliaire de police, à la fin de sa vie, mais bien comme un agent à part entière ayant pour mission d'infiltrer le Milieu, surtout pour des affaires de drogue et de banditisme, soulignera l'ex-flic. Il a achevé sa carrière dûment fiché comme tel, au sein des différents services avec lesquels il collaborait. C'est un fait. Très vite, il a su nouer aussi des relations avec le monde du spectacle et celui de l'industrie. Ses informations se sont, ainsi, révélées précieuses pour ses collègues enquêteurs

1. Office central pour la répression du banditisme.
2. Benoît Collombat, « Affaire Boulin : un dossier classifié ? », France Inter, 27 octobre 2009, émission consacrée au décès de l'ancien ministre Robert Boulin.

dans le cadre, notamment, du très médiatique dossier mettant en cause Christina von Opel, héritière de la marque allemande de voitures, en 1977[1]. Ce n'était d'ailleurs pas la première fois ; ni la dernière non plus[2]. »

Et d'ajouter, toujours prodigue de confidences : « Son ascension rapide au sein du dispositif mis en place par les unités spécialisées avec lesquels il travaillait atteste, s'il en était besoin, de la confiance que lui témoignaient ses supérieurs. Celle-ci ne devait rien au hasard. Non seulement Fouad dispensait des éléments fiables et de grande qualité, mais l'épaisseur de son carnet d'adresses lui conférait aussi un entregent peu commun. À titre d'exemples, il avait sympathisé avec la première épouse de feu le Shah d'Iran[3], puis, plus récemment, s'était rapproché d'Alain Delon. »

La petite entreprise de Michel le Libanais, irriguée elle aussi par le jackpot des machines à sous, et ce depuis 1972, n'a donc jamais connu la crise. Elle aurait pourtant, soudain, basculé dans le drame au cours de la fameuse nuit du 29 au 30 octobre 1979. Laquelle n'en finira plus, bientôt, de faire couler autant d'encre que de salive. Toujours selon les dires de son neveu, Allia aurait alors été sollicité, dans le cadre de l'une de ses habituelles missions d'infiltration, pour se rendre sur le

1. Celle-ci fut condamnée à dix années de prison, dans le cadre d'une affaire de trafic de drogue qui défraya la chronique médiatique pendant de longs mois.

2. Benoît Collombat, « Affaire Boulin : un dossier classifié ? », France Inter, 27 octobre 2009.

3. Il s'agirait, apparemment, de la princesse Soraya, première épouse, répudiée, de l'ex-shah d'Iran.

site de l'étang Rompu, en forêt de Rambouillet, à une heure déjà fort avancée de la soirée. Curieux ordre de mission. La suite de l'histoire relèverait des archives de la police nationale, où elle serait classée top secret si l'on en croit son narrateur, sur France Inter, lors de cette même émission de radio.

« Mon oncle y aurait assisté à l'assassinat de Robert Boulin, répètera Pierre Allia à plusieurs reprises, durant l'échange avec le journaliste qui l'interroge. Je précise qu'il n'y a pris part en aucune manière et que sa présence sur place avait été requise par sa hiérarchie. À quel titre ? Je n'en sais rien, car il n'a pas eu le temps de me le dire. Je puis affirmer, en revanche, que suite à ce douloureux épisode, Fouad craignait pour sa vie. Ma tante, décédée elle aussi depuis mais de cause naturelle et lui avaient, du reste, déménagé après une première tentative de meurtre avortée dont il avait été victime. »

« Faux témoin » de l'assassinat de Robert Boulin, mais vraie victime d'un souteneur en colère

Plus certaine, en tout cas, sera la mort d'Allia, effective cette fois, en novembre 1980. Soit un an après ce sordide fait divers qui portera le cénacle politico-médiatique à ébullition, durant les dernières semaines du septennat Giscard d'Estaing. Son décès brutal surviendra lors d'une fusillade au restaurant La Médina, avenue Trudaine, dans le IXe arrondissement parisien. « Exécution décidée en haut lieu », d'après son neveu ; Règlement de comptes entre voyous, nous le verrons, aux yeux d'autres sources, pourtant assez peu en phase entre elles de prime abord.

« Les circonstances de cet assassinat paraissent évidentes, affirmera encore Pierre Allia au micro du même confrère. Les issues de secours de l'établissement avaient été neutralisées préalablement à la fusillade, de sorte que mon oncle ne puisse s'échapper. Il a donc reçu une balle dans la tête et deux dans le ventre. Le plus troublant, c'est que moins d'une semaine avant sa disparition, nous avions rendez-vous, lui et moi, aux Champs-Élysées, afin de retranscrire, sur le papier, les tragiques événements de Rambouillet. Nous avions pris cette décision après qu'il m'eut confié que ceux-ci seraient bientôt classés top secret par les services du ministère de l'Intérieur. Or, cette information ne lui disait rien qui vaille. Pour des raisons que j'ignore, il n'y est jamais venu. »

Marcel « Nénesse » Bennacer, fidèle bras droit du Libanais ayant péri, lui aussi, sous le feu nourri de deux tueurs, parachutés puis exfiltrés avenue Trudaine, impossible pour ledit neveu de reconstituer les faits de la nuit du 29 au 30 octobre 1979, à la lumière de confidences éventuelles de son oncle. Ce qui ne l'empêchera pas de conclure, péremptoire, sur l'antenne de France Inter, en cette soirée d'octobre 2009 : « Fouad est mort d'en avoir trop vu. Davantage que ce qu'il devait voir. C'est vraiment très cher payé. Surtout pour un indicateur aussi loyal, zélé et précieux qu'il le fut, pendant une presque décennie, vis-à-vis de ses employeurs. »

Une version certes plausible, mais exempte de nuances. Un grand flic à la retraite, Lucien Aimé-Blanc, ancien commissaire adjoint à la Brigade mondaine, puis à la BRI[1], entre 1966 et 1972, avant de devenir patron de l'OCRB, reconnu comme l'un des « traqueurs » de Mesrine et de la *French Connection*, y apportera quelques notables bémols. Ce même soir d'automne 2009, la radio de service publique de la Maison ronde diffusera son témoignage, fort intéressant lui aussi.

« C'est mon collègue André Soler, dirigeant alors la Mondaine, qui m'a présenté Michel le Libanais, au début des années 1970, tandis que je venais pour ma part de prendre en charge l'OCRB, raconte Lucien Aimé-Blanc au micro de France Inter. L'homme travaillait déjà pour lui. Allia était un personnage truculent, sorte de funambule sur un fil, toujours en équilibre au-dessus du vide. Très intelligent et habile, certes, mais aussi beaucoup trop bavard et imprudent. Il bossait pour tout le monde et s'incrustait, avec une aisance peu commune, dans tous les milieux possibles. Y compris les plus huppés ou élitistes. À force de côtoyer la sphère politique ou le showbiz, tout en frayant avec de gros bonnets du Milieu, comme Francis le Belge, il a fini par attraper un peu la grosse tête. Quand j'ai jugé qu'il prenait des risques inconsidérés et devenait lui-même incontrôlable, je l'ai convoqué au café de la Paix, un soir, sur les Grands Boulevards, afin de lui signifier que je ne souhaitais plus le voir dans mon service. À partir de là, nous nous sommes perdus de vue[2]. »

---

1. Brigade de recherche et d'intervention, communément appelée « Antigang ».
2. Benoît Collombat, « Affaire Boulin : un dossier classifié ? », France Inter, 27 octobre 2009.

Sur les causes et circonstances de la mort de l'informateur patenté de la police parisienne, l'ex-commissaire se montre plus prudent que le neveu du défunt. Sans pour autant fermer la porte à la thèse évoquant de possibles ramifications politiques.

« Il ne faut pas oublier que le Libanais faisait de juteuses affaires avec la pègre, rappelle-t-il. Sa mort violente, et celle de Bennacer son acolyte, peuvent fort bien avoir été commanditées dans le cadre d'un règlement de comptes entre bandes rivales. Même si je ne nie pas qu'elles aient pu, également, avoir été instrumentalisées par certaines officines politiques. Il existait, à l'époque, des passerelles entre celles-ci et la voyoucratie. Y compris au sommet de l'État. Le SAC, notamment, avait encore pignon sur rue et se montrait très actif sur le front de l'action clandestine. Or, Allia avait de nombreux contacts dans cette mouvance. Tous plus dangereux les uns que les autres. On peut donc penser qu'il commençait à déranger pas mal de monde. »

« Règle d'or numéro un dans ce business : savoir la fermer »

Comme souvent, Roger, qui n'a pas manqué de croiser Michel le Libanais, à plusieurs reprises, au cours de ces turbulentes années, porte un regard exempt d'équivoque sur la fin de parcours de l'homme d'affaires si particulier.

« La règle d'or numéro un d'un indic de police, c'est de savoir faire parler et écouter les autres, mais aussi de la fermer, observe-t-il. Surtout quand celui-ci met un point d'honneur à collaborer tous azimuts, y compris avec les pires ennemis de ses partenaires habituels. Or, Allia parlait beaucoup, et fort. Notamment de machines à sous. Des habitudes qui pouvaient se révéler très mauvaises, à l'époque, dans ce genre de business. »

Pour ne pas dire fatales ? Notre vieux truand favori – avec Max, bien sûr – n'est, à l'évidence, pas loin de le penser : « Michel le Libanais et Nénesse avaient eu maille à partir avec Abbes, l'un des principaux caïds de la pègre arabe de Barbès à l'époque, précise-t-il. De sombres histoires de gagneuses, tu t'en doutes. Celui-ci n'a pas apprécié leurs multiples activités sur son secteur, alors il s'est vengé, voilà tout, en envoyant deux porte-flingues à La Médina. Il savait que Bennacer avait son rond de serviette au sous-sol, aménagé la nuit en tripot clandestin. Il n'était pas rare qu'Allia y montre, lui aussi, le bout de son nez. Parmi les VIP habitués de l'endroit, on pouvait croiser l'actrice américaine Jean Seberg, quelques mois avant son tragique décès, survenu en 1979. Elle avait noué une relation passionnée avec un souteneur et trafiquant de came du temps, familier de l'établissement. Mais Robert Boulin et l'étang de la forêt de Rambouillet, eux, sont bien éloignés de cette sale affaire. »

Message reçu cinq sur cinq…

8

Le caïd, l'idole et l'aigle d'or

Il se prénomme Guy, mais tout le monde l'appelle « Titi ». Un sobriquet sur mesure et qui lui va comme un gant. Gouailleur, rieur, vanneur, chambreur et flambeur à souhait, ce grand escogriffe moustachu peut, à ses heures, adopter le comportement du plus agréable des compagnons. L'archétype même du titi parisien, d'où la pertinence du surnom que ses pairs, les truands, lui ont attribué. Il ne faut pourtant pas s'y tromper : le regard – miroir de l'âme – livre un tout autre message. Celui d'un fauve. Nul, dans son quartier de La Boissière, à Montreuil, n'ignore plus, depuis belle lurette déjà, que Guy Peltier demeure, avant toute autre considération, un voyou pur et dur. Du bois dont on fait aisément un tueur. Ainsi, dès que l'humeur se gâte, le bonhomme ne tarde guère à laisser libre cours à son véritable tempérament : emporté, violent, implacable. La fin, à ses yeux, justifie toujours les moyens et ce, quel qu'en soit le prix. Titi Peltier, par sa simple présence, inspire la peur et le sait mieux que quiconque. Une sainte trouille, physique autant que psychologique, dont il peut jouer à sa guise. Non sans moduler ses comportements selon les circonstances.

En cette soirée moite et tiède d'août 1983, le gangster alors le plus emblématique du « 9-3 » affiche les dispositions d'un pinson sur la branche d'un grand arbre. Il y a de quoi. Non content de porter sur les fonts baptismaux sa dernière boîte de nuit, le Krypton, dont il n'est pas peu fier, à quelques arpents de la plage du Canet-en-Roussillon, Titi a aussi le sentiment de vivre son rêve de jeunesse. L'invité d'honneur de cette nuit de folie qui s'annonce inoubliable, et unique affiche du programme prévu pour l'occasion, n'est autre que l'idole du maître de céans. Un certain Johnny Hallyday. Les deux hommes, qui ont des amis communs, se sont croisés à plusieurs reprises, avant de sympathiser pour de bon. Depuis, le bandit, volontiers sociable par moments, on l'a vu, ne laisse que rarement passer une occasion de montrer son album photo personnel à ses connaissances. Un véritable *Who's Who*, dans lequel il s'affiche aux côtés de « Jean-Philippe », mais aussi du populaire Carlos – celui des plateaux télé et de la bamboula permanente, et non l'autre, terroriste international et vedette des prétoires ainsi que des gros titres de journaux –, ou bien de la crème du showbiz parisien.

Par l'entremise de « Coco », proche confident de Peltier et peu rancunier en la circonstance, sachant que le taulier de la scène rock française lui a soufflé son ex-petite amie, « Babeth », quelques mois plus tôt, Johnny a accepté, de bon cœur, la requête de ses nouveaux potes. Il donnera un concert unique, sur site, pour l'inauguration officielle du Krypton. Sitôt cette grande nouvelle diffusée, des préparatifs fébriles ont permis d'aménager, dans le vaste espace de la discothèque, une sorte de salle de spectacle parfaitement adaptée au futur show. Tout est maintenant prêt et les nombreux invités, auxquels se joignent quelques chanceux parvenus à obtenir des places, ont investi les alentours. À propos, pourquoi ce nom, homonyme de celui choisi par Zampa, à Aix-en-Provence, pour sa boîte géante qui fait tant gloser le Milieu de l'époque ? Ne sonne-t-il pas tel une provocation ?

« Surtout pour emmerder Tany », répond le téméraire Titi, sourire en coin et œil pétillant de malice, chaque fois que des journaleux locaux lui posent en boucle l'inévitable question. Le caïd de Montreuil semble visiblement ravi d'adresser ce message, par médias interposés, au parrain marseillais de l'époque, qu'il exècre et n'hésite jamais à provoquer. Aucune équivoque à cet égard. C'est donc peu de l'affirmer : tout ce tralala, qui alimente les gazettes régionales et titille – le cas de le dire – la crème des truands de France et de Navarre, dérange aussi beaucoup de monde.

« L'idole des jeunes », lui, vient de se faire opérer de la hanche, mais a mis un point d'honneur à confirmer son engagement. Il se déclare enchanté de rendre ce menu service à son copain Titi. Tandis que Johnny s'affaire déjà dans sa loge, près d'un kilomètre de foule s'agglutine sagement devant l'entrée du Krypton lorsque s'abat la foudre. Un appel anonyme aurait signalé la présence d'une bombe dans l'enceinte de la boîte. Par mesure de sécurité, la police va procéder à l'évacuation des lieux d'une minute à l'autre. Le concert ainsi que la soirée VIP qui devait suivre sont annulés. Consternation générale.

Peltier, plus enragé que surpris, identifie *illico* la provenance de ce « coup de Trafalgar ». Fou de colère, il prépare sa vengeance. Le commanditaire de cette mauvaise farce, aux conséquences dévastatrices, ne serait autre que l'un de ses concurrents régionaux. Le type exploite, lui aussi, une affaire non loin du Canet. Il s'agit d'un ancien paquebot, désormais hors d'usage, ensablé face au port voisin de Barcarès, qu'il a à grands frais transformé en bar-discothèque : le Lydia. Titi, toujours prompt à mettre à l'amende ceux qui lui ont « manqué », s'apprête à faire payer chèrement cet affront. Il n'en aura pas le temps. Dénoncé, le voilà appréhendé puis placé en détention provisoire, dans l'attente de son procès. Le caïd de Montreuil ne devra son salut – comme souvent –, qu'à la compétence de ses avocats, qui sauront dénicher un vice de forme dans la procédure précipitée diligentée contre lui. *Happy end.* Provisoire du moins.

Qu'à cela ne tienne : les relations entre le grand voyou et l'artiste sortiront encore renforcées de l'épisode. « Jojo » offrira un aigle en or à Peltier, que celui-ci arborera désormais tel un talisman en guise de pendentif ; ce dernier, à son tour, proposera ses services, certes spécifiques, ainsi que ceux de son gang, afin d'assurer la sécurité des concerts d'Hallyday. Une offre plus qu'insistante qui, au fil du temps, prendra des allures d'ultimatum, à laquelle Johnny finira par obtempérer. Un arrangement sera trouvé – péniblement – entre *bikers*, déjà en charge de la tâche, et bandits issus du nord-est de Paris. Délicat double emploi. Certes, la cohabitation des sbires de Titi avec les Hells Angels connaîtra des hauts et des bas, mais sans jamais aller jusqu'au drame. C'est que « l'idole », quoi qu'il en dise devant les rares témoins de l'agrément, s'estime toujours redevable vis-à-vis de son encombrant ami. Lequel, d'ailleurs, ne lui aurait pas toujours voulu que du bien.

« Titi a monté une déconnade pour impressionner Johnny et s'est pris au jeu »

À la vérité, les choses, entre eux, avaient plutôt mal commencé. Ulcéré par l'infortune de Coco, fidèle de longue date de son clan, Peltier a bien, selon certaines sources, détesté l'attitude de Johnny à l'égard de son comparse au moment de l'idylle nouée avec Babeth. Des pratiques jugées intolérables dans le Milieu et qu'il ne souhaitait pas cautionner. Dans un premier temps, Titi menace donc le chanteur en faisant courir le bruit, dans tout Paris, que celui-ci devra lui rendre des comptes, puis s'amender pour sa mauvaise conduite. Redoutant de sévères représailles, Hallyday, de son côté, rase les murs, ce qui ne ferait que rancir la colère du caïd. Heureusement, l'un de ses gardes du corps et ami, qui connaît Peltier, va tendre une main secourable à son patron en négociant le principe d'une rencontre. Disposé à concilier coûte que coûte, et sans doute chapitré comme jamais au cours de son existence, Johnny n'aurait pas mégoté à consentir réparation. Sonnante et trébuchante comme il se doit. Aux sommes substantielles versées *in fine* sur le compte bancaire du populaire Coco s'ajouteraient un tour du monde, effectué par le bénéficiaire en compagnie de Babeth, son ex, ainsi qu'une promesse d'embauche en tant qu'accessoiriste de la star. Tenue, cela va sans dire. Ce mariage – éphémère de surcroît – aurait ainsi, décidément, coûté fort cher au Taulier du rock français.

Roger, qui compte parmi ceux qui furent à l'origine de l'amitié entre le chanteur et Coco – l'un de ses proches compagnons pendant près d'un demi-siècle –, tient cependant à préciser : « L'essentiel de l'histoire est exact, mais l'interprétation des faits très exagérée. Il faut nuancer tout ça. En réalité, Titi, qui n'avait vraiment rien lui-même d'un parangon de vertu, a monté une sorte de déconnade avec Coco – lequel nous a quittés, récemment, à un âge fort avancé –, afin de foutre la pétoche à Johnny. Une réussite totale. Et qui a été bien au-delà de leurs attentes initiales. L'intéressé a tout pris pour argent comptant, le cas de le dire. Du coup, Peltier s'est pris au jeu. Mais je peux t'assurer qu'il se foutait de sa liaison avec Babeth comme de son premier camembert rance. Coco, de son côté, est vite passé à autre chose. Précisons aussi que de telles pratiques, au sein du Milieu, sont monnaie courante. »

À propos de l'« accord forcé » entre le boss de Montreuil et Hallyday, pour la sécurisation de ses concerts, notre vieux bandit à la retraite se montre tout aussi circonspect : « J'insiste : Titi, certes pas un enfant de chœur mais fou de rock'n'roll, considérait Johnny comme l'une des idoles de sa jeunesse, assure-t-il. Nul doute qu'il ne lui voulait aucun mal. La décision de recruter des gars de sa bande est venue de la star elle-même. »

Davantage encore que l'anecdote, l'ensemble de ces révélations, assez peu connues mais développées avec force détails dans quelques ouvrages récents[1], témoignent surtout de l'influence exercée alors par Titi Peltier sur la pègre parisienne et banlieusarde. Le phénomène, toujours plus patent, atteint son paroxysme avec les années 1980.

1. Michel Ardouin, *Dernières nouvelles du Milieu*, La Manufacture des livres, 2013 ; Sébastien Catroux et Armel Mehani, *Main basse sur Johnny*, L'Archipel, 2018 ; Brendan Kemmet et Stéphane Sellami, *Maghreb Connection*, Robert Laffont, 2021.

Après la chute, définitive, de la famille Zemour, puis l'émergence du « clan des Siciliens », ses propres alliés au sommet de l'industrie du crime enserrant la capitale[1], le boss de Montreuil, « grand gamin, cruel et impitoyable », ainsi que le définissent certains flics ayant souvent croisé sa route, accède au sommet de la renommée. Au point de faire désormais de l'ombre à Francis le Belge, lequel, bientôt, émigrera lui-même du Vieux-Port vers les lambris des beaux quartiers de l'ouest parisien. À cela près qu'à ce moment-là, déjà, Titi n'a plus que quelques semaines à vivre. Faut-il y voir comme une coïncidence ?

*

Guy Titi Peltier n'est pas Parisien de naissance, mais bien banlieusard. Issu d'une famille savoyarde, il vient au monde en 1943, un 29 mai, à Drancy, dans une fratrie de sept frères et sœurs. Le garçon, turbulent mais aimant, grandit à la cité du Nord, jusqu'à l'âge de quatorze ans, lorsque survient le décès de sa mère. S'ensuivent un placement en foyer, une formation, cahotante, à la mécanique et, inévitablement, un glissement rapide vers la petite délinquance de quartier, à la tête de la bande de voyous qu'il fréquente avec assiduité. Dès dix-neuf ans, il se marie puis braque sa première bijouterie, avant même d'atteindre la majorité, quelques mois plus tard. Arrestation, inscription au casier judiciaire, détention et plongeon, sans plus attendre, dans l'univers du grand banditisme au contact des pointures qu'il côtoie, d'emblée, lors de son séjour derrière les barreaux. Itinéraire classique, hélas.

1. Voir chapitre 2, p. 43.

Partenariat XXL avec « les Siciliens », qui va faire du vilain

Au « J3 » de Fresnes – quartier des mineurs, où Roger a lui-même séjourné dans sa jeunesse ; Max suivra une trajectoire identique, quelques années plus tard, mais à celui de la prison de Pontoise pour sa part –, Peltier se lie avec la génération montante dite de la banlieue sud. Une escouade de voyous, déjà redoutée sur Paris et alentours. On y trouve, certes, plusieurs spécimens aux pedigrees prometteurs, issus du « triangle problématique » délimité par les communes de Vitry-sur-Seine, Ivry et Villejuif, mais aussi des gars montés de province.

Parmi cet aréopage en devenir, deux figures émergent du lot. Tant par leur charisme que par leur bagout. Jean-Claude « Petites pattes » Vella – petit par la taille mais grand par l'influence – deviendra bientôt membre fondateur, puis coleader du gang des Siciliens, sur lequel nous reviendrons longuement. Au sein du même groupe s'impose aussi son exact contraire : un grand gaillard, balèze et plutôt beau gosse, aux origines algériennes : Marcel « Nénesse » Bennacer « en installe », surtout pour son âge, comme le reconnaissent, *mezzo voce*, les anciens, à l'œil connaisseur, peuplant l'antique prison du Sud parisien. De fait, le jeune homme ira vite et loin… jusqu'en 1980. Il finira fauché par des balles avant même d'avoir atteint la quarantaine[1].

L'individu qui retrouve la liberté au début de l'année 1970 est déjà devenu, dans le secret de son âme, un gangster impitoyable. Très vite, Guy s'affiche chaque

1. Voir chapitre 7, p. 164.

fois qu'il le peut comme déterminé à imposer son propre magistère sur la pègre parisienne. Épaulé par une poignée d'acolytes, il se spécialise un moment dans la protection de maisons de passe, au cœur de la capitale, exploitées par trois gros proxénètes de la diaspora auvergnate, alors fort allante dans ce business. Activité lucrative, mais ô combien risquée. Il tombe, du reste, pour une vilaine affaire de saucissonnage, et retourne au placard pendant quelques mois. Le temps d'y retrouver Jean-Claude Vella, flanqué de son ami d'enfance et nouvel associé, Marcel Gauthier. Le premier, entretemps, a pris du galon. Aux côtés de son *alter ego*, « Petites pattes » a fondé le gang des Siciliens, aux portes sud de Paris, que Titi connaît bien. Convaincu par ses deux codétenus, Peltier « s'équipe » – expression en usage dans le Milieu – avec eux. Il rallie ainsi, et sans forcément s'en douter, le clan criminel le plus puissant de la décennie qui commence.

L'alliance d'intérêts entre Titi Peltier et les Siciliens – qui sont pour la plupart d'entre eux de « bons Français », venus de la banlieue sud de Paris et d'ailleurs –, constitue sans doute l'un des principaux glissements de terrain ayant modifié la tectonique de la pègre nationale de l'après-guerre. Au nord de la Loire à tout le moins. Ses conséquences seront déterminantes et durables, puis entraîneront de nombreuses réactions en chaîne. Mais nul ne l'imagine encore, lorsque éclate la première guerre des gangs de l'ère des machines à sous. Celle de l'époque contemporaine, s'entend. N'allons pas trop vite en besogne et gardons, pour l'instant, nos pas dans ceux de l'indomptable Titi. Lequel ne musarde pas en chemin sur la voie du crime organisé. À grande échelle.

Vol, racket, braquage – avec violence si nécessaire – et prostitution : notre homme s'est adjoint, dans le cadre de ses multiples besognes, le concours de nombreux voisins montreuillois. Il recrute aussi du côté de la banlieue nord de Paris, où les vocations ne manquent pas, et investit toujours davantage dans les affaires. Restaurants, boîtes de nuit ou bastringues : ses besoins en cash deviennent, ainsi, aussi énormes que récurrents. Afin de les satisfaire, Peltier laisse d'abord parler son tempérament en mettant à l'amende partenaires ou rivaux qu'il estime oublieux des règles de bonne conduite. Sans trop de distinction ni – et moins encore – en se les appliquant à lui-même. Les prétextes, souvent fantaisistes, varient mais la méthode, quant à elle, demeure immuable. Basée sur la prédation pure et simple, celle-ci lui permet, surtout, de s'approprier de grosses parts de marché, arrachées à ses concurrents dans le business alors en plein essor des machines à sous.

Ce côté parasite, vivant sur le dos d'autrui, impressionne. Tel est bien le but recherché. Mais il lui attire aussi beaucoup d'inimitiés, et ce, de toutes parts. Chez les forains, qu'il rudoie avec toujours davantage de brutalité. On lui prête ainsi l'enlèvement du fils d'une grande famille du cirque français des années 1970. Peltier exige rançon et l'obtient. Dans le Milieu, également, à chaque fois que quelque réussite suscite chez lui un sentiment d'envie, de frustration voire de jalousie. Malheur alors aux récalcitrants ! Titi et sa bande menacent, pillent, passent à tabac ou bien, pire encore, « descendent à la cave ». Leur technique, désormais en vogue, s'appuie sur des actes de torture et de barbarie, perpétrés le plus souvent dans des sous-sols, appentis ou bas-fonds d'une commune banlieusarde. En tout cas à l'abri d'oreilles et de regards indiscrets. Il faut bien cela compte tenu des moyens déployés – perceuses, objets contondants, godemichés ou autres instruments peu ragoûtants – et des cris épouvantables accompagnant ces séances, qui évoquent d'autres temps parmi les plus sombres.

« Ce type, outre son charisme hors du commun, avait quelque chose de différent par rapport aux autres truands de sa génération, confie Roger. Il émanait de lui comme une sensation de danger immédiat. Un peu comparable à celle que l'on ressent en manipulant une arme à feu chargée. Même quand il était plutôt de bon poil, il portait une telle quantité de violence et d'agressivité, plus ou moins contrôlées, que les gens qui le côtoyaient finissaient toujours par s'attendre au pire. En affaires, Titi paraissait plus coriace encore. Il ne lâchait jamais rien et allait jusqu'au bout du bout. Quoi qu'il puisse en coûter. Dès qu'il prenait un mec dans son collimateur, l'intéressé savait qu'il ne serait plus tranquille nulle part. Y compris à Santiago du Chili ou à Vladivostok. Peltier, qui pouvait se montrer drôle et amical, avait un véritable instinct de tueur. Mais il était aussi très malin. Inutile de chercher plus loin la raison pour laquelle l'homme inspirait pareille pétoche autour de lui. »

Sur les traces de Spaggiari : la violence et le meurtre en sus

Conscient des inconvénients de l'exercice, le caïd de Montreuil va cependant revenir à davantage de classicisme, mais surtout d'ingéniosité. Ce faisant, il donnera un nouvel échantillon de son audace – qui n'est plus à prouver –, ainsi que d'un niveau d'intelligence et d'opportunisme insoupçonné. Le braquage, exercice plus noble, retrouve petit à petit ses faveurs. Jusqu'au jour où éclate un coup de tonnerre à la une des journaux.

En cet été 1976, les salles de rédaction bruissent encore des exploits de Spaggiari et de sa bande, qui viennent de signer, un mois plus tôt, le casse du siècle, à Nice. Le tout sans la moindre violence. « Bert » et les siens ont fait des émules. Dans la nuit du 16 août, tous les coffres de la Société générale de Paris-Île-Saint-Louis sont méthodiquement vidés. Un travail d'orfèvres, préparé avec minutie, plusieurs semaines durant. Les gangsters ont choisi d'officier pendant le week-end pour mener à terme leur tâche de bénédictins. En toute quiétude de surcroît. Bien leur en a pris. Non contents d'emporter un butin hors normes, au montant toujours inconnu à ce jour, l'équipe de monte-en-l'air aurait aussi, selon quelques chroniqueurs de l'époque, mis la main sur des documents, fort confidentiels – et parfois qualifiés de compromettants par certains, ce que nul ne confirmera – contenus dans les coffres de la famille de Gaulle et ceux de Mme Pompidou. Ladite bande serait parvenue à les négocier à prix d'or, par la suite, si l'on en croit quelques rumeurs du temps. Jamais avérées, il faut le souligner. À l'instar de leurs concurrents de la *team* Spaggiari avant eux, les braqueurs ont, successivement, emprunté le réseau souterrain des égouts puis creusé une galerie montante sous la banque afin d'y accéder. Ils ont pu, enfin, évacuer le théâtre d'opérations, nantis de ce pactole, par un discret portillon métallique donnant sur les quais de Seine, situé à plusieurs centaines de mètres du lieu de leur forfait. Là même où avait débuté l'expédition, de longues heures auparavant. Un casse de polar à l'ancienne.

Qui donc se cache derrière cet exploit ? Titi Peltier et les siens. Problème : ce nouveau braquage parfait demeure totalement éclipsé par le précédent, qui continue d'accaparer l'attention du microcosme médiatique. Le caïd fulmine, et décide alors de doubler la mise. Avec succès cette fois encore. Le 28 juillet 1977, au petit matin, un commando de malfaiteurs armés s'empare d'une camionnette banalisée quittant la gare de marchandises de Paris-Bercy. La fourgonnette est lestée – le mot sonne de façon appropriée – d'une cargaison de 18 tonnes de pièces de dix francs, toutes neuves, fabriquées dans un entrepôt de la Banque de France, près de Bordeaux. Le véhicule, bien que proche du siège national de l'institution financière, sa destination finale, ne l'atteindra jamais. Il se volatilise dans la nature, emportant avec lui son chargement. Quant à ses deux convoyeurs, impliqués ou non dans le gigantesque détournement de fonds, ils sont éliminés afin d'éviter tout risque de fuite.

Titi Peltier, par ce second coup de maître, confirme qu'il peut aussi concevoir des braquages complexes et d'ampleur peu commune. Mais la violence et le meurtre semblent toujours, ou presque, devoir coller à ses basques. Bien éloignés, en tout cas, de la désormais célèbre profession de foi d'Albert Spaggiari qu'il a pourtant, à l'évidence, souhaité imiter. Qu'importe, à ses yeux. Lui et ses comparses, au cours des semaines qui vont suivre, inonderont à tours de bras petite et grande couronne parisienne de ce mirobolant jackpot en menue monnaie. Le gang l'utilisera aussi pour investir dans l'acquisition, le placement et l'exploitation de nouvelles machines à sous, disséminées aux quatre coins de Paris et de sa banlieue. Y compris jusqu'au plus humble des bistrots de quartier. Le marché, en cette année bénie pour l'industrie du crime organisé, explose. L'État, autant que ses institutions – police et justice notamment –, n'a pas encore pris la mesure du problème, et le phénomène d'addiction aux jeux de hasard se répand alors à grande vitesse parmi toutes les catégories socio-économiques de la société[1].

La voie de la fortune s'ouvre devant l'implacable boss de la cité de La Boissière. Montreuil, son fief bien-aimé, devient l'un des viviers, toujours plus prisé, du banditisme français. Titi Peltier, de l'avis général de ses pairs les truands, est en passe de s'imposer, pour Paris, comme l'égal de ce que Francis le Belge incarne désormais à Marseille : un parrain. Mais ses concurrents, toujours plus nombreux et déterminés, ne l'entendent pas de cette oreille. Son ascension, aussi rapide que sanglante, dérange déjà. Y compris parmi les siens. Le « grand gamin, cruel et impitoyable », enivré par ses succès, n'en a cure. Il a tort…

« À la fin des années 1970, Titi est devenu la figure référente pour la génération montante des voyous parisiens et banlieusards, observe Max. Chez lui, à Montreuil, il fédérait, de manière naturelle, les gamins de toutes origines, religions ou identités, pour peu qu'ils se sentent attirés par l'activité délictueuse. Gitans, Arabes, Français ou venus de pays d'Europe de l'Est, tous rêvaient de rallier son clan. Petit à petit, lui-même s'est pris au jeu. Il a commencé à former ceux qu'il estimait les plus

1. Voir chapitre 10, p. 201.

prometteurs au bracos[1], au "macadam[2]", à la came et aux "bandits manchots". Ses quartiers généraux étaient trois troquets, tenus par des potes de la première heure : le bar de la Demi-Lune, le Saint-Ex et le Pixi. Tant qu'il ne se trouvait pas éloigné par un quelconque business, il était bien rare de ne pas le voir, assis devant un verre, dans l'un ou l'autre d'entre eux. »

Cinq cents « bingos » sur Paris et alentour, avec un second qui « en installe »

À cette époque, une armoire à glace de bonhomme, brun de peau et noir de poil, devient l'inséparable *alter ego* du caïd moustachu. Le jeune Claude Genova, d'origine sicilienne par son père, regard sombre et frappe sèche, s'impose dans le sillage de Titi. Nul doute que le gars « en installe ». Ancien champion de France de lutte gréco-romaine à seize ans, celui-ci deviendra pour lui, successivement, homme de main, second puis successeur, après sa mort, aussi violente que fut sa vie. À l'instar de son mentor, Genova tranchera dans le vif, par la brutalité de ses méthodes, tout en sachant cogiter et justifier ainsi le statut de chef qui lui échoit. « Le Gros » – surnom dont l'affuble la pègre – saura aussi faire fructifier l'héritage. Jusqu'à son propre trépas, prématuré, comme il se doit.

« Au faîte de sa gloire, Titi possédait plus de cinq cents "bingos" sur Paris et alentour, confie Max. Mais

1. Braquage, terme en usage dans le Milieu.
2. Proxénétisme, terme en usage dans le Milieu.

il avait accumulé tellement de dossiers chez les condés que l'air du “9-3”, pour lui, était devenu malsain. Alors, il s'est exilé en Espagne d'où il espérait pouvoir continuer à superviser ses affaires. Cela n'a pas dû marcher comme il le souhaitait, car il est remonté à Paname au bout de quelques mois. Et plus avide de pognon que jamais, avec ça. »

« Fauché » à cause de son train de vie dispendieux, Peltier, pressé et impulsif par nature, revient alors à ses premiers amours de jeunesse : le racket. Au printemps 1986, il prend en grippe un certain Daniel Bozzi, vieux renard de la défunte *French Connection* et nouveau riche de l'industrie des machines à sous, clandestines pour quelques mois encore[1], dont l'insolente réussite l'insupporte. Sous un prétexte futile, il prétend le rançonner sans autre forme de procès. Dame ! Le quidam aurait l'outrecuidance de posséder autant de « baraques » que lui, dans et autour de la capitale. Inacceptable ! Comme si cela ne suffisait pas, ce concurrent indélicat se serait « équipé », pendant son absence, avec deux de ses ex-associés : Michel Thierry, compagnon lors du braquage victorieux de la fourgonnette aux 18 tonnes de pièces de dix francs, en 1977, et Georges Berens, alias « Francky », naguère encore proche de lui dans leur fief commun de Montreuil. Un débauchage en règle, que le sourcilleux boss ne goûte guère non plus.

Titi rumine donc sa vengeance lorsqu'il entreprend, par un jour du printemps 1986, de se rendre à un rendez-vous d'affaires, sur Paris, dans un bar de la rue de Buzenval. Rien jusque-là que de très habituel. Comble

1. Voir chapitre 13, p. 242.

d'ironie, il semble s'être levé du bon pied et s'affiche plutôt farceur, mû par d'excellentes dispositions car il a passé de longues heures à blaguer avec un vieux copain, au fond de l'un de ses QG montreuillois, non loin du lieu de son rencard. Thierry Mazin, dit « l'Elégant », est un gangster à l'ancienne, originaire de la région nantaise, rallié au gang des Siciliens lui aussi. Reconverti dans le business des machines à sous – avec succès cela va sans dire –, il a pris plaisir, entre deux tournées et déconnades, à recueillir quelques conseils de la bouche de son inénarrable pote. Mais le temps a filé et Peltier, déjà en retard, a fini par s'éclipser, l'air un peu plus soucieux. Mazin et les autres, présents dans le café, sont loin alors de se douter qu'ils ne le reverront jamais.

« Il serait tombé dans un guet-apens, raconte Max, affectant l'air contrit de circonstance. Arrivé dans le troquet du XXe, le taulier, un certain "J3" – comme Titi, Roger et moi qui aurions pu porter le même surnom –, lui aurait proposé une partie de flipper. À peine installé devant la bécane, il aurait été fracassé par une volée de coups de battes de base-ball, administrée dans son dos m'a-t-on précisé. Un massacre ! »

Inconscient et menotté par Bozzi, Thierry et Berens, il aurait ensuite été transporté par ses rivaux dans une planque, en banlieue, assassiné puis découpé en morceaux, afin de faire disparaître le corps. Rude fin pour le bandit montreuillois, dont les restes auraient été enterrés – et jamais retrouvés – dans quelque forêt de la région. Sa disparition provoque une énième secousse qui entraîne le Milieu vers une nouvelle guerre des gangs. Celle-ci, aussi implacable que les précédentes, divisera différentes factions criminelles de la banlieue nord-est, y compris à

Montreuil même, avant d'emporter dans sa tourmente le trio meurtrier. Claude Genova, alors « enchristé », apprend le décès de son parrain du fond de sa cellule. Il se déclare prêt pour assumer la succession qui s'annonce. Dès sa libération, les règlements de comptes, toujours plus sanglants, se succèdent. Mais lui non plus n'y survivra pas très longtemps.

9

Quand le « gang des Siciliens » rêvait de conquérir Paris

Max, facétieux et jamais avare de bons mots, ne résiste pas : « Tu me demandes pourquoi on a baptisé cette équipe “gang des Siciliens” ? Pour tout te dire, je n’en sais trop rien. La seule chose dont je suis sûr, c’est qu’on n’y trouvait pas beaucoup de Siciliens. Deux ou trois tout au plus. Il y avait bien quelques Lyonnais, ça d’accord, mais les autres sudistes, eux, venaient surtout du sud du périphérique. »

Du Coluche – lui-même, des années durant, résident célèbre de Montrouge – dans le texte. Roger, « l’ancien », sourit, mais tempère aussi sec : « Tu charries un peu ! Il y avait Jean Claude Vella, l’un des deux fondateurs du clan et, par la suite, Claude Genova, partenaire puis successeur de Titi, d’origine sicilienne par son père, pendant l’alliance temporaire avec les Montreuillois. Ça ne compte pas pour du beurre tout de même. »

Retenons donc les deux, et n’en parlons plus. Car personne ne se bouscule à se montrer plus catégorique que Max pour expliquer le surnom de ce gang, pourtant majeur dans la longue saga du Milieu. La petite histoire allègue que Jacques « Kiki » Piat, l'un de ses plus anciens membres, emballé par le film presque éponyme d'Henri Verneuil, avec Jean Gabin et Alain Delon, sorti quelques mois plus tôt sur les grands écrans parisiens, aurait convaincu les siens de ce choix pour se désigner eux-mêmes. Mais l'anecdote suscite chez Roger – qui les a tous bien connus à l'époque – une moue de scepticisme dénuée d'ambiguïté. Enterrons-la donc, sans fleurs ni couronnes.

Nul ne conteste, en revanche, que la bande est tenue d'une poigne de fer par le tandem Jean-Claude Vella-Marcel Gauthier. Tous deux trentenaires en ce temps-là et forts d'une expérience décennale dans l'industrie du crime, ils rêvent de mettre Paris et sa banlieue en coupe réglée. Ils vont, pour ce faire, s'appuyer sur un groupe en acier trempé. Truands de haut vol, voyous confirmés, hommes de main et porte-flingues patentés se côtoient, d'abord sans dommage, au sein de l'impressionnant aréopage qu'ils ont constitué. Ces garçons, originaires pour la plupart du triangle Ivry-Vitry-Villejuif, vont bientôt secouer sans ménagement le Milieu parisien des années 1970, avant de s'emparer de son leadership. La galerie des portraits qui composent alors le gang des Siciliens mérite que l'on s'y arrête un court moment.

Aux côtés des « vieux de la vieille » de la première heure, Jacques « Kiki » Piat, Albert Sefarian, dit « le Criquet » et Pierrino Rotondo, éphémère maçon d'origine italienne, tous nés à la fin des années 1930, s'agrègent des types un brin plus jeunes, issus de la décennie suivante. Citons Daniel Abramovitch, dit « Khrouchtchev » ou bien « le Russe », Willy de Brabander, d'ascendance flamande quant à lui, comme son nom l'indique, Pierre

Lothoz, dit « Nath le Lyonnais », futur caïd de la capitale des Gaules et patriarche d'un puissant clan familial local, Jean-Pierre Maïone-Libaude, ancien combattant de l'Algérie française, au profil très politique d'ex-militant de l'OAS, devenu gangster par antigaullisme selon la rumeur de l'époque, et enfin Jean-Claude Leclerc, dit « le Bedeau » en raison de sa foi catholique exacerbée. L'individu, décidément original, porte sur lui en permanence une bible, censée témoigner de son attachement à la religion. À cela près que celle-ci, creusée en son milieu, dissimule surtout un revolver 11.43, dans la plus pure tradition des gangsters de l'ère de la Prohibition, à Chicago, un quart de siècle plus tôt. Bref : un personnage de roman, *a minima* « sicilien » par vocation.

Avec les années 1970, trois alliances – déterminantes – sont encore venues étoffer la fine équipe : celles conclues avec Titi Peltier, on le sait, alors caïd montreuillois en devenir, Marcel « Nénesse » Bennacer, fils d'un maraîcher algérien, dont nous reparlerons de nouveau bientôt, ainsi qu'André « Dédé » Gau. Ce dernier, benjamin de la bande, né en 1946, sera le premier transfuge en provenance du gang de la banlieue sud, composé de types plus jeunes et de moindre renommée sévissant aux portes de Paris et alentour. Méchamment, Jacky « le Mat » Imbert l'a affublé d'un sobriquet qu'il exècre – cela se comprend –, mais qui lui colle néanmoins aux semelles : « Dédé le Gode ». Façon cruelle de signifier que le malheureux, autrefois soumis par ses soins aux horreurs d'une « descente à la cave », y aurait subi les derniers outrages au moyen de l'instrument adéquat. Peu délicat. Une poignée d'individus âgés de moins de vingt-cinq ans, venus de la communauté des gens du voyage installée dans la Val-de-Marne, naguère partenaires dudit Dédé Gau, complèteront, petit à petit, l'association de malfaiteurs dominante de la région parisienne.

La « guerre des gangs » aura bien lieu

Afin de « prendre Paris », objectif avoué et assumé de leurs deux chefs, les Siciliens n'ont d'autre choix que de piétiner les plates-bandes des Zemour, qui règnent alors sur le monde de la nuit. C'est chose faite, et gaillardement, dès 1972. Les premières escarmouches se multiplient, autour des filles et du précieux macadam du quartier du Sentier. Si tout le monde n'est pas d'accord quant aux causes réelles de la première guerre des gangs de grande envergure déclarée dans la capitale depuis la Seconde Guerre mondiale, chacun s'accorde à en reconnaître la violence. Max y va de son explication, étayée par l'approbation muette de son aîné, Roger. Lequel tenait une brasserie dans le quartier en ces temps troublés. Incontestable référence.

« Nénesse, qui était déjà très actif auprès des gagneuses, a commencé par s'embrouiller avec des gars bossant pour les Zemour et chargés de leur surveillance, raconte-t-il, sûr de son fait. Comme si cela ne suffisait pas, les Siciliens lorgnaient aussi leurs parts de marché dans le business des machines à sous, sur lesquelles ils ont voulu faire main basse, dans de nombreux bars et bastringues du côté de Strasbourg-Saint-Denis. À partir de là, tout est très vite parti en vrille. »

Rappelons également le rôle d'aiguillon, dévastateur et déjà évoqué, joué par Roger Bacri, membre déchu du clan Zemour, mû par un vif désir de vengeance après son éviction du gang. Le proscrit n'aura de cesse, dès lors, d'encourager les Siciliens à l'escalade[1].

« À cette époque, ils se sont mis à racketter de proches affiliés du clan Zemour, au cœur du Sentier et au-delà, se souvient pour sa part Roger. Peu ou prou, avec une violence identique à celle que ces derniers avaient eux-mêmes utilisée, contre leurs coreligionnaires, quelques années plus tôt, afin de s'approprier le quartier. Zaoui et ses frangins s'étant déjà mis à dos l'essentiel des grands bandits corses de Paris, cela ne pouvait pas se révéler pire pour eux. Très vite, leurs adversaires ont compris que, s'ils se montraient capables d'agir avec la brutalité en usage dans le Milieu, les Zemour n'avaient pas les moyens de leurs ambitions. »

De fait, dès le début de l'année 1973, Raphaël Dadoun, dit « Yeux de velours », actif sur le macadam du quartier Saint-Denis et protecteur de plusieurs hôtels de passe affiliés au réseau Zemour, tombe sous les balles de prétendus mystérieux tueurs à gages, dans le parking souterrain de son domicile de Neuilly-sur-Seine, vers 1 heure du matin. Le coup d'envoi d'une longue et sanglante série de règlements de comptes. La rumeur – justifiée – désigne le tandem Vella-Gauthier assisté, pour la circonstance, d'un porte-flingue de son entourage : Marcel « le Coréen ». Nos duettistes auraient ainsi exécuté eux-mêmes la sinistre besogne. Le défunt, souteneur respecté du *Paris by night* de l'époque, a-t-il vertement refusé leurs insistantes injonctions, comme on le répète dans le Milieu ? Probable.

1. Voir chapitre 2, p. 42.

Les Zemour se rebiffent, puis perdent encore une demi-douzaine d'hommes de main, avant de proposer aux Siciliens ce *modus vivendi* inhabituel : une sorte de « paix dans l'honneur », contre la peau du « traître » Bacri, dont ils n'ignorent plus les sombres agissements à leurs dépens. Peu enclins, dans tous les cas, à la conciliation, Vella, Gauthier & Co répondent par la négative. Non sans préciser – ce qui est exact – que Petit Roger a été interné en hôpital psychiatrique et se trouve désormais hors jeu. L'intéressé se suicidera, d'une balle dans le crâne, peu de temps après ce marché avorté, rongé par l'anxiété et la dépression qui pesaient alors constamment sur lui. Mortifiés devant cette fin de non-recevoir, les Zemour exécutent donc Marcel le Coréen, puis le carnage reprend de plus belle.

Le point culminant de l'interminable série noire qui secouera la pègre parisienne pendant trois ans surviendra, on le sait, avec la fusillade du bar Le Thélème, le 28 février 1975[1]. Ironie de l'histoire, les frères Zemour et leurs acolytes, se croyant victimes d'un guet-apens des Siciliens, y arrosent de plomb les policiers de la BRI et de l'Antigang, des commissaires Broussard et Leclerc, venus les interpeller dans la souricière qu'ils leur ont tendue. Ces derniers ripostent, sans faire de détail et avec précision. Le tuyau aurait été délivré par Pierrino Rotondo – dont on découvrira, après coup, les activités de balance auprès des flics de la capitale –, sans que quiconque ne sache vraiment s'il a agi pour ses chefs – les malfaiteurs, s'entend – ou bien de sa propre initiative. Le premier terme de l'hypothèse paraît improbable, avec le recul du

1. Voir chapitre 2, p. 43.

temps, sachant que Marcel Gauthier, fou de rage lorsqu'il découvrira le dessous des cartes, lui logera sur-le-champ une balle dans la tête. Nous voilà édifiés sur ce point.

Il n'empêche : pour la famille Zemour, le bilan est lourd et les dégâts irréparables après les décès de William, le boss, et de son garde du corps, Jo Elbaz. Quant à Edgar, atteint de quatre balles dans le dos – dont l'une a touché la moelle épinière –, il restera en partie handicapé, et ce pour le restant de ses jours. L'hallucinant épisode a d'ores et déjà sonné le glas de l'éphémère magistère des Zemour sur l'univers glauque de la nuit. Un second, de moindre amplitude certes, mais révélateur, lui aussi, de leur déconfiture, viendra parachever le désastre quelques semaines plus tard.

Rescapé du carnage du Thélème, Jean-Claude Attali, dit « la Puce », y a vu mourir Zaoui, le chef incontesté du clan, ainsi que son cousin, Jo Elbaz. Son propre frère, Roland, a lui-même été blessé de plusieurs balles. Il en ressort, fort perturbé psychologiquement, puis subit un internement de plusieurs semaines. Pourtant, à défaut d'avoir régressé, le degré de dangerosité de la Puce semble, au contraire, s'être encore accru après son retour de l'établissement spécialisé. Vella et Gauthier, qui s'en méfient plus que jamais, le piègent donc, sur le coup de 5 heures du matin, à la sortie d'un tripot clandestin du XVIIIe arrondissement. Le commando de tueurs, en charge du contrat placé sur sa tête, est dirigé par une vieille connaissance : Marcel « Nénesse » Bennacer, familier des lieux. Lequel ne fait pas dans la dentelle. Pas moins d'une trentaine de projectiles de différents calibres, dont ceux d'une mitraillette de combat d'usage militaire, auraient été utilisés pour la circonstance. Et chacun d'imaginer l'état du cadavre, après l'implacable séance de tir sur cible vivante. Mais davantage encore que ce détail macabre, c'est le coup de grâce administré qui fait le tour des bas-fonds de la Ville lumière et alimente les conversations. Cette nuit du 24 mars 1975, Bennacer a voulu solder son long contentieux avec la famille Zemour en réservant sa dernière balle à l'anus de la Puce. Un geste considéré comme très infamant par les truands du monde entier.

« Parmi tous les Siciliens ou affiliés, Nénesse, en tant que souteneur puis tueur dans un second temps, fut sans doute celui qui a causé le plus de tort aux Zemour pendant cette guerre des gangs, observe Max, pudique. Comme, de surcroît, il était l'un des derniers arrivants dans la bande, on peut penser qu'en mettant le paquet à ce point, l'homme souhaitait aussi faire ses preuves. »

Quatre millions de centimes par semaine : les « bécanes » cassent la baraque

Admettons. Mais retenons surtout que le succès du clan tombe d'autant mieux que l'industrie – le mot n'est plus trop fort désormais – des machines à sous décolle, verticalement, en cette deuxième moitié des années 1970. Un véritable jackpot qui, d'un coup, tourneboule la pègre dans son ensemble, puis encourage les vocations.

« Je me souviens d'avoir vu s'ouvrir, à l'époque, un misérable boui-boui de cinq dizaines de mètres carrés tout au plus, à deux pas du métro Strasbourg-Saint-Denis, poursuit Max. Le proprio, qui n'avait rien d'une lumière, a juste accepté la proposition d'installer une “baraque” dans son bar. Le gang, avant de prélever sa dime de 50 % au terme du premier mois échu d'exploitation, a pris en charge une bonne moitié de l'investissement initial, et roule ma poule ! Ni une, ni deux, il s'est retrouvé avec une recette de 4 millions de centimes par semaine, rien qu'avec l'unique bécane, casée tant bien que mal au fond d'un recoin du troquet. Un deal bigrement réglo. Deux briques – en francs – à l'année, en 1976. Dément ! De quoi acheter deux ou trois studios dans le secteur, à cette période. Tu imagines, alors, le chiffre d'affaires des gros qui possédaient cinq cents "bingos" et plus ? »

Et Max d'ajouter, en toute confiance : « Les truands, devenus immensément riches, réinvestissaient une partie de leurs bénéfices en finançant l'implantation de nouveaux troquets. Si le cafetier avait besoin de 10 millions de francs de l'époque, ils n'hésitaient pas à lui en avancer les deux tiers. Leurs premiers soucis consistaient alors à acquérir une licence IV, puis à y installer une ou deux machines. Grâce à elles, ils dormaient tranquilles, sachant que l'amortissement du crédit consenti serait rapide. Quant à l'exploitation commerciale de l'établissement en lui-même, les mecs s'en tamponnaient. Comme de l'an 40. »

La suite pourrait relever du conte de fées. Elle va s'apparenter tout au contraire à une descente aux enfers, révélatrice de la sanglante saga des machines à sous et de ses effets, rapidement délétères, sur le Milieu. Disloqués les uns après les autres par ce violent séisme, les gangs ne s'en remettront pas. Ils vont même accélérer le processus en choisissant la voie de l'autodestruction. Gare à la casse !

Victoire à la Pyrrhus : la bande se délite, puis se disloque

Chez les Siciliens, cette victoire à la Pyrrhus a débuté, en vérité, dès le 13 septembre 1975. Ce soir-là, un cadavre, lesté de deux balles dans la boîte crânienne, est extrait du coffre d'une voiture stationnée sur une place du XIIIe arrondissement de Paris. Les policiers identifient tout de suite Jean-Claude Vella. Tandis que la guerre bat son plein, les premiers soupçons se portent, d'abord, sur les Zemour, mais l'hypothèse fait long feu. Tous les éléments de l'enquête, diligentée sans tarder, convergent plutôt vers Marcel Gauthier : l'ami d'enfance, partenaire et associé à la tête du clan, désormais devenu dominant de la capitale et sa région. Les deux hommes ne se supportaient plus, et ce depuis un bon moment déjà. Gauthier, toujours davantage en proie à la paranoïa et persuadé des intentions homicides de Petites pattes à son égard, aurait décidé de prendre les devants. Puis fini par mandater Willy de Brabander et Dédé Gau pour l'exécution de son ex-camarade. Leclerc, alias le Bedeau, lui, est déjà mort, et dans des circonstances troubles, peu de temps auparavant.

Le clan des Siciliens, face à ce climat de schizophrénie collective, ne va guère tarder à exploser en vol. Un an s'écoule quand, le 17 septembre 1976, au terme d'un long congé sous forme de huis clos passé en Corse, aux côtés de sa famille et protégé par plusieurs porte-flingues, Marcel Gauthier réapparaît sur le continent. Il débarque sur le port de Nice, en provenance de Calvi. Mal lui en prend, car la nouvelle l'a précédé. Un comité d'accueil l'attend, dans une camionnette garée à la sortie de la zone portuaire. Celle-ci surgit soudain, bloquant le passage de sa voiture. Deux types lourdement armés en descendent puis arrosent le véhicule, concentrant leurs tirs sur le dernier boss survivant. Blessé, Gauthier tente de s'enfuir à pied, en claudiquant comme il le peut. Sans succès. Ses tueurs le rattrapent, quelques mètres plus loin, et l'achèvent de plusieurs balles dans la tête.

Sans surprise, les flics attribuent ce règlement de comptes à Nat Lothoz. Le Lyonnais aurait vengé la mort de Vella ainsi, surtout, que celle de Leclerc, son meilleur copain et de longue date, dès lors qu'il avait acquis les preuves de la culpabilité de Gauthier. Dans son collimateur, aussi, figurent Nénesse Bennacer qui, on le sait, ne prendra congé de sa bonne étoile que par une nuit d'automne 1980, dans un club de jeux clandestin du nord de Paris, et Dédé Gau, abattu dix ans plus tard dans une cabine téléphonique à Neuilly-sur-Seine, en compagnie du célèbre et – presque – toujours prévoyant Jean-Pierre Lepape, lesté d'un gilet pare-balles ce jour-là. Fin de série. Plus noire que jamais…

Le clan des Siciliens aura bien tenu Paris, un bref moment, mais la belle lui a glissé entre les doigts. Et à quel prix ! Cette terrible guerre des gangs, étalée sur trois années, laissera sur le carreau vingt-cinq personnes, en blessera des dizaines d'autres et saignera à blanc une génération de voyous confirmés. Combien, parmi ceux-ci, de millionnaires éphémères victimes, directes ou collatérales, des « bandits manchots » ? Un grand nombre sans aucun doute.

« Tu comprends mieux, à présent, pourquoi je te répète depuis le début que l'amitié dans le Milieu ne signifie rien, conclut Roger, accablé. Vella et Gauthier, et j'ai fort bien connu les deux, avaient usé leurs fonds de culottes de gamins ensemble, dans le quartier populaire du Villejuif de l'après-guerre. Un compagnonnage de trois décennies, emporté comme fétu de paille par le torrent de millions qui leur est tombé sur la tête. La came et le tapin avaient déjà sérieusement esquinté la "mentale". Après le business des machines à sous, et ses montagnes de pognon facile, il n'en restera que cendres. L'appât du gain a tué les sentiments. Y compris les plus nobles. La noirceur de l'âme humaine demeure sans limites, mais la pègre n'est rien d'autre que le miroir, certes grossissant, de notre société. À bientôt quatre-vingts balais, c'est l'une des principales leçons que la vie m'aura enseignées. »

La voix s'est faite plus enrouée encore qu'à l'accoutumée. L'œil s'humidifie et il faut, maintenant, tendre l'oreille pour ne rien perdre des fins de phrases de notre vieux truand à l'ancienne. Max, si volontiers rieur et bon enfant, lui, s'est tu, le regard dans le vague. Un ange passe. Ses ailes, écarlates, s'évaporent vers le brouhaha de l'avant-salle du café banlieusard où s'achève cette première session d'enregistrements. La nôtre, « celle du fond », comme l'appelait autrefois un certain Francis le Belge – c'était sa préférée –, paraît à la fois si proche et éloignée de sa voisine. Pour un peu, notre paisible cénacle finirait presque par ressembler à un confessionnal.

Seconde partie

RÉVOLUTION

10

Liberty Bell, Money Honey, citron, orange et cerise : les fruits de la passion s'installent

L'appétence pour les jeux de hasard remonte, sans doute, à la nuit des temps. Ce phénomène, on le sait, peut rapidement tourner à l'addiction. Désir d'améliorer sa condition, frustrations d'ordre socioculturel ou économique, ou bien, au contraire, besoin de pimenter quelque peu une existence par trop prévisible voire simple effet du désœuvrement : les causes, pour l'expliquer, ne manquent pas.

Max tient pourtant à livrer, au détour de ce chapitre liminaire à sa seconde partie, l'un de ses innombrables souvenirs, éclairant, sur la question. À titre de témoignage et parce que la sociologie – mais oui, cela existe aussi chez les truands ! – ne le laisse pas indifférent.

« L'un des troquets que je fréquentais, dans le quartier Saint-Denis, vers la fin des années 1970, avait pour client assidu un type plein aux as, raconte-t-il. Il s'agissait d'un chef d'entreprise dont la boîte, florissante, avait pignon sur rue dans son domaine d'activité. Cézigue débarquait chaque nuit, vers 1 heure du matin, buvait un coup puis s'installait devant l'unique bécane de la taule. Pour ne plus en bouger. Presque toujours, il négociait avec le tenancier afin de continuer à jouer bien après la fermeture. De guerre lasse, ce dernier, qui le connaissait depuis longtemps et auquel il laissait des sommes hallucinantes, cédait en lui glissant une clé de l'établissement. À charge pour lui de fermer le bar en partant, aux premières lueurs de l'aube. Un fondu ! Un soir, en veine de confidences, le patron m'a confié que le gars, l'année précédente, avait blindé au total 350 000 francs dans sa machine à sous. À lui tout seul. Du délire, je te dis ! »

Les machines à sous, dénommées *fruit machines* en Angleterre ou *pokies* en Australie et aux États-Unis, ont accompagné – pour ne pas dire encouragé – ce lien de dépendance entre l'individu et la chance. Une quête certes irrationnelle, mais que l'on retrouve dans toutes les couches de la population. Le constat pourrait suffire à justifier leur succès, d'un bout à l'autre du globe, mais aussi les gains, faramineux, générés par ces drôles d'appareils, de concept visuel à la fois si criard et néanmoins attractifs. De nos jours encore, l'essentiel des recettes créditées, chaque année, aux casinos – derniers lieux de résidence légaux pour elles en France –, provient toujours des machines à sous. Nous en reparlerons bientôt.

La première représentation moderne d'un « bandit manchot » apparaît à Brooklyn, dans le quartier juif de New York, en 1891. Elle a pris forme dans les cerveaux féconds de deux visionnaires nommés Sittman et Pitt. De forme massive, évoquant un peu, par anticipation, un gros juke-box rudimentaire, avec cinquante ans d'avance, l'engin doit tout au poker. *Le* jeu à la mode aux États-Unis, et ce depuis les temps héroïques des cow-boys et de la conquête de l'Ouest. Son mécanisme, basique, repose sur cinq tambours rotatifs qui distribuent cinquante cartes. Toutes demeurent faces cachées, sur cinq mini-vitrines, jusqu'à ce que le joueur, après avoir au préalable introduit ses pièces dans une fente, actionne un levier, placé sur le côté droit de la machine en le tirant vers lui. Le fameux « bandit manchot » – l'expression imagée vient de là, ledit levier étant assimilé à un bras unique – livre alors son verdict, conforme aux règles du poker. Si la première main est forte, offrant ainsi une bonne combinaison de cartes, le client en conservera le plus possible. Dans le cas contraire, il « brassera » ce quintet peu engageant en tentant un audacieux coup gagnant sur sa seconde main, définitive celle-là.

Le succès du nouveau jeu populaire, accessible dans les bars, se révèle foudroyant. Cela étonne d'autant plus que les gains, déjà rares, sont minces ou carrément limités parfois à une chope de bière. À consommer sur place, cela va de soi. L'argent, à l'évidence, ne constitue donc pas l'unique vecteur de cette passion collective. Qu'importe : le *pokie*, en quelques mois à peine, a conquis ses lettres de noblesse. Il n'en faut pas davantage pour donner des idées au sieur Charles Fey, Californien bon teint, entrepreneur et heureux propriétaire d'une société de distribution électrique. Un secteur économique alors en pleine expansion dans l'Amérique prospère de cette fin de siècle.

Inspiré par ses homologues new-yorkais, l'homme d'affaires conçoit sa première machine à sous qu'il nomme « *Horseshoe* » (« fer à cheval »). Pour la première fois, en lieu et place des cartes de jeu, apparaissent diverses représentations d'objets, dont le fameux attribut d'usage équestre et ce, sur trois tambours rotatifs seulement.

Succès mitigé. Qu'à cela ne tienne : Fey relance les dés, en quelque sorte, courant 1895, avec un nouveau modèle, un peu plus élaboré. Le « 4-11-44 » – nom choisi par son imaginatif inventeur –, reposant sur le principe simple de trois roulettes concentriques qui tournent, suscite l'engouement. Près d'un millier d'appareils sont vendus à travers le pays, avant d'être installés dans de nombreux bars.

Toujours plus enhardi – et joueur lui-même à ses heures –, Fey se lance alors à corps perdu dans l'aventure. Il vend son entreprise d'électricité, puis aménage son vaste entrepôt de production de machines à sous dans Market Street, à San Francisco où il demeure. L'audace ainsi que l'inventivité qui l'accompagne sont récompensées dès 1898. L'éminent Charles August Fey, en cette année charnière pour l'industrie du jeu, innove au moyen d'une version à rouleaux mécaniques, au nombre de trois là encore, qu'il baptise « *Card Bell* ». Rapidement, notre homme la perfectionne en élargissant, de manière spectaculaire, le nombre de combinaisons de l'appareil. Ainsi, en 1899, la « *Liberty Bell* », « cloche de la Liberté » jadis chère aux valeureux pionniers de l'indépendance américaine dont elle reste le symbole, s'arrache dans tous les États-Unis. Le fer à cheval, conservé mais relégué à présent au rang d'utilité, l'as de pique, le cœur et le carreau accompagnent ce nouvel emblème fétiche du jeu de hasard le plus populaire de son temps.

Design New Age, *mille combinaisons possibles et Prohibition*

La machine à sous *New Age* est née. Non contente d'avoir un bon siècle d'avance sur ses devancières en termes de design, elle dépasse le millier de combinaisons possibles, performance étonnante à l'époque, et fera la fortune de son géniteur. Autres innovations notables affichées par la coqueluche des clubs de jeux : son réceptacle à pièces, afin de collecter les gains ; un moteur, incorporé et garantissant l'impartialité de chaque tirage ; de même que l'écran, fort ergonomique pour son temps, grâce auquel le joueur suit l'évolution des parties qu'il dispute. Fey, à la fois génie du jeu de hasard et développeur avant la lettre, empoche le tout premier jackpot d'un phénomène de masse qui va bientôt s'imposer comme une industrie du plaisir à part entière. Mais aussi du crime, hélas.

Dès 1902, la prohibition s'abat sur les « bandits manchots ». Comme pour mieux doucher l'engouement jugé désormais déraisonnable qu'ils suscitent auprès des citoyens américains. De tous âges et conditions, qui plus est. Le cocktail explosif jeu, argent, alcool et hasard ne laisse pas d'inquiéter les autorités fédérales au pays, en apparence si vertueux, du « *In God we trust* ». Soucieux de contourner cette menace contrecarrant ses projets commerciaux, un certain Herbert Mills, entrepreneur avisé lui aussi, adopte cinq années plus tard, en 1907, une parade originale : transformer les gains de ses machines à sous en distributeurs de bonbons. Malin.

Ce qui pourrait paraître un détail assez anodin ne doit rien au hasard. Il témoigne, tout au contraire, du génie marketing de ce peuple pour lequel esprit d'entreprise et consommation sont rois. Y compris lorsque la conjoncture s'annonce moins porteuse. À cette période, les joueurs découvrent enfin, sur l'écran des machines, le citron, l'orange, la cerise, la prune et la menthe. Qu'il suffit, comme de bien entendu, d'aligner ensemble afin de pouvoir les retrouver dans les parfums des innocents bonbons. Ironie de l'histoire, tous ces symboles sont encore présents aujourd'hui sur les rouleaux électroniques de nos *pokies* du XXIe siècle, tandis que lesdits bonbons du bon Mr Mills ont disparu avec lui, et ce depuis belle lurette. Il n'en reste pas moins vrai que l'éclairé businessman aura confortablement vécu de ses friandises… et surtout des « bandits manchots ».

Quid de la France dans tout cela ? Les jeux d'argent et de hasard y demeurent interdits, à l'exception de ceux – plutôt rares – bénéficiant d'une dérogation de l'État. Ainsi en a décidé la loi du 21 mai 1836, qui prohibe les « loteries » dans leur ensemble. Il faudra attendre celle du 15 juin 1907 pour que l'autorisation, strictement réglementée par des critères d'implantation, de localisation et d'exploitation des casinos, seuls établissements habilités, soit promulguée par le gouvernement d'Armand Fallières. En plein essor de l'activité thermale du début de siècle, celle-ci lie, notamment, les stations agréées aux casinos situés sur le territoire communal. Un aspect qui, à défaut d'avoir conservé son caractère exclusif, nous le verrons, perdure encore de nos jours[1].

Cette première incursion, timide, dans l'univers des machines à sous, se veut toutefois rigoureuse autant que

1. Voir chapitre 13, p. 242.

restrictive. La législation impose le paiement des gains en jetons de consommation, utilisables dans l'établissement même où est installée la machine. Les enjeux – ridicules – n'excèdent pas dix centimes par partie, tandis que les gains se limitent, quant à eux, à deux, trois fois dans le meilleur des cas, la mise initiale. En 1909, le remboursement moyen dudit jeton de consommation ne peut dépasser trente centimes. Pour faire bonne mesure, l'autorisation d'exploitation de l'appareil s'accompagne – déjà – d'une taxe de dix francs, acquittée, à l'année, par le tenancier. Ces jeux dits « d'adresse » s'apparentent alors davantage à des flippers rudimentaires, de première génération, avec leurs grosses billes argentées, qu'aux « jackpots » d'outre-Atlantique. Lesquels n'apparaîtront dans les faits en France qu'à l'orée des années 1930.

Effrayés par l'attractivité aussi immédiate que spectaculaire des machines à sous, les politiques de cet avant Seconde Guerre mondiale, issus pour la plupart du Front populaire sorti des urnes aux élections législatives, un an plus tôt, votent à une écrasante majorité la loi de 1937. Son texte interdit purement et simplement l'achat, la vente, la détention et l'exploitation des cousines hexagonales du *pokie*. Des prescriptions qui s'étendent à l'ensemble des lieux publics, y compris cafés, épiceries et fêtes foraines. La Brigade des jeux, créée pour l'occasion, veille à la bonne application des directives gouvernementales.

Quatre décennies cataclysmiques avant la renaissance

Les jeux de hasard sentent alors le soufre. Ils ne sont pas les bienvenus car l'attrait qu'ils exercent constitue un danger jugé tout à la fois addictif voire interlope pour les classes laborieuses. La gauche, déjà, n'aime pas les machines à sous et le clame haut et fort. L'ennui, c'est que ses vertueuses professions de foi ne freinent guère le marché, quand elles ne l'encouragent pas. Car celui-ci au contraire croît alors de plus belle. Joueurs et collectionneurs paraissent davantage émoustillés que dissuadés par l'attrait de la clandestinité. L'inconvénient, majeur, de la prohibition est pourtant connu, et de longue date déjà. Que ne ferait-on pour accéder au privilège de croquer le fruit interdit ? Une si longue histoire en vérité, mais que le gouvernement de l'époque, inflexible, feint d'ignorer. Celle de la nature humaine, depuis le jardin d'Éden. Les « bandits manchots » pullulent donc, durant ces années d'entre-deux-guerres où le bon peuple, oublieux des nuages noirs qui s'amoncellent au-dessus de l'Europe, succombe aux mirages de la légèreté et d'une certaine douceur de vivre. La quadrature du cercle pour Léon Blum et ses ministres.

Le XXe siècle et son déluge de fer, de feu et de sang vont alors, de nouveau, rouler leur impitoyable meule sur l'humanité. Ballottée par les deux conflits mondiaux et, au moins autant, par les terribles effets de la Grande Dépression de 1929, qui ne s'estomperont vraiment que dans l'euphorie de l'après Seconde Guerre mondiale, l'industrie du jeu ressort exsangue de ces quatre décennies cataclysmiques. Elle panse péniblement ses plaies durant les années 1950 puis renaît, enfin, commençant sa deuxième vie en 1963. Celle-ci sera électromécanique ou ne sera pas.

Très tôt, le premier prototype de machine à sous inaugurant cette nouvelle ère rencontre le succès. Il séduit les joueurs du monde entier, trop longtemps orphelins des fruits de leur passion. Comble de bonheur, ceux-ci sont tous conservés dans l'appareil, commercialisé alors par la société Bally, et baptisé « *Money Honey*[1] ». Le bon vieux levier du « bandit manchot » reste toujours présent, lui aussi, mais les rouleaux sont désormais électroniques. Ce *slot*[2] offre jusqu'à cinq cents pièces à ses gagnants et possède la bagatelle de seize millions de combinaisons différentes. Autant dire que, si le facteur chance s'amenuise encore pour le client, les recettes quant à elles deviennent pléthoriques du côté de l'exploitant. Peu de changement, en revanche, au niveau du design, qui demeure proche de celui des versions 100 % mécaniques. Ultime détail, important : l'ensemble de ces machines à sous modernes inclut un coefficient de gain fixe, situé dans une fourchette de 85 à 99 %. Il s'agit là du pourcentage effectif d'argent reversé à chaque gagnant. Celui-ci varie selon les différents modèles existants. Enfin, cerise sur le gâteau – le cas de le dire –, l'engouement planétaire suscité par *Money Honey* se voit porté, fort opportunément, par une chanson éponyme d'Elvis Presley lui-même, un temps, du reste, familier des casinos de Las Vegas. La plaisante ritournelle, sortie en 1956, retrouve ainsi une seconde

1. « Argent chéri. »
2. « Fente » : l'un des nombreux surnoms, populaires, de la machine à sous dans les pays de culture anglo-saxonne.

jeunesse parmi tables de jeux et « bandits manchots ». Rien ne peut, semble-t-il, contrarier la résurrection de ce cher vieux *pokie*.

L'épisode majeur suivant, dans l'incroyable saga des machines à sous, survient en 1976. La toute première version vidéo est inventée, en Californie, par une société de Las Vegas au nom ô combien évocateur de Fortune Coins[1]. On ne saurait se montrer plus éloquent. À peine sorti de l'usine, le modèle d'origine est présenté, équipé d'un téléviseur de marque Sony – japonaise – afin d'afficher les vidéos sur l'appareil lui-même. À tout seigneur tout honneur, la cérémonie officielle de lancement s'effectue à l'hôtel Hilton, dans l'un des temples de l'industrie du jeu et au cœur de sa plus belle vitrine internationale : Las Vegas. Seule ombre au tableau, le bandit n'a plus de « manchot » que le nom. Son bras, l'historique levier qui aura vaille que vaille traversé le siècle, a fini par céder la place à d'anonymes boutons-poussoirs. Modernité, rapidité et rendement obligent. Ainsi va l'évolution du temps.

Microprocesseur et mémoire vive : le triomphe des générateurs de nombres aléatoires

Le secret de ces machines à sous modernes réside dans le microprocesseur niché au cœur même de leur mémoire vive. Celui-ci exécute un programme informatique prédéfini, qualifié de « générateur de nombres aléatoires ». Lui seul va déterminer les sommes attribuées à chacun des rouleaux de l'appareil et correspondant à l'ensemble

1. « Pièces de la chance », ou « de la fortune ».

de leurs symboles. Les séquences de chiffres appelées à sortir, dès que sont actionnées les manettes, peuvent désormais varier en plusieurs milliards de combinaisons possibles. L'ordinateur incorporé enregistre alors trois suites de chiffres, affectées aux trois rouleaux de l'engin.

L'arrêt des rouleaux est déterminé par un second programme. Lequel divise lesdites suites de chiffres par un ensemble de valeurs : 32, 64, 128, 256 ou 512 étant les plus usitées. Les résultats obtenus sont, à ce moment-là, associés à une position précise sur la roue du *pokie*. Puis le rouleau s'immobilise. « Rien ne va plus ! » Pour le joueur en général. Sur 100 euros de mise, aujourd'hui encore, le casino, avec ses 15 euros de gains garantis, le plus souvent, a de quoi dormir tranquille.

Toutes les machines à sous sont paramétrées de la sorte. En France, leurs programmes informatiques, si déterminants, ont été placés sous scellés par les services du ministère de l'Intérieur. Lesquels demeurent seuls habilités à délivrer les agréments aux sociétés de fourniture et de maintenance spécialisées, détentrices de leurs clés. Les techniciens, très qualifiés, intervenant pour le compte de ces entreprises, doivent en principe avoir été enregistrés auprès de la Direction des courses et des jeux de la police judiciaire, dépositaire, elle aussi, des clés afférentes aux mystérieux programmes informatiques. Vous avez dit hasard ? Chassez-le de vos pensées ! Rien, jusque-là, ne lui a été concédé...

N'oublions pas, enfin, ce détail essentiel pour la suite de notre histoire. Parmi l'assistance présente lors de la fameuse soirée inaugurale de 1976, menée à grand renfort de strass et de paillettes, quelques figures de la mafia, impeccables dans leurs élégants smokings-nœuds papillon, cigare aux lèvres, n'ont pas perdu une miette du spectacle. Sitôt venue au monde, la machine à sous de cette fin de millénaire, promise à l'engouement toujours plus incontrôlable de millions d'individus, venait ainsi de sceller ses noces – de sang – avec la pègre. Celles-ci allaient durer plus de trente années.

11

Après la *French*, à Marseille, comme une traînée de poudre...

« La France s'ennuie », avait titré, trois ans plus tôt dans *Le Monde*, le philosophe Pierre Viansson-Ponté pour une chronique prophétique, passée depuis à la postérité. Le quotidien français référent de l'après-guerre annonçait ainsi, avec plusieurs semaines d'avance, les turbulences de Mai 68. La France de 1971, quant à elle, contemple avec mélancolie mais sans le savoir encore les dernières pages des Trente Glorieuses qui se tournent sous ses yeux. D'ici quelques mois, la guerre du Kippour va enflammer, pour la troisième fois en un demi-siècle et sans crier gare, le Proche-Orient. Ce conflit provoquera un long embargo sur le pétrole, décrété par les nations arabes et leurs alliés, coalisés contre l'État d'Israël. Il va précipiter l'Occident au cœur d'une crise économique durable. Les Français redécouvriront alors certains mots, désagréables à l'oreille et enfouis dans de lointains souvenirs d'enfance, égrenés autrefois par leurs parents lors de discussions familiales : inflation, récession, pénurie. Des locutions annonciatrices de lendemains difficiles, qui ne tarderont plus à revenir barrer les unes des journaux. La fin d'une époque : celle de la prospérité et de la stabilité retrouvées.

En attendant, le pays, encore alangui par une décennie de « paix et d'amour » avec les *Swinging Sixties*, a les yeux de Chimène pour Romy Schneider et Alain Delon. Le couple le plus glamour de l'époque, reformé sur grand écran, triomphe dans *La Piscine*, de Jacques Deray. Il se passionne aussi devant la triste histoire, nourrie de passions interdites, vécue par une enseignante et l'un de ses élèves dans une ville moyenne. Le dénouement dramatique de cette *love story* atypique autant qu'avant-gardiste divise les Français. Il émeut ou bien indigne le bon peuple. La jeune femme, livrée en pâture aux médias ainsi qu'à la vindicte populaire, et minée par ce qu'elle ressentait comme une traque quotidienne, a décidé de mettre fin à ses jours. Elle ressuscite presque aussitôt, au cinéma, sous les traits d'Annie Girardot, dans le film *Mourir d'aimer*, dont le succès va bientôt dépasser les frontières hexagonales. Charles Aznavour s'empresse d'en faire une chanson. Son disque s'arrache. Le président de la République lui-même, Georges Pompidou, interrogé à propos de cette tragédie contemporaine lors d'une conférence de presse organisée à l'Élysée, ira jusqu'à citer un vers – magnifique – du poète Paul Éluard. Manière pudique, et toute personnelle, de signifier sa compassion à l'égard des deux amants.

Pendant ce temps, à Marseille, une pieuvre insidieuse s'installe. La *French Connection*, née aux États-Unis, a traversé l'Atlantique puis dardé ses sinistres tentacules vers la cité phocéenne. La deuxième ville de France devient l'une des plaques tournantes du trafic de stupéfiants en Europe. La drogue, par bateaux ou véhicules terrestres, transite via le port et le réseau routier puis irrigue, souvent grâce à des relais en Belgique, aux Pays-Bas ou en Angleterre, l'ensemble du Vieux Continent.

Au début, Pompidou et son gouvernement n'ont pas mesuré l'ampleur du péril qui menace la jeunesse. Confrontés aux dommages de ce nouveau fléau, puis aiguillonnés par la pression des médias et de l'opinion, ils se décident à réagir. En joignant leurs moyens, humains, techniques et financiers à ceux de l'administration Nixon, l'État, sa police et sa justice vont enfin saisir le problème à bras-le-corps. Ce partenariat constitue une première étape. Il permettra d'extirper, petit à petit, le cancer qui n'en finit plus de s'étendre dans l'Hexagone.

Sous les coups de boutoir à présent coordonnés de la DEA américaine, des services spécialisés de l'OCRTIS et de l'Antigang, de ce côté-ci de l'océan, la pieuvre malfaisante, certes, reflue. Mais la France demeure focalisée sur sa lutte menée contre la pègre et ses ramifications internationales. Une nébuleuse, disséminée en divers points du globe et qui vit, grassement, du trafic de produits psychotropes. L'exécutif regarde donc ailleurs lorsque les machines à sous de nouvelle génération font leur réapparition dans des cafés, bars et autres estaminets du pays.

Une criminalité inédite en termes de rapport rendement-risque

Ce que les pouvoirs publics naguère encore qualifiaient d'« épiphénomène » ne tarde pas à croître, et dans des proportions préoccupantes. Le réveil se révèle brutal. Pourquoi ? Parce que cette résurgence, d'apparence assez anodine de prime abord, masque mal une réalité plus sombre. L'implantation, qui va crescendo, d'engins dits « à parties multiples » entretient, en réalité, une criminalité d'un genre inédit. Passive, plutôt statique voire routinière et, surtout, fort incitative car exempte de réelle sanction juridique. Au commencement de son histoire, à tout le moins.

Roger confirme : « Je ne dirais pas qu'il y a eu une relation de cause à effet entre le recul de la *French*, à Marseille puis dans tout le pays, et l'essor spectaculaire des machines à sous contrôlées par des truands. Mais nombre d'arguments plaidaient, objectivement, pour un tel recyclage aux yeux de la plupart d'entre eux. Le rapport rendement-risque, très favorable. Le retour rapide sur investissement ainsi que le caractère raisonnable de celui-ci, grâce auquel il était facile, ensuite, de monter en gamme. Enfin, l'aspect assez sédentaire du job de même que les failles béantes de la jurisprudence. Ajoute à cela quelques aberrations fiscales, bien de chez nous, que les gangsters ont eu tôt fait d'exploiter, et le tour est joué. Les "jackpots", c'était un peu l'autoroute à l'époque. »

Rien de surprenant, dès lors, au constat qui s'impose à nos politiques : nombre d'indices attestent maintenant que des pans entiers de l'exploitation des « bandits manchots » sont tombés sous la coupe du Milieu. L'État, tenu pour responsable, se doit d'adopter des mesures énergiques et adaptées à la situation. Or, cette fois encore, il tarde à prendre le taureau par les cornes. La transition, précipitée il est vrai, consécutive au décès du président Pompidou pendant son mandat, puis à l'installation du nouveau pouvoir giscardien, n'arrange rien.

Roger, qui ne manque pas d'humour et ne rechigne jamais à filer la métaphore, résume à sa façon le contexte : « Jusque-là, pour qu'un voyou gagne beaucoup d'argent, il lui fallait braquer des banques ou bien trafiquer de la came. Et puis les machines à sous sont arrivées, les politiques ont d'abord fermé les yeux et, chacun à leur manière, les ont légalisées. Alors tout a changé. Dans un premier temps, pour le meilleur ; très vite, ensuite, pour le pire. La pègre a découvert qu'il était possible de s'enrichir en dormant. Une véritable révolution, chez les truands, comme pour les hippies dix ans auparavant. À cela près que le *peace and love* a duré moins longtemps. Et que le doux rêve, à la fin, est devenu plutôt violent. »

Au tournant de la décennie commencent ainsi à pulluler des engins dont les perfectionnements technologiques vont aller de pair avec ce nouvel eldorado, exponentiel au point de donner le vertige. Électronique, vidéo et micro-informatique propulsent alors les bons vieux flippers d'antan, « pokers » et autres « jackpots » à l'ère du « Pile, tu perds ; face, tu m'enrichis ». Chaque détenteur d'une machine à sous est sûr de gagner à tous coups quand le client, lui, se borne à entretenir son addiction, plus ou moins contrôlée. Incontournable équation.

« Le tenancier démarrait avec une machine ou deux, et puis l'appétit est venu en mangeant, plutôt copieusement en l'occurrence, se souvient Roger. Pour ma part, dans le bar que je possédais, en banlieue est de Paris, autour de 1978, je tournais, déjà, à 4 millions de centimes par semaine rien qu'en exploitant mon unique bécane. Une Ambassadeur, avec les fruits, la cloche, le fer à cheval, les chiffres et tout le saint-frusquin. L'équivalent de 6 000 euros d'aujourd'hui. Bien pesés. Un rendement fabuleux. Il y avait, à l'époque encore, une tolérance large. Les politiques ne voyaient toujours rien venir. »

Roger, en veine de confidences comme jamais, reprend la parole, soucieux de détails : « Tout s'est déclenché assez spontanément, en observant les gars envoyés par les sociétés spécialisées, qui venaient installer les appareils dans les débits de boissons, précise-t-il. Les voyous, qui jusque-là se contentaient de jouer dessus, se sont dit : "Des caves pareils se font de l'oseille, tranquilles, avec ces engins, et nous, on les regarde, les mains dans les poches. Et puis quoi encore ?" »

Max s'anime : « Quand ils ont vu les sommes que les "jackpots" rapportaient, et dont ils n'avaient pas la moindre idée au début, les truands ont commencé à devenir méchants. Ils ont dégagé les caves du marché, puis se sont désintéressés de leurs troquets et restaurants, quitte à les laisser, souvent, se casser la gueule. Ils s'en foutaient, entièrement investis qu'ils étaient – dans tous les sens du terme – dans les "baraques". Une mine d'or ! Même si certains l'ont regretté par la suite. »

À partir de ce moment, charnière dans l'histoire tourmentée des machines à sous, les choses évoluent vite. Et mal.

« Les caves n'avaient pas le choix, poursuit Max. Le Milieu les prévenait, d'abord assez gentiment, qu'il leur fallait passer la main. Les plus intelligents ont lâché l'affaire sans faire de vagues. D'entrée de jeu. D'autres, qui ont voulu faire les malins, se sont retrouvés descendus à la cave et doivent s'en souvenir encore. Certains y ont laissé leur peau. C'est trop con d'en arriver là ! Même pour des monceaux d'oseille ! »

Bientôt, les *slots* portent d'autres secrets. Moins lourds peut-être, mais totalement inconnus à l'époque. Elles sont, certes, actionnées au moyen de pièces, comme autrefois, mais disposent désormais d'un compteur apparent. Lequel permet d'afficher un chiffre correspondant à la quantité de parties susceptibles d'être rejouées sans bourse délier. Ce que le politique et le « petit peuple » savent moins, c'est qu'ils sont équipés aussi – et surtout – d'un autre, plus discret, indiquant le montant des gains. Des sommes que le client peut convertir, à tout moment, en espèces sonnantes et trébuchantes. Ce compteur-là, lui, se trouve le plus souvent à l'arrière ou sur la partie inférieure de l'appareil. Ainsi, présentés comme de simples et innocents jeux de divertissement, la plupart des modèles contrôlés par le Milieu voient leur vocation initiale détournée. Ils deviennent, *de facto*, de véritables machines à sous. Au sens littéral.

« Les choses se passaient assez simplement, explique Max. Quand un type gagnait, les lumières de la bécane se mettaient à clignoter, puis un bruit, lancinant et répétitif, crépitait dans le rade. Il fallait alors faire signe au patron, ou carrément aller le chercher s'il était occupé à autre chose, afin qu'il puisse venir vérifier lui-même sur place. Si tout lui paraissait *clean*, il appuyait sur un petit bouton, pour remettre le fameux compteur à zéro. Sachant que l'appareil conservait en mémoire tous les gains enregistrés. L'heureux joueur pouvait enfin passer à la caisse, avant de repartir avec une jolie poignée de talbins neufs. Même si, il faut l'avouer, le gars avait la plupart du temps beaucoup plus de chances d'y laisser son caleçon. »

Des tombereaux de fric facile tombés du ciel

L'heure est à la combine. Sous toutes ses formes. L'imagination, comme l'affirmait un vieux slogan de Mai 68, dix ans plus tôt, revient au pouvoir. La fin justifie les moyens. Le moindre stratagème élaboré ou, au contraire, bricolage artisanal de fortune, se révèle autorisé, voire recommandé, s'il s'agit, *in fine*, de gagner beaucoup d'argent. Vite de préférence, puisque rien ne viendra l'empêcher. De juteux profits découlent du système, parallèle à défaut de se vouloir vraiment clandestin. Ils suscitent toujours davantage de vocations spontanées et auto-alimentent, du même coup, une pègre avide comme jamais face à des tombereaux de fric facile. Lesquels n'attendent plus qu'un claquement de doigts avant de se déverser sur elle. Conséquence logique, en quelques mois à peine, le boom de ce business au parfum sulfureux devient phénoménal.

« Avec les copains, à l'époque, on jouait surtout aux "pokers", et aussi aux "bingos", se souvient Max avec un brin de nostalgie. C'est ainsi qu'on les désignait, en tout cas. Les premiers, bien sûr, en rapport avec le jeu de cartes le plus connu et populaire au monde ; les seconds, ressemblant assez à des flippers mais qui, eux aussi, pouvaient permettre de gagner quelque chose. On s'éclatait, toujours, et on repartait avec du flouze, parfois. Mais sans jamais tomber dans le délire ou bien la dépendance. Pas la peine d'être un truand pour se comporter comme un vulgaire cave. Roger, lui, ne jouait pas. Mais il faut dire qu'on a plus de dix piges d'écart. »

L'intéressé opine, en ricanant, mais demeure silencieux. Chacun des deux hommes sait qu'étant alors, en ces temps héroïques, tenancier d'un débit de boissons situé à deux pas du Sentier, Roger officiait de l'autre côté du bar. Celui du tiroir-caisse. Et dans un quartier comptant parmi les plus prisés pour ce type de marché.

« C'est là qu'ils ont commencé à tous s'entretuer, à Marseille, souligne Max. Dans un premier temps, les tenanciers les plus malins ont compris qu'ils avaient intérêt à s'associer, tout en se plaçant sous la protection de truands qui avaient pignon sur rue. Quand tu sais qu'à l'époque, ils pouvaient installer jusqu'à sept machines à sous dans leurs établissements, les bénéfices ont atteint des niveaux assez hallucinants. Du coup, il devenait impossible pour un cave de voler de ses propres ailes. Trop dangereux. »

Roger souscrit à la remarque. Il se souvient avoir lui-même négocié alors le virage, avec une relative prudence, dans un sens identique à celui de ses concurrents du temps.

« En plus de mon Ambassadeur, qui rapportait du feu de dieu, j'ai installé un “bingo” dans mon café-brasserie, confie-t-il. L'engin, plus ancien et de conception assez rustique, avait un moindre rendement. Mais ça n'en restait pas moins une machine à sous. Comme tout le monde, je reversais 50 % de la recette. La règle de base. Sauf que j'ai choisi moi-même mon associé – un vieil ami – et qu'il s'agissait d'un partenariat en bonne et due forme. En aucun cas d'une mise à l'amende. Bref : je n'avais pas un profil de cave à proprement parler, même si je n'ai jamais été affilié à aucune bande au cours de ma longue existence. »

Modeste et non dépourvu d'humour, notre bonhomme. Mais le protocole qu'il décrit ne se limite pas au

Milieu. Il s'étend, bien au-delà, à l'ensemble de l'industrie des jeux de hasard ou électromécaniques.

Le politique, quant à lui, accuse toujours plusieurs stations de retard face à l'évolution spectaculaire du problème. Il faudra attendre 1983, avec la parution d'un premier rapport parlementaire[1], assez exhaustif, rédigé par Gérard Houteer, député socialiste de Haute-Garonne, pour que la représentation nationale évalue, dans les textes et avec précision, son ampleur réelle. Le premier signe, officiel à tout le moins, exprimant un malaise croissant au sommet de l'État. En voici un extrait éloquent, restitué dans sa forme originale.

« Un nombre important d'appareils automatiques d'un type nouveau, servant de base à des jeux d'argent, ont été récemment mis en place dans des établissements accessibles au public et, en particulier, dans des débits de boissons. Ces “appareils à parties multiples” étaient au nombre d'environ quinze mille en décembre 1981 et de trente-cinq mille en décembre 1982. Au cours des trois premiers mois de l'année 1983, on a enregistré la mise en place de vingt mille appareils supplémentaires, ce qui porte à environ cinquante-cinq mille le nombre de machines actuellement en service [...]. D'après les informations recueillies par votre rapporteur auprès du ministère de l'Intérieur, ce secteur d'activité aurait eu, en 1982, un chiffre d'affaires estimé à 9 à 10 milliards de francs en enjeux [...]. Quant au produit des jeux pour les propriétaires et les exploitants des machines, il est estimé

1. Rapport n° 1479 (extrait), Assemblée nationale, *Journal officiel*, seconde session ordinaire, 1982-1983. Annexe au procès-verbal de la séance du 5 mai 1983.

à plus de 4 milliards de francs pour 1982 [...]. Chaque machine procurant une recette mensuelle moyenne évaluée à 10 000 francs en 1982. »

Étrange décalage temporel. Même si le constat sonne juste et pointe des aspects aussi concrets que dérangeants. *A fortiori* quand on sait que, lorsque ces lignes sont rédigées, la guerre sans merci opposant, à Marseille, le clan Zampa à celui du tandem Imbert le Mat-Francis le Belge, pour le contrôle de la drogue, du « macadam » et des fameux « bandits manchots » bat son plein et dure, déjà, depuis cinq bonnes années. Édifiant. Qui pourrait croire, à la lecture de pareil réquisitoire, dressé par un député de la majorité de surcroît, qu'un texte de loi entré en vigueur quelques mois plus tôt, dans l'euphorie de la victoire de François Mitterrand à l'élection présidentielle de 1981, prétend réglementer l'exploitation des machines à sous en France ? Pas grand monde, sans doute. Et pourtant. Nous l'évoquerons bientôt.

« À Marseille, tu leur expliques
que tu cherches un agent immobilier,
ils te décrivent un "recel" »

Une fois n'est pas coutume, Roger relativise quelque peu le manque d'allant des politiciens face à ce fléau naissant.

« J'aurai l'occasion de démontrer à quel point les politiciens ont tout fait à l'envers dans cette histoire, tient-il à souligner, en guise de préambule. Mais il faut admettre, à leur décharge, que les situations, à Marseille et à Paris, étaient encore fort différentes en ce temps-là.

La ville de la Bonne Mère, je l'aime bien, ainsi que ses habitants, tout "parigot" que je suis. Cela ne m'empêche pas de savoir que le moindre délit – y compris une peccadille – peut rapidement, là-bas, se voir criminalisé à l'extrême. C'est la mentalité des gens qui veut cela. Tu leur expliques que tu cherches un agent immobilier, juste pour acheter un appartement, ils te l'indiquent, avec des mines de conspirateurs, en le décrivant comme s'il s'agissait d'un recel. Il faut le voir pour le croire. Dans la capitale, les choses restaient beaucoup plus feutrées. D'où, à mon avis, l'important retard à l'allumage de la classe politique. Celle-ci a tendance à suivre l'actualité à l'aune d'un prisme très parisien. »

Il n'empêche : l'état des lieux n'a rien de reluisant, au début de cette décennie 1980, sur le front des machines à sous semi-clandestines. Le peu glorieux bilan ne s'arrête pas au cas de Marseille. Désormais, il concerne bel et bien l'ensemble du pays. Non seulement parce que le Milieu grignote chaque jour ou presque de nouvelles parts de marché, mais aussi en raison de l'implantation toujours plus invasive des « baraques ». Pire, ce phénomène tend à perdurer sans être le moins du monde régulé par l'administration des jeux. Ainsi, aucun taux de redistribution des gains générés par les appareils n'a alors vocation à s'appliquer aux tenanciers. Les sommes d'argent récoltées, déjà considérables, échappent donc largement, nous y reviendrons, aux services fiscaux. Ce cercle vicieux se trouve en outre aggravé par la baisse du prix d'achat des machines, qui ploie sous le poids d'une offre devenue pléthorique. Au cours de cette même année 1983, il serait tombé à environ 18 000 francs pour un « jackpot » et 12 000 francs pour un « vidéo-poker »[1]. Bref : la loi existante est inopérante, dans le meilleur des cas ; et une totale bérézina au pire. Nous n'allons plus tarder à comprendre pourquoi[2].

Ce système *open bar* – l'expression prend ici tout son sens – agace, à présent, jusqu'au sommet de la pyramide politique nationale. Le rapport du député Houteer a ouvert une brèche dans la montagne d'indifférence qui, jusque-là, constituait, si l'on ose dire, la règle. Depuis sa parution, des parlementaires s'enhardissent à multiplier les questions adressées au gouvernement socialiste, désormais en charge du destin de la France. L'accroissement anarchique et hors de contrôle du parc des machines à sous inquiète et indispose. Il y a de quoi. Puisqu'une mauvaise nouvelle, dit-on, n'arrive jamais seule, l'État découvre, fort tard en vérité, que les braises rougeoyantes de la guerre des gangs qui secoue Marseille menacent maintenant de s'étendre, puis d'enflammer le Milieu tout entier. La *French* et ses dégâts à peine maîtrisés, voilà qu'un nouveau péril va bientôt déferler sur le pays. Comme une traînée de poudre...

---

1. *Idem.*
2. Voir chapitre 12, p. 232.

12

Les politiques entrent dans le jeu... puis ratent la cible

Les machines à sous fleurissent aux quatre coins du pays, les politiques s'inquiètent – un peu – de leurs conséquences dommageables sur la paix civile, et les esprits commencent à s'échauffer chez les truands. Voilà, résumé à sa plus simple expression, le tableau que décrivent, depuis quelques semaines, quelques grands titres nationaux. Telle est bien la tonalité dominante, en cette matinée du 1er septembre 1981. *Le Parisien*, dans son édition quotidienne[1], enfonce le clou. Sans précautions de style intempestives. Extrait :

« Pour s'assurer des bénéfices colossaux, garantis sans effort, toute une organisation s'est mise en place avec des sociétés fantômes et des gérants hommes de paille. Par ailleurs, des repris de justice en tous genres, braqueurs ou proxénètes reconvertis, ont trouvé, par ce biais, le moyen d'acquérir un semblant de virginité légale. Les voilà devenus "placiers", livreurs, installateurs, représentants de

1. Alain Blanchet et Christian Chardon, « Un nouvel épisode sanglant de la guerre des machines à sous », *Le Parisien*, 1er septembre 1981.

commerce pour le compte de ces entreprises de machines à sous. Comme tous ne travaillent pas pour le même patron, les rivalités, forcément, s'aiguisent. Et comme on a gardé le réflexe prompt et le goût des verdicts sans appel, cela peut vite se terminer par une exécution en règle. »

Tout est dit, en peu de mots. L'article, lesté du constat sans appel des deux confrères signataires, sonne le tocsin. Son retentissement sera considérable auprès des classes moyennes de Paris et sa couronne – cœur de cible du journal –, puis, par capillarité, des élus, nationaux et locaux, jusque-là assez peu concernés par le problème. Il n'était que temps. Une série de crimes, certes occultée par le traitement médiatique dédié à l'alternance qui a suivi l'élection de François Mitterrand à l'Élysée, le 10 mai, puis à la « marée rose » qui l'a accompagnée au Parlement, confirme l'ampleur du phénomène. Tout à présent incline à penser que des personnalités influentes du Milieu se sont reconverties dans l'exploitation des « jackpots ». Pour le pire, puisque la concurrence sévère qui en résulte, afin de monopoliser cette lucrative activité, s'est déjà traduite par nombre de morts violentes.

Ces règlements de comptes se trouvent, bien sûr, exacerbés par les convoitises suscitées par le marché des machines à sous. *Le Parisien* n'a pas manqué de recenser des faits divers sanglants, afin de contextualiser le papier, déjà cité, paru dans ses colonnes[1]. Deux assassinats, en particulier, ont été perpétrés à quelques semaines d'intervalle sur des voyous impliqués dans la

1. *Ibid.*

fabrication et l'installation des « bingos » chers à Max. Le premier est survenu à Paris ; le second dans une commune voisine des Hauts-de-Seine, suivant un *modus operandi* assez identique qui n'a pas manqué d'intriguer les enquêteurs.

Mais l'erreur serait de croire que ces meurtres sont circonscrits à la région parisienne. D'autres grandes villes hexagonales sont touchées, ainsi que la Corse. Mention spéciale pour Marseille et le nord du pays, pas épargné lui non plus. *Le Figaro*, dans la foulée de son confrère francilien, observe par exemple « le nombre de morts, considérablement plus élevé qu'à l'accoutumée, constaté dans l'île de Beauté au cours des dernières semaines[1] ». *Le Parisien*, décidément aux avant-postes de la mobilisation générale qui point à l'horizon, déplace quant à lui sa focale cette fois vers le sud. Avec force détails, le quotidien décrit les dernières heures d'un certain Michel Bajard, « placier » de machines à sous pour le compte du Milieu lyonnais et ce, dans l'exercice de ses prenantes fonctions. Il s'attarde aussi sur le meurtre d'un sieur Zerbini, au beau milieu du parking du casino de Bandol. L'homme était connu comme « placier » dans la région. Il revient, ensuite, sur une fusillade survenue à Draguignan, un an plus tôt, et qui n'a, par miracle, fait aucune victime entre « placiers » locaux et concurrents, venus de Marseille afin d'y mener une expédition punitive. Le rédacteur de l'article, enfin, rappelle que, naguère encore, une société d'exploitation de machines à sous ayant pignon sur rue a fait l'objet d'une attaque

1. Jean-Charles Reix, « Les jackpots hors jeu », *Le Figaro*, 1er septembre 1981.

à l'explosif[1]. « Placier », « placier » et encore « placiers » : le temps se couvre pour la profession !

« Tu connais maintenant ma position sur la question, rappelle Roger. Les choses, au début, demeuraient relativement calmes à Paris et dans sa périphérie. Elles auraient dû le rester. D'abord, parce que le gâteau y était large et savoureux ; ensuite, sachant que le marché a vite, grosso modo, été partagé en zones géographiques, pour vous autres journaleux. Moi, je préfère dire par quartiers. Le terme me semble plus approprié, car les gars s'y connaissaient, fréquentaient les mêmes troquets et finissaient par constituer des bandes communes. Une évolution naturelle. Le bordel, selon moi, a été importé, au fur et à mesure du temps, par des types montés de Marseille et alentour, qui se sont vus beaux en se persuadant qu'ils allaient bouffer tout le monde chez les Parigots. Les ennuis, définitifs parfois, à leurs yeux ça n'arrivait qu'aux autres. Jusqu'à ce qu'ils les reçoivent en pleine gueule. Le meilleur exemple connu restera celui du Belge. On n'a jamais fait mieux dans ce registre ; ou pire, selon le point de vue d'où l'on se place. D'ailleurs, son exécution marquera, vingt ans plus tard, le commencement de la fin du processus. »

La classe politique, ainsi aiguillonnée, entre dans le jeu et paraît enfin réceptive. Les débats sur le sujet se multiplient dans l'Hémicycle, où les injonctions des députés à l'égard du gouvernement de Pierre Mauroy se font plus pressantes. Ainsi, Henri Caillavet, radical de gauche, y interpelle ses alliés socialistes en leur enjoignant de « mettre un terme au développement des machines à sous

1. *Le Parisien*, 21 avril 1983.

qui profitent de plus en plus à la pègre, d'aucuns, proxénètes notoires, y trouvant des avantages scandaleux[1] ».

Le ton monte. Les joutes verbales se succèdent. Face à la bronca qui menace, Georgina Dufoix, secrétaire d'État auprès du ministre des Affaires sociales et de la Solidarité, en charge de la famille, lâche un peu de lest. Elle reconnaît que « de tels agissements nuisibles ont déterminé le gouvernement à réagir », puis annonce « un projet de loi imminent destiné à proscrire l'usage de ces appareils[2] ».

Au Sénat, où son intervention a été prononcée, puis dans les travées du Parlement, l'espérance est à présent de rigueur. Celle-ci sera de courte durée. La montagne, que les plus hardis parmi les parlementaires appellent de leurs vœux, en s'apprêtant à l'escalader, va rapidement accoucher d'une souris.

*

Pour mieux comprendre le contexte plutôt sombre de cette période, il convient de revenir quelques mois en arrière. La France, depuis l'élection de Mitterrand à l'Élysée, traverse une rude séquence économique. Le Franc, attaqué sur les marchés financiers, a perdu une partie de sa valeur. Les Français sont soumis à des restrictions, drastiques, s'ils souhaitent voyager à l'étranger : ils ne peuvent emporter que fort peu de devises et s'astreignent donc à des dépenses réduites. Difficile, dans ces conditions, de tolérer plus longtemps l'enrichissement insolent, pour ne pas dire indécent, d'une pègre toujours

1. Question écrite, publiée au *Journal officiel* du 10 février 1983.
2. Sénat, séance du 15 juin 1983.

moins discrète et si prompte, désormais, à afficher son train de vie.

Loi de 1983 : « Péremptoire dans sa lettre, inopérante de par son fondement. »

Si l'on s'en tient au texte législatif, concocté par Gaston Defferre, ministre de l'Intérieur, les choses paraissent claires. « La loi du 12 juillet 1983 interdit l'usage des appareils dits automatiques de jeux de hasard en France », peut-on y lire, sans commentaires particuliers. Il serait peu crédible d'imaginer que les machines à sous n'entreraient pas dans ce cadre, défini de manière aussi sèche et explicite. Bref : l'interdiction, en apparence, se veut totale. La réalité, moins simple, s'impose rapidement. Pour s'en convaincre, il suffit d'observer l'inexorable prolifération de « jackpots » et de « pokers » dans l'ensemble du pays, et ce, dès le début des années 1980[1].

Le problème, plus complexe qu'il n'en a l'air, s'enracine autour d'un arrêt de la Cour de cassation remontant à 1973. Jusque-là, une loi, « boiteuse », prétendait réglementer strictement l'exploitation de ces machines en proscrivant leur fonctionnement, mais sans jamais évoquer leur importation. Ni même et pas davantage leur installation. Plusieurs procès furent donc intentés. Tous visaient à contourner ce vide juridique compensé, presque une décennie durant, par le seul zèle de l'administration des douanes aux frontières du pays. Un effort

---

1. Voir l'extrait du rapport du député Houteer au chapitre 11, p. 222.

tout juste suffisant afin de contenir, à défaut de les décourager, les tentatives d'introduction des « baraques » sur le territoire national.

L'obstination des contrevenants a fini par payer. La Haute Cour, non seulement n'a pu que constater ladite carence législative, mais elle a décidé aussi de lever l'interdiction d'achat des engins électroniques à l'étranger. Un tel arrêt revenait-il à considérer, *ipso facto*, qu'aucune jurisprudence ne s'y opposait plus désormais ? Ce fut en tout cas le message reçu et interprété comme tel par le Milieu. Le lecteur se souviendra, à cet égard, que l'entreprenant Titi Peltier, n'ignorant rien de ses effets probables, sans doute soufflés à son oreille par les conseils avisés d'avocats ou juristes de son entourage, a décidé en 1977 de se lancer avec entrain dans la brèche béante. Et avec les résultats mirifiques que l'on sait.

Cet exemple ô combien éloquent permet à lui seul d'évaluer les conséquences du jugement en question. Dès son entrée en vigueur, la Belgique, le Luxembourg voire les Pays-Bas sont devenus terres d'élection pour nombre d'investisseurs inspirés. Ils ont pu s'y procurer les appareils, à des prix somme toute abordables, puis sont revenus en France afin de les installer, l'esprit tranquille, dans leurs débits de boissons respectifs. Une situation qui n'était pas sans rappeler celle des premières années du XXe siècle. Les machines, sous prétexte de « redistribuer des jetons de consommation[1] » [*sic*], bénéficiaient alors d'un principe de tolérance implicite des autorités de l'époque. Il n'en fallait pas davantage pour les voir proliférer rapidement, d'abord aux États-Unis, avant de

1. Voir chapitre 10, p. 206.

traverser l'Atlantique. Nos voisins belges, vite débordés, ont beau avoir mis les pouces dès 1974, rien n'y a fait. Le dispositif en vigueur, contourné, s'est révélé inefficace sur le terrain.

« Le climat ambiant a commencé à vraiment se dégrader, à Paris et dans sa région, en cette période, se souvient Roger. Une multitude de troquets arabes sont apparus, dans les parties nord et est de la capitale, ainsi que sur la petite couronne banlieusarde. Cela n'a pas beaucoup plu à la diaspora corse, qui tenait l'essentiel du marché. En outre, certains exploitants indélicats trouvaient malin de refuser de payer les gains – déjà fort rares –, au prétexte qu'un panonceau annonçait que les jeux d'argent étaient interdits dans l'établissement. Alors que n'importe quel joueur à peu près sain d'esprit et qui ne débarquait pas de la planète Mars savait pertinemment que c'était du flan. Tu penses bien que les clients, caves ou non, ne se laissaient pas balader comme ça. La multiplication d'embrouilles intempestives, dans ces conditions, avait quelque chose d'inévitable. D'autant que le Milieu, à juste titre, a essayé de mettre le holà à ce délire. »

Le caractère prohibitif – fort relatif dans les faits – de la loi de 1983 n'arrange rien, hélas. Il encourage de fait une autre innovation, tout aussi dommageable mais pour les finances publiques cette fois : les logiciels furtifs. Ceux-ci, interchangeables, permettent de transformer d'innocents appareils de jeux, le jour, en machines à sous pures et dures après la tombée de la nuit. En toute discrétion et totale impunité.

« Il fallait bien connaître le patron, pour qu'il soit en confiance, précise Max. Le mec prenait alors sa télécommande, bidouillait les touches, et modifiait le programme vidéo de la bécane à ta demande. Tu te retrouvais, comme par magie, devant un “bingo” ou un “poker” sur l'écran en face de toi. Mais l'aspect confidentiel de la combine limitait le nombre de joueurs et aussi, bien sûr, les recettes. Du coup, ce système de contournement n'a pas duré très longtemps. Les voyous autant que les tenanciers s'en sont assez vite lassés. Pour finir, en 1987, la loi a complètement changé et il est devenu inutile. »

« Vignette Fabius » : premier pas hésitant vers la taxation

N'allons pas si vite en besogne. Pour le moment, semblables failles, béantes, paraissent plus incompréhensibles encore depuis l'adoption, récente, de la loi dite « vignette Fabius » promulguée, sans doute avec les meilleures intentions du monde, le 30 décembre 1981[1]. Que dit son article 33, devenu controversé avec le recul du temps ? Celui-ci prévoit, à l'instigation du jeune ministre de l'Économie et des Finances du gouvernement sorti des urnes en mai de la même année, de soumettre les machines à sous à l'impôt. L'idée séduit. Ne permettra-t-elle pas, tout à la fois, d'accroître les ressources du Trésor public, en s'appuyant sur la manne de la florissante industrie du jeu, mais en tempérant aussi les ardeurs de ceux, pas toujours fréquentables, qui prétendent en vivre ? Convaincu, le Parlement vote comme un seul homme. Ladite vignette Fabius est plébiscitée. Cette taxe d'État

1. Loi n° 81-1160, constitutive de la loi de finances 1982, adoptée le 30 décembre 1981.

ponctionnera, avec discernement, les bons vieux flippers autour de 1 500 francs par an, quand « les appareils dont le fonctionnement repose sur le hasard et qui distribuent [...] des jetons d'amusement ou peuvent donner lieu à des parties gratuites multiples [*sic*] » seront, pour leur part, imposés à hauteur de 5 000 francs.

L'hôte du palais du Louvre[1] observe, en outre, « qu'il lui eût été possible de taxer certaines activités réprimées par la loi [...] mais sans porter sur celles-ci un quelconque jugement éthique ». Il souligne, enfin, « que les termes de l'article 33 du texte de sa loi de finances font explicitement référence aux appareils automatiques et non à leur éventuelle exploitation à d'autres fins ».

Roger, sourire en coin, décrypte et résume l'épisode avec sa philosophie coutumière : « Tout cela partait, je n'en doute pas, de forts bons sentiments, concède-t-il. Pourtant, traduite dans le langage des truands, cette prose signifiait surtout que les bécanes étaient reconnues par l'État, et que les gagneuses pouvaient continuer tranquillement à tapiner, sans que ça leur coûte un flèche. Crois-moi, ils n'en demandaient pas tant... »

La vignette Fabius, parmi les griefs qu'elle suscite aujourd'hui, ne fait en outre alors aucune différence entre mégapoles, villes moyennes et petites communes rurales. Toutes sont logées à la même enseigne, acquittant une redevance identique. Raison de plus, aux yeux des voyous, pour la contourner. Dès lors, peu ou prou officialisées selon eux, à leur gré en tout cas et sous un vocable assez flatteur de surcroît, les machines à sous

1. Le ministère de l'Économie et des Finances demeura installé dans l'aile nord du palais du Louvre jusqu'en 1988.

ont de beaux jours devant elles. Cafetiers et tenanciers de tripots voire de bastringues en sont comme jamais persuadés. Non seulement les vocations spontanées se multiplient, mais tous redoublent d'esprit d'entreprise et de diligence afin d'installer de nouvelles « baraques » dans leurs établissements.

Quid, par ailleurs, des caisses de l'État ? Roger s'esclaffe, franchement cette fois, avant de glisser : « Les mecs payaient la vignette une fois l'an, mais ne déclaraient pas au fisc la queue d'un centime sur les recettes, pharaoniques, que dégageaient les machines. J'en ai connu un, adepte convaincu de cette méthode, qui en possédait près de mille, à Paris et dans sa périphérie. Le record absolu ! Mais je ne te dirai pas son nom, parce que ses descendants, bien vivants, mangent encore – et royalement – sur l'héritage qu'il leur a légué. Cette loi l'a beaucoup fait marrer, à l'époque. Pas sûr que les finances publiques aient gagné lourd dans l'affaire, si tu veux vraiment mon avis. »

Et Max de surenchérir : « Les tauliers n'hésitaient pas à mélanger les "bingos" aux machines d'amusement classiques. Les plus scrupuleux réglaient le montant des vignettes obligatoires aux communes qui, à ce moment-là, était fixé au même tarif partout, la taxe sur les spectacles et, parfois, glissaient une petite enveloppe, chaque année, aux municipalités. En contrepartie, certains élus locaux fermaient les yeux sur leurs activités commerciales réelles ou, à tout le moins, regardaient ailleurs. J'ai même entendu dire qu'une poignée de condés de la Brigade des jeux émargeaient, eux aussi. Ils auraient été discrètement écartés par la suite. Quelques mois plus tard, le prix de la vignette est devenu variable d'une ville à l'autre. Bref :

c'était un peu le boxon, cette histoire. Tout le monde faisait sa sauce dans son petit coin. Mais pas l'ombre d'un truand ne voulait, en plus, payer d'impôts là-dessus. »

Les politiques, tous bords confondus, ont une nouvelle fois raté la cible. Le diable réside souvent dans le détail, prétend l'adage. Il doit y avoir là comme un fond de vérité.

Le mot de la fin revient à Max qui, avec son bon sens élémentaire, conclut : « La vignette prétendait régulariser un peu le business des machines à sous. Elle a surtout eu l'effet inverse, pénalisant les tenanciers qui jouaient le jeu. Mais comme il n'y en avait pas beaucoup, ses bénéfices sont restés très limités. »

On peut résumer les choses ainsi…

13

Arrière-pensées et diplomatie de l'ombre pour un éphémère état de grâce

La vignette Fabius, votée le 30 décembre 1981, n'a apparemment rien réglé pour lutter contre la prolifération des machines à sous. Celle du 12 juillet 1983, annoncée devant le Sénat par Georgina Dufoix, va, elle, carrément mettre le feu aux poudres. Au sein même de la classe politique, cette fois.

Ragaillardie par les déboires économiques et législatifs du gouvernement Mauroy, l'opposition parlementaire, épaulée en cela par le Sénat, devenu place forte de la droite, engage une guérilla au long cours contre ce texte. En premier lieu, elle juge celui-ci « péremptoire dans sa forme, mais velléitaire quant à ses effets ». Puis, sous l'impulsion notable d'élus du sud du pays, les groupes RPR et UDF se lancent dans une bataille d'amendements qui, bientôt, prend le contre-pied de son orientation sociétale. Le conflit s'enlise alors, en une obstruction systématique, du côté de la majorité sénatoriale. Une commission mixte paritaire est constituée à l'Assemblée nationale afin de sortir de l'impasse. Ses travaux durent plusieurs mois, avant d'accoucher de conclusions, plus ou moins diplomatiques, soumises à l'exécutif. Lequel les retoque sans faire de détail, avant de décider d'utiliser la procédure du vote bloqué au Parlement. L'ensemble du texte, porté par Gaston Defferre, ministre de l'Intérieur, se voit ainsi enfin adopté, en quatrième lecture, par la seule chambre basse. Le bras de fer s'achève. Gagnant pour la gauche au pouvoir.

Ce coup de force suscite l'ire de l'opposition. Le climat se gâte encore. Les tensions sont à leur comble. Les députés paraissent à cran, les noms d'oiseaux volent en escadrilles dans l'Hémicycle, les Français sont toujours plus divisés sur la question, et en définitive la loi de 1983, si chèrement acquise, à l'instar de sa devancière de 1937, semble peu efficace. Pourquoi ? Parce que jamais sans doute autant qu'à cette heure les machines à sous n'ont prospéré aussi vite en France. Mais à quel prix ! Les morts violentes, y compris à Paris et dans sa périphérie, s'enchaînent à présent de manière inquiétante. Tout ça pour ça ? Le climat pèse toujours davantage au sein du marché parallèle des jeux de hasard.

« Grâce aux fameux compteurs, les truands savaient exactement combien les machines avaient engrangé de pognon, explique Max. Ensuite, ils ne manquaient jamais de réclamer leur dû. Une sorte d'assurance tous risques pour eux. Alors pas question, pour les cafetiers, de les embrouiller en prétendant ne plus avoir l'argent. Or certains, parmi ceux-ci – des nazes, à mon avis – bouffaient tout le fric en menant la grande vie et faisaient la java. Les cons ! Il y en a eu qui se sont carrément fait fumer comme ça. Quelle folie ! J'en ai connu un qui a cramé, ainsi, jusqu'à soixante briques. Rien que pour faire l'intéressant devant ses potes et les filles. Cézigue a eu une chance inouïe de ne pas finir les pieds devant. »

Roger ajoute, grinçant : « Tu oublies juste de dire qu'il a terminé sa vie clochard, après que sa femme et sa famille l'aient planté. La pègre, avec ce genre de rigolo, ne plaisantait pas. Dans le meilleur des cas, elle saisissait leur bar et laissait ainsi le gars sur la paille. C'est ce qui s'est passé pour celui dont on parle. »

Pasqua dégaine la libéralisation et prélève large

Les élections législatives du printemps 1986 se tiennent comme prévu sur ces entrefaites, au terme de cinq premières années fort rudes pour le gouvernement. Elles vont rebattre les cartes. En profondeur. Le verdict des urnes est sans appel : de la vague rose qui avait submergé le Parlement en 1981 ne restent, pour ainsi dire, que fragments épars. La première cohabitation de la Ve République s'installe au sommet de l'État. Elle sera brève, mais conflictuelle à souhait. À peine constituée, la nouvelle majorité, à l'instigation de Charles Pasqua, ministre de l'Intérieur et homme fort du cabinet Chirac, dégaine un texte de loi[1]. Celui-ci, voté le 5 mai 1987, prend l'exact contre-pied des dernières dispositions législatives en la matière. Il autorise l'implantation systématique des machines à sous dans les casinos. La première étape d'une longue parenthèse, celle de la démocratisation des jeux d'argent et de hasard, commence en France.

1. Loi n° 87-306, du 5 mai 1987 (*Journal officiel*).

Dans la foulée, un décret, signé le 20 août par le ministre, adjoint les « bandits manchots » à la liste des nouveaux jeux qui y sont exploitables : roulette anglaise et *punto banco*. L'accès à ces établissements est, en outre, désormais autorisé aux majeurs âgés de dix-huit ans et plus. Les jeux traditionnels, auxquels un droit d'entrée demeure appliqué dans des salles dédiées, ne sont pas concernés par cette évolution législative. L'arrêté suivant, six jours plus tard, définit les modalités d'application de la loi votée et dudit décret qui l'accompagne. Celles concernant les machines à sous, notamment, prévoient « des dispositifs de surveillance et de contrôle ».

Moins d'une année s'écoule lorsque survient, le 5 janvier 1988, « l'amendement Chaban » – curieusement baptisé, un temps, du nom du président de l'Assemblée nationale et maire de Bordeaux, alors qu'il n'en était pas lui-même l'instigateur. Après accord du ministère de l'Intérieur, ce nouveau texte permet l'extension du nombre de casinos sur l'ensemble de l'Hexagone[1]. Ceux-ci sont, à présent, agréés aussi « dans les villes ou stations classées touristiques constituant la cité principale d'une agglomération de plus de cinq cent mille habitants et participant [...] pour plus de 40 %, le cas échéant avec d'autres collectivités territoriales, au fonctionnement d'un centre dramatique ou orchestre national, ou d'un théâtre

1. Parue le 6 janvier 1988 au *Journal officiel*, cette disposition découle du vote d'un amendement déposé, conjointement, par Pierre Mazeaud et Dominique Perben. Celui-ci n'a, au préalable, fait l'objet d'aucune discussion. D'où peut-être son attribution à Jacques Chaban-Delmas, alors président de l'Assemblée nationale.

d'opéra présentant, en saison, une activité régulière d'au moins vingt représentations lyriques [*sic*] ».

Machines à sous et casinos vont donc pouvoir croître, pour peu qu'ils contribuent au développement du spectacle culturel en France... Il fallait y penser. Mais l'innovation ne s'arrête pas là. Non seulement le nouvel exécutif assume le financement partiel de ce secteur majeur de la vie publique par l'industrie du jeu, mais il prétend élever ce dernier au rang d'« enjeu vital » pour le pays. Bigre ! Charles Pasqua et les siens avancent *allegro*.

L'argument, ainsi que la « dimension éthique » revendiquée, font bondir l'opposition de gauche, déjà vent debout contre de telles dispositions législatives. En vérité, la polémique qui enfle ne date pas d'hier puisqu'elle renvoie, certes à fronts renversés, aux vives escarmouches ayant déjà précédé l'adoption de la loi de 1983. Là où la droite s'enorgueillit de démocratiser l'aspect ludique des jeux de hasard, tout en irriguant des activités d'intérêt général avec une part de cette manne monétaire, socialistes, communistes et radicaux ne voient, au mieux, qu'immoralité voire, dans le pire des cas, risque de corruption. Deux tropismes fort différents mais qui, chacun, s'entendent par leurs visions respectives, et pourtant si contradictoires, de la société.

« On focalisait alors beaucoup, à juste titre, sur la prolifération des "bandits manchots" à Paris, dans sa couronne et à l'intérieur du triangle Marseille-Toulon-Nice, observe Roger. Pourtant, d'aussi loin que je m'en souvienne, et on l'oublie trop souvent, il y en a toujours eu également à foison autour de Bordeaux ainsi que sur la côte landaise. Des coins que je fréquentais pas mal en ce temps-là. Il se disait chez les truands, dès le début des années 1970 déjà, que Jacques Chaban-Delmas, le grand patron de la région, avait un faible pour les machines à sous. Parce qu'il avait compris, bien avant la plupart de ses collègues politiciens, l'attractivité qu'elles exerçaient sur les gens. Un fait qui s'avérait, et davantage encore, dans les zones touristiques du pays. »

De fait, le gouvernement a beau jeu de mettre en avant la supposée « crise aiguë » traversée par les casinos français. *A fortiori* ceux des régions frontalières, confrontés à la concurrence de leurs homologues espagnols, belges ou allemands. Autant de pays voisins qui, avec la Grande-Bretagne, viennent d'autoriser l'exploitation des machines à sous dans leurs casinos. L'Hexagone continue, quant à lui, de faire cavalier seul. Plus pour longtemps.

Les débats parlementaires, enflammés, donnent lieu à de sévères empoignades, mais aussi parfois à de jolies envolées rhétoriques. Ainsi, en décembre 1986, le député socialiste de la Haute-Saône, Jean-Pierre Michel, exprime sa crainte – plutôt prémonitoire – de voir « l'introduction des machines à sous dans les casinos gangrener ce secteur d'activité par le grand banditisme, car l'exploitation de ces appareils a, jusqu'alors, régulièrement été à l'origine de pratiques délinquantes et criminelles ».

Puis, il s'indigne des dangers que, selon lui, « jackpots » et « pokers » « feraient courir aux plus modestes de nos concitoyens, au risque de fragiliser davantage encore leurs situations déjà précaires ». Enfin, le parlementaire s'attire une salve d'applaudissements, venue des bancs de la gauche de l'Hémicycle, en concluant son propos par l'émouvante tirade suivante : « Cette population sera plus attirée par les machines à sous, car leurs règles sont plus simples que celles des jeux traditionnels de casinos :

baccara, boule, bridge et autres [...]. On fait appel à cette clientèle au moment où ses revenus sont déjà en baisse. On lui dit : "Vous êtes peut-être au chômage ? Le pain, on vous le donne à peine, mais on ne manquera pas de vous donner des jeux ! Allez donc jouer au casino !" On se croirait revenu au Bas-Empire romain ! [...] Tout cela me paraît de bien mauvaise politique [...]. »

La sénatrice communiste des Hauts-de-Seine, Jacqueline Fraysse-Cazalis, ne dit pas autre chose mais avec des mots différents, plus durs encore, en cette même année, pour fustiger le texte gouvernemental : « Vous encouragez les activités ludiques et le boursicotage, ainsi que les pratiques les plus viles [...] là où l'argent est joué, gâché et blanchi, autant que de besoin. Alors que votre société se révèle incapable de donner un emploi à chacun, d'épanouir l'individu dans la connaissance et le travail utile, vous accréditez l'idée selon laquelle il serait possible de prospérer [...] non pas en travaillant, mais en jouant[1]. »

À quoi le sénateur UDF de la Réunion, Jean-Paul Virapoullé, agacé par ce qu'il considère comme un paradoxe, pour ne pas dire une posture, répond, dans un style moins ampoulé mais expéditif : « Le plus grand fabricant de machines à sous de France métropolitaine est un conseiller municipal communiste. De grâce, un peu de nuance[2] ! »

Ambiance...

1. Sénat, séance du 28 avril 1987 (*Journal officiel*).
2. *Ibid.*

Négociations en coulisses avec le Milieu et la diaspora corse

Tout cela fait couler autant d'encre que de salive, alimente les chroniques et entretient moult polémiques, télévisuelles ou radiophoniques. Mais les réels desseins du gouvernement sont ailleurs. Dans les coulisses, Charles Pasqua, pourtant volontiers théâtral lorsqu'il revêt ses habits de « premier flic de France », mènerait alors lui-même de délicates négociations, si l'on en croit nos deux vieux truands retraités. En toute discrétion et bien loin des micros et caméras qu'il abandonne, pour l'occasion, à ses collègues ministres.

« Peu après son arrivée place Beauvau, Pasqua a rencontré, sans faire de vagues, des grands pontes du Milieu, parmi lesquels il y avait pas mal de Corses, affirme Max. Il leur a tenu un langage direct, qui peut se résumer ainsi : “Je vous fous la paix avec vos bécanes, mais tenez-vous tranquilles, menez vos mecs à la baguette, évitez le chaos et aidez-nous à maintenir l'ordre dans les quartiers.” Il voulait que les choses se calment. En Corse comme sur le continent. »

Et de poursuivre, tout aussi sûr de son fait : « L'accalmie a été réelle, et quasi immédiate. Les flics applaudissaient et se montraient contents. Tueries et règlements de comptes ont commencé par décliner. Les gars, obnubilés à l'idée de faire du beurre, se sont à leur manière embourgeoisés. Ils n'avaient plus qu'une envie : mener la grande vie. Tout le monde se ruait sur les machines à sous, y compris les caves qui se découvraient une passion pour ces “baraques”. Truands comme tauliers se frottaient les mains. Partout, le moindre rade minable devenait une sorte de casino en miniature, où chacun pouvait tenter son propre jackpot. »

Roger opine vigoureusement et surenchérit : « On peut, à la limite, comparer la situation antérieure à cette loi avec ce qui s'était passé après la fermeture des hôtels de passe. La France, contre toute logique, et à l'inverse de ses voisins européens, a choisi de les supprimer. Les conséquences ont été dramatiques : criminalisation accrue du marché, précarisation de la situation des filles, multiplication des violences et tueries entre voyous, maladies vénériennes en hausse spectaculaire… Désastreux ! »

Et de trancher, catégorique : « Les machines à sous, un temps, ont permis de racheter une sorte de paix civile. Sur l'île, où le marché était pourtant minuscule, et davantage encore en métropole. Y compris à Paris où la diaspora corse, à l'époque, demeurait puissante. Cela n'a pas duré, c'est vrai, mais surtout parce que certains grands voyous n'en avaient jamais assez et voulaient bouffer leurs concurrents. La connerie et l'appât du gain sans limites, on ne peut pas grand-chose contre ça. »

Toujours philosophe, Roger ! Reste que chiffres et statistiques, sur le front des morts violentes et exécutions dans les rangs des voyous, font bel et bien chorus aux allégations de notre tandem. 1987 et 1988 marquent une amélioration sensible, à défaut d'être spectaculaire. Encouragé par l'évolution de cette courbe, le gouvernement Chirac décide d'en faire des tonnes sur le thème, plus vendeur auprès du grand public, de l'intérêt économique de la France. Ainsi, la récession persistante de l'activité des casinos, sur la période 1983-1986 menacerait, selon ministres et parlementaires de la majorité, les emplois de plus de dix mille salariés dépendant directement de l'industrie des jeux.

Yves Galland, ministre délégué auprès du ministre de l'Intérieur, en charge des collectivités locales, monte au feu devant les sénateurs. Il insiste, quant à lui, sur le fait que la remise à flot des casinos obéit à un impératif plus large encore : « Notre proposition de loi vise surtout à rétablir la situation d'un secteur important pour l'industrie touristique et, par voie de conséquence, sur la balance des paiements de notre pays [...], plaide-t-il. Porter remède à celui-ci apparaît pour le moins souhaitable, car il dégage un volume d'affaires de 2 milliards de francs par an [...]. Il est aussi étroitement lié à l'activité touristique des stations balnéaires, thermales et climatiques. Il constitue, enfin, une source de devises – plus de 700 millions de francs en 1986 – qui ne doit pas être négligée[1]. »

L'argument fait mouche, à droite comme au centre. Le voilà repris, puis étendu à son aspect fiscal, par Christian Bonnet, ancien ministre de l'Intérieur redevenu sénateur du Morbihan. « Qu'il s'agisse du plan social – créer des emplois plutôt qu'en supprimer –, fiscal – prélèvement de l'État et celui des communes – ou de l'entrée des devises, l'intérêt de notre pays consiste à aligner sa législation sur celles de dix sur onze de nos partenaires de la Communauté européenne[2] [...] », lance-t-il devant ses collègues.

Ainsi, l'essor économique de la France passerait aussi par la réimplantation des machines à sous dans les

1. *Ibid.*
2. *Ibid.*

casinos, selon l'exécutif. Fort de sa conviction, martelée à tous vents, ce dernier ne musarde pas en chemin pour avancer dans cette direction. Dès septembre 1986, il a partiellement levé l'interdiction des appareils au sein des fêtes foraines. Ceux-ci y sont donc tolérés, sous certaines conditions. Autorisés aussi, grâce à une dérogation gouvernementale, les distributeurs automatiques de bonbons et autres confiseries, pourtant suspectés de restituer des gains illicites, non fiscalisables, à de nombreux cafetiers et exploitants qui les possèdent. Bientôt, la baisse de la taxation de l'État sur les casinos sera votée, comme le préconise l'article 27 de la loi de finances pour 1987[1]. Le doute n'est plus permis : « jackpots », « pokers » et flippers sont redevenus persona grata en France.

Cela suffira-t-il pour régler le problème de leur prolifération anarchique dans les débits de boissons hexagonaux ? Le gouvernement ne semble pas loin de le penser. Un rapport émanant des rangs ministériels, dont les conclusions sont développées à l'époque devant la représentation nationale[2], le laisse à tout le moins clairement augurer. Morceaux choisis : « Dans les quatre mois qui ont suivi la publication de la loi du 12 juillet 1983, plus de 95 % des appareils ("pokers", "vidéos" et machines à rouleaux) ont été retirés des bars, selon les renseignements recueillis. Seule subsiste désormais une exploitation marginale, entraînant l'intervention des services de police ou de gendarmerie et la saisie des appareils. Les

1. L'article 27 de la loi de finances, votée dans son ensemble, induit le passage de 75 % à 65 % du prélèvement effectué par l'État sur le produit brut annuel des jeux de casinos.
2. Assemblée nationale, rapport n° 565 (*Journal officiel*).

exploitants des débits de boissons concernés font alors l'objet de poursuites judiciaires, indépendamment de la fermeture de leur établissement, par les commissaires de la République et sur décision administrative. Il est à noter, en outre, que la Direction des douanes exerce un contrôle très strict sur les machines importées, y compris sur leurs pièces détachées. »

On ne saurait mieux insinuer que les conditions sont réunies, après une telle purge, afin de relancer l'activité des jeux d'argent en France. Faute de quoi ce marché ne pourrait que péricliter pour de bon. Les sociétés spécialisées commercialisant les machines à sous, qui assurent leur installation puis leur maintenance, n'auront d'ailleurs qu'à bien se tenir. Elles seront, *dixit* le même rapport, « impérativement soumises à l'agrément du ministère de l'Intérieur ». Dans un second temps, « leur autorisation d'exploitation nécessitera un avis favorable, émis par la Commission supérieure des jeux[1] ». Enfin, « les établissements souhaitant les mettre à la disposition de public ne pourront y recourir qu'à la condition d'administrer déjà au moins un autre jeu admis par la loi. Ils devront, pour cela, les acquérir à l'état neuf et appliquer un taux de redistribution qui sera strictement contrôlé par les autorités ».

Étrange revirement si l'on se souvient que, naguère encore, la droite et ses alliés centristes qualifiaient la loi socialiste de 1983 de « péremptoire dans sa forme, velléitaire quant à ses effets ». Voilà maintenant qu'ils

1. La Commission, créée en 1934, est composée paritairement d'élus et de hauts fonctionnaires. Sa mission principale consiste à se prononcer sur les demandes d'autorisation et de renouvellement de jeux dans les casinos.

surinterprètent ses conséquences sur l'économie parallèle, générée par les « bandits manchots ». Comme pour justifier leur choix de mettre le cap dans la direction opposée. La majorité peut-elle espérer faire mieux ? Voire. Certes, le dispositif paraît, cette fois, aussi solide qu'exhaustif. Mais les mailles du filet, si l'on en croit Roger et Max, demeurent lâches. Assez, en tout cas, pour que le Milieu puisse continuer à s'y faufiler à sa guise.

Pas davantage que ses devancières, et malgré de bonnes intentions évidentes en termes d'ordre public, la loi du 5 mai 1987 n'atteindra donc l'intégralité des objectifs qu'elle s'était assignés. À défaut de casser l'exploitation illicite des *slots* clandestines, puis d'enrayer ainsi le développement du juteux business d'entreprenants voyous, elle va cependant réussir là où d'autres ont échoué, et ce dans deux domaines essentiels. D'abord, avec l'apparition d'un éphémère état de grâce, synonyme de paix civile, du côté des gangs. Une trop brève parenthèse dans la turbulente histoire du banditisme français. Ensuite, et durablement cette fois, en offrant une seconde jeunesse à l'industrie, intermittente dans le meilleur des cas depuis l'après-guerre, des jeux de hasard. Une manne bienvenue – et jamais démentie jusqu'à nos jours – pour les caisses de l'État, qui plus est génératrice d'emplois. Contrat rempli de ce côté-là.

Réelle ou exagérée, la diplomatie de l'ombre de Charles Pasqua, non exempte d'arrière-pensées politiques sans doute, fut de ce strict point de vue un succès. Il suffit pour s'en persuader d'observer que la législation appliquée aux machines à sous n'a guère évolué depuis. À deux ou trois – importantes – exceptions près, comme nous n'allons pas tarder à le découvrir.

14

« Dans la capitale, tout le monde mangeait… »

Le *mano a mano* instauré par la première cohabitation de l'histoire de la Ve République au sommet de l'État a fait long feu. Faute de combattants. Intimidés devant la précision clinique des coups de boutoir assenés par François Mitterrand à l'encontre de leur action, les ministres du gouvernement Chirac ont préféré, deux années durant, esquiver le choc frontal. Cette prudence ne leur aura guère été salutaire. La débâcle de la droite, pour avoir été progressive, n'en apparaît pas moins patente au sortir des urnes de l'élection présidentielle de 1988. Un naufrage.

L'hôte de l'Élysée, à présent septuagénaire, aura « déroulé » pendant la brève campagne. Il achève, ainsi, la dernière bataille politique de sa très longue carrière par une victoire. Celle-ci, presque trop facile avec sa huitaine de points d'avance, a été obtenue face au Premier ministre sortant, Jacques Chirac qui, lui, concède là son deuxième échec aux portes de la magistrature suprême. Mitterrand conserve le pouvoir haut la main. Le voilà reconduit pour un second mandat.

Pourtant, la dynamique qui, en 1981, avait joué à plein, n'opère pas cette fois-ci. Nulle trace, en effet, de

« vague rose » dans l'Hémicycle, au lendemain du scrutin législatif désignant la majorité qui suit. Au contraire : ladite majorité, relative à défaut d'être absolue, aura échappé, d'une vingtaine de sièges, au nouvel exécutif socialiste. Les mauvaises langues – il n'en manque pas parmi les éditorialistes parisiens – y voient l'unique raison justifiant que le président vienne de nommer Michel Rocard à Matignon. L'homme qu'il considère comme le pire rival au sein de son propre camp. Le Premier ministre, pour sa part, comprend qu'il hérite là d'une situation compliquée, lestée de la mission qui l'accompagne : résoudre sans tarder pareil imbroglio institutionnel. Il va s'y employer, avec une certaine maestria.

Joxe cible les casinos,
Matignon déploie ses ailes protectrices

Du canevas esquissé à la hâte par l'éphémère gouvernement sortant, lors des vingt-quatre mois écoulés, puis détricoté plus vite encore – tradition bien française oblige –, ne subsiste au bout de quelques semaines quasiment rien. Parmi les rares réformes qui échappent à la purge, la loi Pasqua de mai 1987, réglementant les jeux de hasard dans les casinos, survit encore, mais sous une forme comprimée à l'extrême. Pierre Joxe a succédé à l'ancien ministre de l'Intérieur place Beauvau. Il aurait volontiers souhaité l'abroger mais n'a pas été suivi dans ses préconisations. Au lieu de cela, le grognard de la Mitterrandie a dû se contenter, pour le moment, de limiter à seize le nombre d'établissements habilités à l'exploitation des machines à sous sur le territoire national[1].

La liste des villes retenues, sur le papier, a de quoi étonner. Cannes, et son prestigieux établissement, qui jouxte le Carlton sur la Croisette, Nice, sertie de ses deux fleurons, Le Ruhl et Le Casino Club, Mandelieu, que surplombe le clinquant Loew's, ou Évian, véritable aimant pour touristes suisses fortunés, y côtoient ceux de... Dunkerque et Cherbourg, cités davantage réputées pour leur vocation maritime et portuaire aussi bien que touristique. Plus étrange encore, Lons-le-Saunier ou Amnéville, à quelques arpents de ses mines récemment désaffectées, au cœur du bassin sidérurgique lorrain alors en plein désarroi, ont aussi été préservées. Un choix fort disparate.

Surprenant ? Vraiment ? Pas tant que cela. Les bilans qu'ils présentent en attestent, tous ces casinos ont, au moins, un point commun : leur statut de « pompes aspirantes » de monnaie, depuis l'amendement Chaban de janvier 1988[2]. Pas forcément pour des raisons similaires, certes, mais ces performances valent à chacun d'entre eux une attention marquée des services de l'État. S'y ajoutent – dans le cas particulier d'Amnéville, notamment, qui bientôt fait l'objet d'articles de presse – des

1. En janvier 1989, après plusieurs semaines d'atermoiements, et contre l'avis de Pierre Joxe, ministre de l'Intérieur, Michel Rocard, Premier ministre, arbitre en faveur des ministres du Commerce et du Tourisme de son gouvernement. Seize casinos conservent l'autorisation, acquise en vertu du texte de loi du 5 mai 1987, d'exploiter des machines à sous.

2. Voir chapitre 13, p. 242.

considérations d'ordre socio-économique évidentes. La gauche, naguère encore, vilipendait l'industrie du jeu comme le nouvel opium du peuple. La voilà prête, maintenant, à adopter une position moins idéologique et plus pragmatique sur le sujet. Bien lui en prend. Au terme de l'année fiscale 1988-1989, le produit brut déclaré par ces établissements connaît une augmentation fulgurante, de presque 60 %. Or, ce pourcentage doit tout à l'incroyable succès des machines à sous.

Le constat, en moins de deux années, s'impose d'évidence : les casinos ont trouvé, dans les « bandits manchots », le moyen le plus rapide et concret de rétablir un équilibre financier longtemps chancelant. Sans parler des effets bénéfiques quasi immédiats que cette embellie a suscités sur l'emploi local. Y compris dans des régions de France sinistrées. Les seize « cas pilotes » ont donc fini par convaincre Pierre Joxe – le cabinet de Michel Rocard, à Matignon, l'était sans doute déjà, pour sa part, et de longue date – du bien-fondé de la disposition législative. Voire de l'intérêt de poursuivre plus avant dans cette voie. Pourtant, le Premier ministre, flanqué de son équipe, aura déjà fait ses valises lorsque l'autorisation d'exploitation se verra étendue à l'ensemble des casinos nationaux, au début de l'année 1992. L'engouement à l'égard des *slots machines* atteindra dès lors un niveau tel que le nombre d'établissements recensés dans l'Hexagone passera, à l'issue du même exercice, à quatre-vingt-trois. Peu avant le tournant du millénaire, il dépassera les cent cinquante unités.

Les machines à sous sont devenues le mantra du temps au point de susciter, désormais, consensus au sommet de l'État. Sacrée performance, dans notre chère et douce France !

*

« Vers 1993, si je me rappelle bien, un grand bandit de ma connaissance m'a confié que le Belge émargeait, en ce temps-là, à une brique par mois. L'équivalent de 150 000 euros actuels. Tu comprends mieux pourquoi il est venu investir une partie de son oseille à Paris, quelques mois plus tard, en y achetant notamment une boîte de nuit et trois appartements somptueux dans les beaux quartiers. »

Max, à l'évocation de ce énième souvenir d'une époque héroïque, a retrouvé sa tête de vieux gamin espiègle. Roger confirme puis ajoute, l'air gourmand lui aussi, sous le sceau de la confidence : « Il a fait bien mieux que cela encore en léguant à sa fille un laboratoire pharmaceutique. Francis avait commencé par y acquérir des parts, avant de devenir majoritaire au conseil d'administration, tant il était cousu d'or. L'heureuse jeune femme, que j'ai connue enfant, elle, a carrément pris sa codirection par la suite. »

Et de conclure : « D'autres que lui, en équilibre sur une telle montagne de pognon, auraient perdu les pédales ou se seraient tiré une balle tant cela peut finir par jouer sur le carafon. Le Belge a tout de même réussi à tenir la distance. Jusqu'à son exécution du moins. Son cas, certes, est extrême, mais il n'en demeure pas moins vrai qu'à l'époque, tout le monde mangeait – et fort bien –, dans la capitale. »

Avec le retour de la droite aux affaires, pour une deuxième cohabitation au sommet de l'État, en mars 1993, le processus de démocratisation des jeux de hasard repart de plus belle. Il connaît même une seconde jeunesse puisque l'ensemble des casinos hexagonaux titulaires d'une licence sont de nouveau autorisés à les exploiter. Mais c'en est terminé, en revanche, de la mansuétude longtemps témoignée à l'égard de l'économie parallèle. Celle-ci, pourtant, prétend continuer à se développer grâce à cette manne, et ce en marge des circuits officiels. Décision trop tardive, alors ? On ne saurait l'exclure.

Charles Pasqua a retrouvé son bureau de la place Beauvau, en sa qualité de ministre de l'Intérieur du gouvernement d'Édouard Balladur. Le rapport de force vis-à-vis de l'Élysée, au terme de ces cinq années a, quant à lui, bien changé. Chacun a compris, au spectacle du septennat finissant de François Mitterrand – qualifié parfois de « languissant » par certains observateurs de la vie politique –, que la nouvelle majorité allait pouvoir cette fois disposer d'un peu de temps afin d'asseoir sa gouvernance. En attendant, elle va jusqu'à s'offrir le luxe d'une énième discorde publique, et ce avant l'échéance majeure de la vie politique nationale. La droite n'hésite pas à présenter deux candidats pour l'élection présidentielle de 1995, face au socialiste Lionel Jospin, finalement désigné par son parti afin d'assurer la succession du règne mitterrandien. Un signe. La troisième – et sans doute dernière – tentative de Jacques Chirac, à l'assaut du « Château », sera la bonne. Enfin. Victorieux de l'ex-Premier ministre Balladur, dans un mouchoir, lors du premier tour, l'ancien maire de Paris triomphe, sans trop de difficultés, de son adversaire de gauche à l'issue du second. La France, de nouveau, choisit l'alternance.

La droite revient aux affaires puis tire – enfin – sur la bride

La guerre des chefs, au sein du camp vainqueur, a néanmoins laissé de cruels stigmates. Le plus spectaculaire restera le départ de Charles Pasqua du gouvernement, lui qui avait choisi pour candidat Édouard Balladur. Quelques semaines avant de quitter son poste, le ministre d'État a obtenu, le 10 novembre 1994, l'interdiction des machines à poker dans la totalité des débits de boissons de France et de Navarre. L'annonce en a été faite après le vote surprise d'un article par le Sénat supprimant l'autorisation accordée aux cafetiers, conforme à la loi du 9 septembre 1986, si décriée en son temps par l'opposition de gauche[1]. L'hôte de Beauvau aurait, ainsi, réagi à la lecture d'un rapport de la sous-direction des Courses et des Jeux, évaluant à quelque quarante mille unités le nombre – bien réel – de « bandits manchots » disséminés sur l'ensemble du territoire national. Chacun d'entre eux rapporterait entre 4 000 et 30 000 francs mensuels, pour un produit brut évalué à 13 milliards de francs par an[2]. Des sommes qui, selon le rapporteur de la Commission des lois à l'Assemblée nationale, « aboutissent, à n'en pas douter, entre les mains de la

1. *Idem.*
2. *Libération*, 21 décembre 1994.

grande criminalité organisée ». Qu'en termes explicites ces choses-là sont-elles dites ! Il n'empêche : Pasqua a décidé de tirer sur la bride, enfin, et souhaite que cela se sache.

L'information, observe alors à juste titre le journal *Libération*[1], « n'a sans doute pas surpris les policiers, qui avaient acquis la conviction que le Milieu avait, depuis longtemps, compris l'intérêt d'une telle activité. Ils en voulaient pour preuve quelques règlements de comptes sanglants destinés à régler des questions de concurrence territoriales entre les gangs ». Le quotidien ajoute : « Si le gouvernement, bien qu'informé de la situation, a mis du temps à réagir, c'est qu'il s'est heurté au puissant lobby des organisations d'exploitants de jeux automatiques. Présentant les machines à sous comme créatrices d'emploi et, accessoirement, comme le seul moyen de sauvegarder la convivialité que représentent les bistrots, ils ont trouvé des relais parmi les parlementaires[2]. »

Soit. L'exécutif fait coup double, cependant, au tout début de l'année 1995, avec la fin de la tolérance appliquée aux fameux « distributeurs de confiserie ». Manière implicite de reconnaître que ces derniers, trop souvent détournés de leur vocation apparente, n'étaient rien d'autre en réalité que des machines à sous déguisées ? Difficile de ne pas l'envisager. Les fraudes, nombreuses, auraient du reste été dénoncées par certains fabricants et exploitants de jeux d'amusement, s'estimant lésés par ces pratiques commerciales déloyales. Ceux-là mêmes que *Libération* a cru bon de désigner. Un indice tangible

1. *Ibid.*
2. *Ibid.*

témoignant, à tout le moins, que les esprits ont évolué depuis 1987.

La dérogation disparaît donc, le 21 janvier 1995[1]. De nombreux observateurs voient là un revirement souhaitable, entamé dans le cadre de la lutte contre l'emprise de la pègre sur l'industrie des jeux, plus prégnante que jamais. Il ne s'agit, d'ailleurs, que d'un premier épisode. *Libération*, impatient sans doute, n'apprécie guère pourtant le délai légal accordé par le ministre, suivi en cela d'une poignée de députés de la majorité, « afin de ne léser en rien les propriétaires de ces appareils, qui les auraient récemment achetés et utilisés régulièrement ». Il le fait savoir, sans trop de précautions sémantiques. « Ceux-ci ne représentent qu'une infime minorité de personnes, écrit le quotidien parisien. Les cafetiers qui exploitent aujourd'hui de telles machines, importées des États-Unis, en croyant sincèrement qu'elles ne servent qu'à gagner des bonbons, se comptent probablement sur les doigts d'une main[2]. »

On ne saurait le contredire à cet égard. À l'évidence, il faudrait davantage que ces restrictions homéopathiques pour contrarier la dynamique haussière de l'industrie du jeu dans le pays. À la fin de cette même année 1995, le succès ne se dément pas. Au contraire : les casinos font recette et affichent une éclatante santé. Selon *Les Échos*, vigilants eux aussi, ils auraient brassé – verbe

1. La loi n° 95-73, du 21 janvier 1995, dite « d'orientation et de programmation relative à la sécurité », abroge la dérogation dont bénéficiaient ces appareils, depuis le texte adopté le 9 septembre 1986.
2. *Libération*, 21 décembre 1994.

particulièrement bien choisi, en l'occurrence – 6 milliards de francs, soit un peu plus que le chiffre d'affaires de la marque de bière Kronenbourg[1]. Le produit brut des jeux, avant paiement des différentes taxes fiscales a, ainsi, carrément sextuplé depuis la loi Pasqua de 1987, grâce aux 45,2 millions d'entrées enregistrées dans ces établissements lors de l'exercice. Chacun semble trouver son bonheur devant cette euphorie collective : les joueurs, bien qu'ils perdent allègrement, les propriétaires de casinos, toujours plus riches, l'État et les collectivités locales qui, maintenant, prélèvent à tour de bras. Et le Milieu dans tout cela ? Il « mange » encore, plutôt bien, suivant l'expression imagée de Roger.

Jean-Louis Debré, nouveau ministre de l'Intérieur, tout comme ses policiers spécialisés n'ignorent pas que derrière ces chiffres, dithyrambiques, se cachent en réalité les machines à sous. À elles seules, nos vieilles connaissances assurent près de 85 % du produit brut d'une industrie en pleine renaissance. Sur les cent trente-sept casinos qui les accueillent – parmi les cent cinquante-quatre recensés dans l'Hexagone –, on compte alors 10 684 « bingos ». Mais, tandis qu'ils offrent une seconde jeunesse à leurs hôtes, ceux-ci ont aussi porté un sérieux coup de vieux aux traditionnels jeux de table (black jack, boule, *punto banco*, roulette anglaise ou française...), relégués, à présent, au rang de faire-valoir. Le casino, naguère encore élitiste, est devenu loisir de masse. Il y a bien eu un avant et un après-loi de 1987.

La nouvelle ruée vers l'or – celle des machines à sous – dépasse désormais, et de très loin, les frontières

1. *Les Échos*, 3 janvier 1996.

mal définies de la pègre. Une révolution s'est mise en marche. Le phénomène, cette fois, n'échappe plus le moins du monde aux politiques. Et ces derniers vont s'employer à l'exploiter.

15

Sex and drugs and… « bandits manchots »

La décennie 1990, qui s'écoule sur fond de Chiraquie, plutôt bonhomme jusque-là, s'apparente à un eldorado pour l'industrie du jeu en général. Et pour les machines à sous en particulier. Ce sera la dernière. En moins de dix ans, n'ont-elles pas métamorphosé les casinos, désormais uniques lieux habilités à les exploiter en France ? Le doute n'est plus permis. Ainsi, à la fin de l'exercice 1995, leurs gains s'élèveraient à 5 milliards de francs avant impôts, contre 1 milliard pour les jeux de tables traditionnels. Soit 83 % du produit brut déclaré par ces établissements, relève *Le Monde* dans ses colonnes[1]. Une manne gigantesque, sur laquelle l'État prélève, goulûment, les 50 % qui lui reviennent, ainsi que Roger n'a pas manqué de l'expliquer.

L'opposition continue pourtant à dénoncer « l'absence d'une politique globale appliquée aux jeux par le gouvernement », tandis que l'image de la profession, fort dépréciée aux yeux du public, se serait dégradée, affirme aussi le quotidien national référent, qui fait chorus[2].

1. *Le Monde*, 23 janvier 1996.
2. *Ibid.*

Dans l'hypothèse où elle s'avèrerait, l'allégation aurait alors tardé à se concrétiser sur leurs chiffres d'affaires, selon les propres données – assez dithyrambiques – indiquées par le confrère. Curieux rapport de cause à effet. *Le Monde* croit savoir, en outre, que ce supposé déficit de réputation des casinos dans l'opinion constituerait la principale raison pour laquelle Isidore Partouche a souhaité franchir le pas. Le PDG du numéro deux des casinotiers français a, en effet, introduit sa société à la Bourse de Paris durant l'année écoulée. Il aurait agi, souligne-t-il, mû par un louable souci de transparence. Dont acte. Certains esprits sceptiques préfèrent alors, pour leur part, privilégier des motivations plus « terre à terre » afin d'expliquer sa décision. Passons…

Plus 1 milliard de francs par an au crédit du marché des jeux – les cercles, à Paris, font l'appoint

Consensus total, en revanche, au sujet d'un point essentiel : le dernier volet de la loi Pasqua, adopté en 1988, a tout changé. Grâce aux « bandits manchots », programmés pour conserver jusqu'à 15 % des sommes engagées par les joueurs, les casinos ont vu leur propre jackpot croître de près de 1 milliard de francs, chaque année, depuis 1990. Vertigineux ! Toujours soucieux d'approfondir ses angles rédactionnels, *Le Monde* constate, enfin, que « ce chambardement financier s'est accompagné d'une modification profonde de la culture du jeu[1] ». Certes.

1. *Ibid.*

Ainsi peut-être que d'un changement radical du profil type du client, serait-on tenté d'ajouter à son délicat euphémisme. Sachant que le ticket minimal d'accès aux tables s'élève alors à 20 francs, sans parler de la taxe d'entrée appliquée aux « grands jeux », quand une pièce de 1 franc suffit pour s'asseoir devant une machine à sous, l'explication s'impose d'elle-même. La démocratisation de cette industrie, voulue et assumée par le politique, n'apparaît plus comme un vain mot.

Le Milieu, lui, observe ce remue-ménage d'un œil amusé. Pourquoi ? Parce qu'il estime avoir conservé un temps d'avance substantiel sur une actualité à propos de laquelle les médias, maintenant, n'ont de cesse de gloser.

« Les truands corses, encore puissants au sein de la pègre parisienne à cette époque, ont d'abord fait le forcing pour obtenir un véritable casino dans Paris intra-muros, affirme Max sans l'ombre d'une hésitation. En vain. Après réflexion, Pasqua a fini par refuser. Trop d'emmerdements en perspective, d'un point de vue politique et médiatique. Mais ils sont parvenus à obtenir deux nouveaux cercles de jeux dans la capitale, avant que le ministre ne quitte ses fonctions. Toujours en vertu du deal initial, plutôt respecté jusque-là : machines à sous contre tranquillité publique. Plusieurs d'entre eux, parmi les principales figures de la diaspora, ont pu ainsi installer un club boulevard Malesherbes. D'entrée de jeu, le cas de le dire, l'établissement s'est mis à marcher du tonnerre de Zeus ! »

Les regards, insensiblement, glissent vers Roger, l'« ancien », le « sage ». Non content d'acquiescer, d'un bref hochement de tête, le voici qui complète la révélation – exclusive cette fois encore – de son cadet : « On murmurait même, dans le Milieu, que le FLNC avait acquis des parts de ces cercles de jeux, au terme d'un accord officieux avec le gouvernement, précise-t-il. Pour ma part, j'y crois d'autant plus que les armes, pendant cette période, ont baissé d'un ton. Tant sur l'île qu'en métropole. Sûrement pas par l'opération du Saint-Esprit à mon avis. »

Et de poursuivre, toujours plus à l'aise dans la divulgation de secrets d'État : « Pasqua, en vieux renard qu'il était, a convaincu ses collègues des vertus à la fois anesthésiantes et euphorisantes des machines à sous sur les voyous. Il est vrai que plus grand monde, même à gauche désormais, ne doutait encore de leur effet si bénéfique pour les finances publiques. Tu observeras que c'est bien à ce moment-là de l'histoire, entre 1986 et 1995, que les choses ont évolué. Pour ne plus bouger beaucoup depuis. »

Roger, comme la plupart de ceux qui parlent peu, mais surtout de sujets qu'ils connaissent, sait se faire convaincant. Pourtant, un événement majeur, dans la longue saga du Milieu, va venir chambouler la donne. L'installation de Francis le Belge sous les lambris de la Ville lumière, après le départ du premier flic de France, en quelques semaines à peine, renverse la table. « Noir, impair et manque », a eu le temps d'indiquer la roulette ! Voire rouge, mais alors d'un rouge vraiment vif s'il en est. Car rien n'ira plus trop, bientôt, à l'ombre des « bandits manchots ».

*

Les archives administratives sont formelles : l'année 1997, à Paris et dans sa couronne, marque la fin de l'état de grâce observé sur le front des machines à sous depuis une décennie. Pour ce qui concerne leur économie parallèle, s'entend. Alertée par une vive recrudescence des morts violentes et règlements de comptes recensés sur le territoire national, la section judiciaire de la sous-direction des Courses et Jeux, elle-même placée sous la férule de la Direction centrale des renseignements généraux, ne chôme pas. La lecture de ses propres comptes rendus se révèle éloquente[1].

Au terme de différentes actions menées contre « des réseaux d'exploitation illégale de machines à sous installées dans des débits de boissons [...] », son activité s'est traduite par le démantèlement de plusieurs filières « d'appareils de jeux de hasard prohibés placés, de manière clandestine, au sein de ces établissements », pointe-t-elle. Les enquêtes policières, diligentées sur commissions rogatoires délivrées par des juges d'instruction, dans le cadre d'enquêtes plus ou moins coordonnées, ont abouti à la saisie de deux cent quatre-vingts machines « de type distributeurs alimentaires », en juin et juillet, opérés sur Marseille et Paris. Pas moins d'une soixantaine de « bingos », placés sous scellés par les limiers de la section judiciaire, auraient en outre été neutralisés au cours du même exercice. Surtout dans les départements du Gard, du Vaucluse et des Bouches-du-Rhône. La région de Lyon n'est pas en reste, avec cent soixante

1. Rapport émanant des services du ministère de l'Intérieur (extraits), présenté devant l'Assemblée nationale, séance du 26 juillet 1999 (*Journal officiel*).

« bandits manchots » saisis par les services des douanes de l'ancienne capitale des Gaules, tandis que plusieurs exploitants et « placiers » se retrouvent, désormais, sous les verrous.

L'exercice suivant se déroule apparemment sous des auspices identiques. Cette fois, le nord du pays acquitte son écot, face à l'efficace collaboration entre services du ministère et PJ lilloise. Bilan des multiples opérations menées dans les Flandres : deux cent cinq « baraques », en provenance d'Espagne, sont interceptées, avant et pendant leur installation. La pègre locale laisse des plumes au terme de cette opération, après les arrestations de plusieurs figures du banditisme ch'ti ou belge sévissant des deux côtés de la frontière.

Sur la foi de ces mêmes documents, qui datent à présent d'un quart de siècle, la section judiciaire de la sous-direction des Courses et Jeux, grâce aux actions concertées des différentes administrations qu'elle a mandatées – police, gendarmerie et douanes –, revendique le nombre de 4 760 machines à sous, de modèles divers et variés, saisies entre 1995 et 1998. Impressionnant tableau de chasse !

« Le système, jusque-là, semblait parfaitement huilé, resitue Roger. Les truands nourrissaient beaucoup de monde, l'État et les collectivités locales se servaient, confortablement à présent, sur la bête, et une certaine paix civile s'était installée. Ils embauchaient aussi des livreurs, des dépanneurs ainsi que des types plus ou moins qualifiés capables d'assurer la maintenance des machines tout au long de l'année. Le pognon, placé par les cafetiers sur des produits financiers plutôt pépères, se retrouvait ensuite réinvesti, suivant les besoins, au fil du temps. Le plus souvent dans l'achat de nouvelles bécanes. Quant aux zones d'activité des uns et des autres, elles restaient, globalement, respectées. Mais il faut croire que cela ne pouvait pas durer. »

Sous la pression d'ambitions et d'egos démesurés, le *modus vivendi*, toujours plus fragile, finit par voler en éclats. À l'instar de ses devanciers avant lui, le gouvernement ne mesure pas en temps réel combien la situation se dégrade. Ni à quelle vitesse s'opère le processus délétère.

« L'arrivée des Marseillais, Francis le Belge, Marc Monge et quelques autres, a foutu un souk pas possible, déplore Max. Les gars sont devenus hystériques quand les nouveaux venus ont commencé à importer leurs méthodes. Celles qui avaient déjà mis le feu au Vieux-Port, à Avignon et du côté de l'étang de Berre. Les sudistes ont voulu s'approprier les parts de marché détenues par des jeunes types, dans les cités, qui ne plaisantaient pas avec de telles pratiques. À partir de là, on a ramassé les cadavres. À la pelle, comme les feuilles mortes de la chanson. »

État, grands flics et justice, un temps, paraissent dépourvus de réponses. Jusqu'à l'ultime dérapage : l'exécution, en plein jour et à quelques coudées de l'Élysée, de Vanverberghe, dernier parrain du Milieu. Encore un épisode tragique, mais vécu par les pouvoirs publics cette fois comme la provocation de trop.

« Francis arrosait un nombre incroyable de gens, poursuit Max, dans une tirade lourde de sous-entendus. Y compris, et plus grand monde ne le contesterait aujourd'hui, un petit quarteron de condés. Son train de vie était devenu tellement délirant qu'il avait pris l'habitude de semer de l'oseille à droite à gauche. Je ne suis pas loin de penser, avec le recul du temps, qu'il entretenait ainsi autour de lui une sorte de système bien commode pour certains. Qui ne dérangeait pas tant que ça en haut lieu. Mais après son exécution, chacun a compris que les politiciens allaient siffler la fin du match. Et cela n'a pas raté. »

Roger acquiesce, plus sombre que jamais : « Deux jours après l'annonce de sa mort, je suis allé porter au clou ma dernière machine à sous, confie-t-il. Je savais que la partie était terminée. Avouons-le, nous autres, les voyous, on s'était bien gobergés. Mais les meilleures choses ont une fin. Surtout quand on tient à la vie. »

Comme souvent avec lui, la dernière phrase n'est pas neutre. Adepte pudique du second degré, le doyen de notre tandem signifie, par sa chute sibylline, que le Milieu a retrouvé à ce moment précis de son histoire le goût du sang. Tel un Minotaure, mais en mode autodestructeur, le voilà de nouveau prompt à se repaître de sa propre chair. Les dégâts sont rapides, spectaculaires, et la génération montante, enivrée d'une violence trop longtemps contenue, loin de laisser sa part, s'en donne à cœur joie.

« Pendant vingt-cinq ans, l'État n'a rien compris aux enjeux financiers, énormes, qui prospéraient dans l'ombre des machines à sous, reprend Roger. Désormais, il en vivait lui-même, grâce aux casinos, et ne se montrait plus disposé à fermer les yeux sur l'économie parallèle alimentant la pègre. Les truands ont donc changé leur fusil d'épaule, puis sont revenus à leurs anciens amours : braquages, came, "macadam" et autres gros business. Tout est donc reparti en eau de boudin, comme aux pires heures des décennies 1970 et 1980. À commencer par les règlements de comptes, tandis que flics et magistrats marquaient les points. »

Notre vieux bandit, presque octogénaire aujourd'hui, n'est alors ni le premier ni surtout le dernier à anticiper la suite des événements. Un chiffre, fort édifiant lui aussi, manque pourtant à l'appel pour mieux comprendre, *a posteriori*, le violent retour de flamme qui s'amorce alors. À défaut de relever des services du ministère de l'Intérieur, celui-là émanerait plutôt de Bercy et de ses crânes d'œuf chargés d'ausculter, en permanence, l'économie française : il s'agit de l'encours des flux qui alimentent les banques et constituent, pour celles-ci, ce que le sang circulant dans le système veineux est au corps humain. A-t-il fléchi, et de manière significative, ainsi qu'on le chuchote dans les sphères journalistiques de l'époque ? Max s'en déclare convaincu. Ses arguments, pour le moins, s'entendent.

« Au moment même où la porte a commencé à se refermer devant les "baraques", les équipes se sont reformées, lance-t-il. Les comptes bancaires des voyous et de bon nombre de tenanciers se sont aussitôt vidés. À toute vitesse. Cela représentait des montagnes d'argent. La pègre a réinvesti, massivement, dans le trafic de drogue, puis les bracos ont redémarré. Avec une nette tendance en faveur des fourgons blindés. Le truc le plus lourd, dingue et aléatoire qui soit dans ce métier. Cela nécessitait beaucoup de préparatifs, ainsi que des bandes aguerries, allant parfois jusqu'à une dizaine de types. »

Le scénario catastrophe, parti de Marseille et des banlieues de grandes villes, y compris autour de Paris, se diffuse rapidement à l'ensemble du pays. Il remplit bientôt les premières pages des journaux et leurs rubriques « faits divers ».

« Les gars y allaient gaiement, de préférence au format commando, surenchérit Max. Ça s'est mis à taper, dans tous les sens, puis la criminalité a grimpé en flèche. Mais il ne faudrait pas croire pour autant que tout le monde a lâché les "bandits manchots" du jour au lendemain. D'ailleurs, les expéditions, vengeances et autres exécutions, à cause de ce business, sont reparties elles aussi de plus belle. Comme celle de Joël le Turc, dans les quartiers nord de Marseille[1]. »

Le commencement de la fin : cap sur le Brésil, l'Afrique de l'Ouest ou Las Vegas

La reconversion générale qui se dessine promet de virer à l'empoignade. Certains tentent d'en profiter pour acquérir des parts dans les casinos. Voire en ouvrir de nouveaux. Faute d'obtenir les autorisations nécessaires à l'intérieur de l'Hexagone, ils s'expatrient vers l'Afrique occidentale francophone. Une floraison de *slots* éclot ainsi, au tournant du millénaire, en Côte d'Ivoire, au Sénégal, au Gabon, de même, à un degré moindre, qu'au Togo et au Cameroun. Autre option, fort courue elle aussi : acheter de grosses brasseries ou boîtes de nuit sur la Riviera, proches de la frontière suisse ou bien de l'autre côté de celle-ci. Les plus aventureux, quant à eux, oublient carrément l'Europe puis jettent leur dévolu sur

1. Voir chapitre 1, p. 36.

l'Amérique latine. Quand ils ne décident pas de tenter leur chance à Las Vegas, la « cité du vice », au cœur des États-Unis.

« J'ai connu, à titre d'exemple, une équipe de types qui exploitaient près d'une centaine de machines à sous sur Argenteuil et alentour, se souvient Max. Ils ont pu accumuler des masses de fric pendant près de vingt ans. Lorsque tout est parti en quenouille, ces gars ne se sont pas posé de questions philosophiques. Direction le Brésil, vers lequel la camelote a vite été exfiltrée. Non seulement ils ont redémarré là-bas la même activité, mais ils y sont devenus aussi exportateurs de coke vers l'Europe. Pas sûr que la société ait gagné quelque chose dans l'histoire. »

Le cocktail vénéneux « *sex, drugs and* "bandits manchots" » a retrouvé les faveurs du Milieu. Les conséquences de ce séisme s'annoncent dévastatrices en termes de paix civile. Ses répliques, différées d'une bonne dizaine d'années, vont ensuite secouer la société française dans son ensemble. Et pour longtemps cette fois.

16

L'héritage du sang

« Ensauvagement », « déculturation », « déshumanisation », « absence de repentir »… Ces mots, qui s'étalent de nos jours à la une des journaux, puis rebondissent dans la bouche des chroniqueurs de plateaux télé, nous sont devenus familiers. À ce stade de l'ouvrage, osons donc la question qui fâche : et si le processus délétère avait débuté vingt-cinq ans plus tôt, avec le siècle finissant, dans les « cités à problèmes » de nos grandes villes ? Lorsque Farid Berrahma et ses émules, « rôtisseurs » occasionnels ou confirmés, éliminaient tout à la fois concurrence et traces de leurs crimes par le feu, avaient-ils conscience d'assassiner aussi la « mentale » et ses valeurs, devenues obsolètes à leurs yeux ? Il y a lieu d'en douter. Mais l'on peut, en revanche, avancer cette évidence : c'est bien au cours de ces années terribles que le Milieu a basculé dans la folie meurtrière à grande échelle, puis tourné le dos à ses propres principes fondamentaux.

À la faveur de ces pages, pétries d'encre, de souvenirs et de sang, Max et Roger ont déjà pu le démontrer. Nos deux guides, hélas, vont de nouveau bientôt trouver matière à s'y employer. Encore faut-il rappeler que le mécanisme autodestructeur s'est enclenché beaucoup plus tôt, dès les années 1970. Bien avant d'atteindre son paroxysme, autour de l'an 2000.

Bracos, « macadam » et dopes en tous genres reviennent en force

Avec la disgrâce désormais inéluctable des machines à sous, les voyous, tels des drogués en proie aux affres du sevrage, se cabrent, on l'a vu, face à ce qu'ils considèrent comme une dégradation de leur confort de vie. Privés de méthadone, les voilà qui reviennent – et violemment – aux charmes sulfureux du *brown sugar*[1]. Les conséquences pour l'ordre public, prévisibles, se révèlent dramatiques.

« Quand on sait que des cohortes de braqueurs, de casseurs, de voleurs et de bandits de grand chemin, assagis depuis plus de vingt ans par les bécanes, avaient accumulé des millions de francs, le plus souvent en dormant, il n'est pas difficile d'imaginer leur réaction lorsque l'État a sonné la fin de la récré, avance Max. Une tuerie ! Certes, drogue et prostitution n'avaient jamais vraiment cessé, à l'inverse des casses, devenus fort rares après les années 1980. Mais dès que ce beau monde a compris d'où venait le vent, il a réinvesti, à fond, dans ces activités. Le tout en marchant gaillardement sur les pieds des concurrents. »

Problème : le marché des stupéfiants et celui du « macadam » présentent, chacun, un caractère bien moins universel que celui des machines à sous. À défaut

1. Nom donné à l'héroïne de rue, relativement bon marché et mal raffinée, en raison de sa couleur brunâtre.

d'être extensibles à l'infini, tous deux se révèlent vite, *a contrario*, proches de la saturation lors du passage vers l'an 2000. Les truands de ce début de XXIe siècle ont pris goût à la vie de château. S'estimant pénalisés par des marges qu'ils jugent maintenant à tort ou à raison maigrelettes, et animés de surcroît d'un mélange de cynisme et de pragmatisme, ils décident d'aller chercher l'argent là où il se trouve. Et n'a jamais cessé de prospérer. Sus aux banques, mais aussi aux fourgons blindés !

« J'ai souvent lu, dans les journaux de l'époque, que les gangsters faisaient n'importe quoi en attaquant des camionnettes de convoyage de fonds avec des armes de guerre comme les lance-roquettes, se souvient Roger. Tout simplement parce que l'on n'y retrouvait rien, vu que leurs cargaisons étaient transformées en chaleur et lumière. Pardon de le préciser, car j'ai conscience de parler là d'un sujet grave, mais il s'agit d'une fieffée connerie. La vérité, c'est que les équipes étaient formées, avec une vraie minutie, afin de savoir exactement où taper le véhicule visé. Cela évidemment n'excuse rien, bien au contraire. Mais il me semble utile d'insister sur ce point, ne serait-ce que pour l'exactitude du récit : quitte à dépenser des sommes conséquentes, les grands bandits faisaient venir le matériel de pays étrangers, ayant vécu des conflits récents ou encore actifs, ainsi que des types spécialisés dans ce genre de business et capables de dispenser leur savoir-faire. Rien, crois-moi, n'aura été laissé au hasard. »

Max confirme, contre-exemple à l'appui : « À ma connaissance, ce n'est arrivé qu'une fois, à Marseille, tout au début de cette série noire, raconte-t-il. Les mecs n'étaient pas encore au point, et avaient importé un bazooka du Liban. Sans trop savoir comment s'en servir ni vraiment à quel endroit frapper. J'ai presque honte de le révéler parce que cela, me semble-t-il, n'a jamais été dit, mais ils ont alors organisé une sorte de formation sur le tas, en faisant péter un fourgon. Une décision dégueulasse, j'en conviens volontiers, mais qui situe bien le climat du moment. Ils avaient la bave. Contre l'État surtout, de même que les banques qu'ils ne blairaient plus trop. Leur mariage d'intérêt avec elles était terminé. »

Et de conclure, sur cet aspect précis : « 80 % des truands investis dans les machines à sous se sont, à ce moment-là, reconvertis dans la came, contre 10 % à peine qui se sont remis à braquer. Les autres se sont perdus dans la nature ou, plus rarement, rangés des bagnoles. »

Point d'orgue de ce scénario, qui croît de manière inquiétante, sous les yeux du gouvernement de cohabitation – le troisième en une décennie – dirigé par Lionel Jospin : le casse, surmédiatisé, d'un fourgon blindé de la Brink's, à Gentilly, en 2000. Les braqueurs ont choisi de frapper fort, en pleine après-midi, et à quelques encablures des quartiers sud de Paris. Un signe ? Nos vieux truands n'en doutent guère.

« Ces années de folie ont mis en lumière une nouvelle génération de types, jeunes, familiers d'armes lourdes et plus déterminés que jamais, constate Roger. Certains d'entre eux, les plus célèbres sans doute, ont purgé depuis une vingtaine d'années de prison chacun. D'un coup. Ils ont aussi défrayé la chronique par des évasions, aussi spectaculaires qu'improbables. En hélicoptère parfois. Inutile de citer leurs noms car la plupart sont encore vivants, mais ils ne sont pas difficiles à trouver. Notamment dans les canards de l'époque. »

Max, tout aussi catégorique, se veut plus explicite encore. Sa décennie de moins que son aîné « au compteur », ainsi qu'il le répète joliment, explique sans doute ce surcroît de hardiesse. « Le foutoir résultait de l'interdiction, effective désormais, des machines à sous en dehors des casinos, affirme-t-il. Rien de tel ne serait arrivé si les politiques s'étaient montrés plus diplomates. Le climat est devenu vraiment pourri, et en peu de temps. Même ceux qui parmi les tenanciers ont essayé de résister se sont retrouvés à l'amende. Voire à la cave. Tous les moyens, y compris les plus brutaux, étaient bons afin de les faire signer. Les voyous n'avaient plus la patience de négocier quoi que ce soit. Le marché s'était terriblement rétracté, les emmerdes pleuvaient sur eux, avec les descentes de perdreaux et du fisc. Devenus fous furieux, ils n'écoutaient plus rien ni personne. Quitte à braver les autorités, on les voyait donc tomber sur le dos des cafetiers, puis leur arracher les “baraques” de force. Ils voulaient tout et tout de suite. Ensuite, la plupart plaçaient les établissements saisis sous le blaze d'un homme de paille, travaillant pour leur compte. Mais c'était bien eux qui, en définitive, récupéraient l'essentiel de l'oseille ou envoyaient des équipes de gros bras quand il y avait du danger. »

Comme aux plus sombres moments de la décennie 1970. En pire. Un exemple particulièrement marquant témoigne de l'évolution du Milieu durant ces trois décennies si contrastées. L'itinéraire, ô combien tourmenté, de Georges Bertoncini, l'un des ravisseurs du baron Empain en 1977, pourrait à lui seul illustrer les différentes étapes de cette saga, face auxquelles la pègre a bien dû vaille que vaille s'adapter.

Originaire de Marseille, l'homme a d'abord fait fortune dans le business des « bandits manchots ». Condamné à quinze ans de détention après le rapt, rocambolesque, du médiatique PDG de Schneider, puis libéré en 1986, il s'est ensuite positionné à fond dans le trafic de drogue. Une décision hasardeuse. Arrêté, jugé puis renvoyé de nouveau en prison, « Jo », contraint de purger vingt-deux années additionnelles, aurait préféré se suicider dans sa cellule. Précisons qu'un doute légitime subsiste quant à ce dernier point de l'enquête menée *post mortem*. Essentiel, bien sûr.

« Un mec hors du commun, affirme Max. Avec l'argent accumulé grâce aux bécanes, il s'est offert un voilier de 18 mètres avant d'acheter deux tonnes de cocaïne à un cartel, en Colombie, qu'il a lui-même ensuite acheminées vers la France, à travers mers et océans. Après ses périples successifs, Jo a mené une vie à la Tony Montana, alias "Scarface", pendant un bon moment : grands hôtels sous les tropiques, Rolex, pour sa femme, sa fille et lui, bagnoles de collection, voyages dans le monde entier. La totale ! Mais les meilleures choses ont une fin. De retour d'Amérique latine, il s'est fait serrer par les flics qui l'attendaient. Plus de vingt années de cabane supplémentaires à purger, à son âge : c'était juste inenvisageable. Alors il a préféré tirer sa révérence, en 2001. Le plus fou, c'est que sa mort coïncide peu ou prou avec la fin des machines à sous, auxquelles il devait sa fortune. »

Vivre peu mais vivre vite,
nouveau mantra du gangster 2.0

Cette génération « à l'ancienne » qui disparaît, au tournant du millénaire, cède la place à la suivante. Turbulente et avide de moyens sonnants et trébuchants, indispensables sésames pour accéder aux filles, à la renommée ainsi qu'au grand monde, celle-ci grille les étapes. Le miroir aux alouettes aveugle des milliers de jeunes types, en rupture et fiers de l'être, persuadés que l'existence se limite, dans le meilleur des cas, à l'acte de consommer à tout va ; au pire, à se servir en prenant sans attendre ce qu'ils n'ont de cesse de convoiter. Patience, effort ou frustration sont proscrits. Vivre peu mais vivre riche, de préférence ici et maintenant : voilà le nouveau mantra du moment. Qui ne tarde pas à faire florès. Les quartiers bouillonnent, le trafic de drogue explose, les règlements de comptes se succèdent, armes et calibres s'alourdissent. Les policiers, toujours plus dépassés par ce niveau de violence jamais atteint, pestent et ne savent guère où donner de la tête. L'« ensauvagement » des cités, aujourd'hui dénoncé par certains sociologues ou chroniqueurs, ne fait alors que commencer. Il va se répandre, tel un insidieux goutte-à-goutte, dans le corps sociétal tout entier. En moins de deux décennies, le désastre sera consommé.

Max, désespéré, se découvre ainsi sur le tard une âme de médiateur, quand Roger, trop âgé et miné par de sérieux ennuis de santé, préfère pour sa part tourner le dos à ce « merdier ». Accablé.

« Je n'en pouvais plus de voir des gamins sans valeurs, sans repères, sans morale, sans passé et sans avenir, s'entretuer parfois pour des broutilles, confesse le premier.

Lorsque j'ai constaté que mes conseils et mon expérience de vieux truand avaient un semblant d'intérêt à leurs yeux, j'ai décidé alors de m'impliquer. Mon but ? Tenter d'enrayer cet incroyable gâchis. De leur faire comprendre qu'ils sont tous très jeunes et ont encore mille et une choses à apprendre de la vie. Ce n'est pas facile, mais le jeu en vaut la chandelle. Ne serait-ce que pour sauver une poignée d'entre eux. Tant que cela me paraîtra possible. »

Roger ne dit mot mais hoche la tête. Sombre. Approbation muette ? Manifestation de fatalisme ? Résignation ? Difficile d'interpréter son geste, cette fois, avec certitude. « L'ancien », longtemps en veine de confidences ce jour-là, a maintenant « baissé le rideau ». Il affecte, de nouveau, l'une de ses attitudes favorites : la parole vaut son poids d'argent, mais le silence, lui, est d'or.

*

L'héritage du sang s'est transmis, d'une génération à l'autre, avec le passage vers le nouveau millénaire. Il porte en lui son cortège d'horreurs, d'injustices, de brutalités et de morts violentes. Ce maelström, à présent, éclabousse la société française dans son ensemble. Le voyou du XXIe siècle, non content d'ignorer la « mentale », n'a que faire de ses ultimes principes. Il faut croire que ses préoccupations sont ailleurs.

« Les mecs n'avaient plus qu'une obsession, permanente, dévorante : faire du blé, par n'importe que moyen et vite de préférence, résume Max. Ils étaient prêts, pour cela, à vendre de l'héroïne – autant dire du poison –, parce que c'est tout de même plus facile et moins risqué, en termes d'addition d'années derrière les barreaux notamment, que de monter au braquage d'un fourgon blindé. D'où tu n'es même pas sûr de revenir. »

« Avec les "bingos", au moins,
pas de balles perdues : ni pour les flics,
ni pour les citoyens »

Les policiers, entraînés dans ce tourbillon incontrôlable, ne font plus de détail. Constatant que « ça défouraille de partout », comme aux pires heures des guerres de gangs successives ayant émaillé les décennies 1970 et 1980, ils ripostent à leur tour. Avec une croissante détermination, de surcroît. Le scénario dérape, aussi sanglant que déprimant. La communauté nationale et ses lanceurs d'alerte, les médias, s'éveillent en sursaut. Le siècle qui démarre, dans les quartiers, se joue maintenant en version *Mad Max*.

Roger enfonce le clou, là où cela fait mal : « Les machines à sous n'avaient pas que des avantages, la cause est entendue, mais elles n'ont jamais causé la mort d'honnêtes gens. Prenons l'exemple des convoyeurs de fonds : ce ne sont rien d'autre que de braves types, mal payés et trop longtemps livrés au danger car dépourvus, en plus, des mesures de sécurité adaptées à leur métier. Force est de le constater : ils auront payé un lourd tribut à ces années de folie meurtrière. »

Max embraye, véhément : « Du temps des "bingos", les voyous, au moins, réglaient leurs affaires entre eux. La plupart ont mal fini, j'en conviens, mais le flic ou le citoyen ne risquait pas de recevoir une balle perdue.

Tout a changé à ce moment-là et la violence, depuis, est partout. Le Milieu est devenu anarchique. Un canard sans tête. Les Français n'y ont rien gagné. Au contraire. Moi, je dis que les politiques, dans cette affaire, ont joué aux apprentis sorciers. »

Un phénomène connexe et souterrain envenime encore la situation, si possible. La fin soudaine de l'abondance et de l'enrichissement passif réveille un autre impératif sous-jacent : l'apurement des dettes entre truands. Pas forcément sur un registre pacifique et conciliatoire, on s'en doute. Aux dires de notre duo, les exécutions du Belge, de ses derniers lieutenants ainsi que de certains membres de sa famille s'inscriraient, pour une large part, dans ce climat de « chasse aux économies ». Y compris posthumes. Et la liste des cas similaires serait fort longue à dresser.

« J'ai déjà eu l'occasion de le souligner, Francis Vanverberghe, au cours des dernières années de sa vie, semait du pognon partout, reprend Max. Du coup, Joël le Turc, son successeur désigné, de même que deux neveux issus de la fratrie du Belge, représentaient en quelque sorte, aux yeux de la pègre, des exécuteurs testamentaires après sa mort. Ses débiteurs les ont donc éliminés – sans états d'âme –, effaçant ainsi les dettes qu'ils avaient contractées auprès de lui afin de financer leurs affaires. Une méthode radicale[1]. »

Roger, cette fois encore, souscrit à l'allégation de son cadet puis précise le contexte du moment, si lourd : « L'erreur du Turc fut non seulement de prétendre rester dans le business, au lieu de partir couler des jours plus

1. Voir chapitre 1, p. 36.

tranquilles sous les tropiques pendant quelques années, mais aussi de menacer ceux qui devaient de l'argent au Belge, explique-t-il. Cela ne pouvait que mal finir pour lui. »

Les faits tendraient à lui donner raison car dans le même temps le trafic de drogues dures s'accroît, puis la courbe des addictions recensées à travers le pays suit une hausse symétrique. Un phénomène inquiétant et durable. Des substances jusque-là inconnues du grand public, synthétiques et pourvoyeuses d'effets psychotropes décuplés, apparaissent alors, avant d'envahir les quartiers défavorisés. Tout le monde ne peut s'offrir de la cocaïne purifiée. Celle-ci, si elle circule quasi gratuitement chez les voyous, demeure un produit coûteux pour le *vulgum pecus*. Les toxicomanes moins fortunés se tournent donc vers un ersatz démoniaque, apparu en Europe une dizaine d'années plus tôt : le crack[1]. Importé de Colombie et des États-Unis via les Antilles, ce dérivé grossier de la coke, mal raffiné et mortifère, a déjà provoqué des ravages dans les ghettos de grandes métropoles américaines comme Chicago, Détroit, Los Angeles et New York.

La longue parenthèse des « bandits manchots » se referme. Comme au début des années 1970 avec la *French Connection*, le marché des stupéfiants revient en force. Il constitue à nouveau, en France, la principale source

1. Nom donné à la *pasta*, pâte rosâtre obtenue après extraction du suc des feuilles de coca, en Amérique latine. Ce dernier servira, après purification, à la fabrication synthétique de la cocaïne. La matière première, quant à elle, solidifiée puis durcie, donne une substance fumable, très concentrée et psychotrope, qui craque lors de sa combustion, d'où son surnom en anglais.

de financement pour la pègre[1]. Les conséquences sociologiques du phénomène, en termes de délinquance, de santé et de sécurité publique, vont se révéler désastreuses. L'Hexagone sombre dans l'ultra violence. Nul ne saurait désormais se dissocier de la situation catastrophique qui s'installe. Ni de ses menaces.

Qu'en est-il, alors, des machines à sous, au terme de ces trente turbulentes années ? Faut-il n'y voir que plaies, et pendant trop longtemps sans doute, pour les caisses de l'État, avant de les retrouver assagies puis muées, enfin, en bénédictions ? Ce serait trop simple. Ont-elles représenté un moindre mal, salutaire à la paix civile ? Difficile, cette fois, de ne pas répondre par l'affirmative. L'immersion durable dans l'univers du banditisme des trois dernières décennies du XXe siècle en atteste. Même si les meilleures choses n'ont qu'un temps, *dixit* Roger.

La fragmentation de la société française : phénomène d'abord marginal devenu endémique

Dans le naufrage qui s'amorce, et comme pour alourdir davantage encore le climat ambiant, un phénomène accru de racialisation s'installe au sein de la pègre. D'abord marginal et circonscrit aux « quartiers », il est devenu

1. Depuis 2018, l'Insee intègre le produit brut du marché de la drogue dans le PIB de la France. Évalué à 0,1 % de celui-ci, le chiffre officiel, assez stable, atteindrait 3 milliards d'euros environ par an. Une estimation optimiste, qui ne prend pas en compte la partie immergée de l'iceberg : son activité encore clandestine.

endémique et ajoute une note de tension supplémentaire à leur complexe géographie. Cette donnée nouvelle confère de nos jours au problème de la grande criminalité un aspect non plus seulement sociologique, économique et culturel, mais aussi identitaire. Lequel, et l'on pouvait le redouter, ne fait qu'accélérer la fragmentation de la société française.

« Les bandes, qui jusque-là fonctionnaient surtout par zones, se sont ainsi structurées sur des critères ethniques, constate Max. Cela n'a fait qu'aggraver les choses. Cette tendance existait déjà, et de longue date, d'accord, mais elle ne constituait pas la règle de base du Milieu. Après le passage à l'an 2000, puis l'exécution du Belge, qui en est l'exemple parfait, tout s'est remis à charcler[1]. »

Roger opine, puis résume, abrupt : « La France, en une vingtaine d'années, s'est libanisée. Et tout a commencé selon moi avec l'économie parallèle de la drogue. Cette fois, elle a gangrené les quartiers difficiles, sur l'ensemble du territoire, et surtout dans les périphéries de grandes villes. Le constat dérange peut-être, mais c'est un fait. Nous autres avons vécu cela de l'intérieur, alors je peux t'en parler. »

Foin de dialogue, de règles, de respect ou de crainte à l'égard de la puissance publique et, surtout, plus une once d'humanité pour autrui : le diagnostic, seriné par nos vieux truands, résonne à présent tel un leitmotiv. Résolument déprimant.

« Je considère que l'on ne peut même plus qualifier cela de Milieu ; seulement de crapuleries, assène Roger, impitoyable. Comment résumer d'une autre manière

1. Déraper, partir en quenouille, dans le langage des truands.

l'activité de mecs qui préfèrent agresser un octogénaire pour lui voler 50 euros, plutôt que braquer une banque ou un fourgon blindé afin de ramener plusieurs millions ? La vérité, c'est que le grand banditisme français est mort avec les machines à sous. Il ne s'est d'après moi jamais vraiment remis de leur chute. »

À l'appui de son réquisitoire, « l'ancien », l'air maussade, plante une ultime banderille dans le flanc du Minotaure, dépourvu de cervelle à ses yeux, qu'il refuse désormais de faire sien.

« Ces types se prétendent héroïques en martyrisant un pauvre mec en prison, simplement pour rançonner sa famille qu'ils croient riche, dénonce-t-il. Ou, pire encore, ils descendent à la cave un handicapé, qu'ils menacent d'exécuter si son frère aîné, trafiquant de came comme eux, refuse de leur verser 90 000 euros pour sa libération. Une ignominie, je te dis ! Alors oui, j'aurais voulu ne jamais vivre pareille époque. Et je préférais de beaucoup celle des machines à sous. »

Naguère encore enjoué et prompt à la déconnade, Max ne dit plus mot. Un signe chez lui de croissante émotion. Il opine, sentencieusement, puis laisse errer son regard vers le fond de son verre d'eau gazeuse. Sa boisson devenue habituelle, depuis qu'il se montre soucieux de « faire gaffe à sa santé pour voir grandir ses petits-enfants ». Un silence embarrassé et lourd de mélancolie plane maintenant autour de la table. Nous voilà donc édifiés, à propos de ce que Roger pense de la vocation médiatrice un temps si chère à son vieux pote.

La boucle est bouclée. Il se fait tard. Le voyage de plus de trois décennies au cœur de cette saga que le Milieu a gardé si jalousement pour lui s'achève. Trente semaines de travail et d'échanges, pavées de sang, de pleurs, semées de couronnes de fleurs, presque toujours mortuaires, de tristesse, de bruits et de fureur ; mais bercées aussi, parfois, du souffle épique de l'aventure ou du parfum enivrant de « la grande vie ». La légende qui s'incarne sous les traits de l'immortel Tony Montana, dans l'esprit de chaque voyou « à l'ancienne », a vécu. À tout jamais englouti le Graal, si longtemps inaccessible pour des générations de truands.

« Scarface » a pris la tangente. Les machines à sous se sont tues. Rien d'autre à ajouter. N'ont-elles pas livré l'essentiel de leurs secrets ? Les lumières, criardes et agressives, se sont éteintes. Terminés ronflements, cliquetis entêtants et couinements frustrants : tout ce tintamarre qui assaillait les oreilles du client, sitôt franchie la porte du troquet du coin, appartient bel et bien au passé. Les triomphantes bécanes ont cédé la place aux chaînes TNT. Le bandit 2.0 a troqué son tapis volant pour les écrans, qu'ils soient petits ou géants. *Time is money* et, quoiqu'il puisse en coûter, puisque le rêve s'est abîmé dans les méandres de la réalité. Il ne reste guère que le drogué pour, aujourd'hui encore, s'obstiner à « planer ».

Max et Roger se sont levés. Une dernière fois. Face à face, les bras ballants, ils se contemplent, peu pressés de se séparer. À cet instant précis, on les prendrait volontiers pour deux vieux gamins orphelins qui, par un beau matin, auraient fait vœu autrefois de lier leurs destins. Un demi-siècle, revisité en trio, cela crée des liens, fussent-ils éphémères. Alors nous communions ensemble, dans ce bref silence, à peine troublé en fond sonore par l'incessant papotage de BFM TV, venu du bar de la grande salle, qui filtre jusqu'à nos oreilles. Le moment est venu de remballer la valise à souvenirs que les deux copains se sont résolus, huit mois durant, à partager. D'abord avec prudence, puis mus par une confiance croissante. Sur le chemin du retour, je me surprends à espérer qu'elle va leur paraître, enfin, un peu moins lourde à porter.

Épilogue

Les machines à sous ne sentent plus le soufre. Les gouvernements, qu'ils soient de droite, de gauche ou du centre, mais sûrement pas du Milieu, celui auquel s'affiliait jadis avec humour feu Marcantoni, se sont habitués à leur présence bruyante, envahissante, pour ne pas dire obsédante. À condition que celle-ci soit circonscrite à leurs derniers repaires autorisés : les casinos. Mieux : l'État en vit – et plutôt bien – grâce aux taxes, 50 % du produit brut des jeux au total, qu'il continue de prélever chaque année. Une rente aussi confortable que pérenne.

On comprend mieux pourquoi en constatant *de visu* qu'elles en occupent les trois quarts de l'espace disponible. Des nonagénaires, excentriques, impressionnistes, bariolées et extravagantes, mais guère partageuses décidément. Les « baraques » n'en démordent pas : elles conservent 85 à 88 % des flux de monnaie encaissés et ne restituent, à peine, que 15 % des gains qui leur sont arrachés. Vénales et morfales invétérées, elles engloutissent ainsi, toujours aussi goulûment, l'essentiel des sommes démentielles transitant par leurs *slots*.

En 2012, le produit brut enregistré sur l'ensemble des jeux par les cent quatre-vingt-seize casinos français s'est élevé à 2,276 milliards d'euros[1]. Il a été redistribué comme suit :

– 1,046 milliard conservé par les établissements ;

– 742,5 millions d'euros pour le ministère des Finances ;

– 263,1 millions d'euros ont bénéficié aux communes sur lesquelles sont implantés les casinos ;

– 222,9 millions d'euros, collectés par le ministère des Affaires sociales, aux titres de la CSG et de la CRDS.

Une pression fiscale sans équivalent en Europe, qui s'appuie sur pas moins de six taxes différentes, prélevées soit par l'État, soit par les collectivités territoriales. Dix années ont passé. À cet égard, rien ou presque n'a changé. Innovation notable, en revanche, de ce XXIe siècle : une part non négligeable des recettes de l'industrie du jeu échoit désormais à des sites en ligne. Leurs machines à sous virtuelles y suscitent un engouement quasi comparable à celui que conservent les cousines « présentielles » des casinos. Elles offrent, en outre, une alternative commode aux mordus internautes, dont le nombre va crescendo et qui préfèrent assouvir leur passion bien tranquillement assis dans leur salon.

Les tonitruantes bécanes chères au cœur de Max et de Roger sont, certes, rentrées dans le rang. Mais loin d'être démodées pour autant. Tant s'en faut. Qu'on en juge : au 31 mars 2021, le produit net trimestriel des machines à sous – après impôt donc – s'établissait encore à 12 804 469 euros[2]. Près de 13 millions d'euros, sur un

1. Source : communiqué de Presse Jeu.com (actualité des jeux en ligne et physiques).
2. Source : Direction générale des impôts.

seul trimestre, au titre d'un exercice amputé, à l'issue de vingt mois de pandémie mondiale, puis sanctionné par une conjoncture économique calamiteuse. Un rêve ! Nos vieilles connaissances, au fil des années, n'ont pas pris une ride.

Les collectionneurs pour ultimes « gardiens du temple »

Hormis les joueurs, addictifs ou occasionnels, les « bandits », deux décennies à peine après leurs ultimes turpitudes, conquièrent de nouveaux adeptes : les collectionneurs. Dernière catégorie de la population en activité – sous certaines conditions plus que restrictives –, hors de la frénésie électronique des casinos, dans l'univers des « jeux à monnayeurs », celle-ci se veut tout aussi suractive. Combien sont-ils, anonymes et contents de l'être, à sillonner bazars, marchés ou salons spécialisés ? À dévorer les petites annonces dans leurs journaux préférés ou sur des sites en ligne ? Un bon nombre, si l'on en croit les statistiques officielles. Bien davantage encore sans doute, à l'aune de chiffres réels qui demeurent, évidemment, inconnus. Car cette « corporation » a pour règle de base de cultiver sa coûteuse passion dans la discrétion. Rien d'étonnant à cela, ainsi qu'on le verra.

Vient le moment, pour eux, de louer un véhicule de déménagement, voire de traverser l'Atlantique en avion afin d'assouvir à prix d'or leur inextinguible marotte. Pourtant, les choses ne vont pas de soi, au sein de ce cénacle feutré où mieux vaut montrer patte blanche, puis prendre son temps, avant d'espérer faire des affaires.

Qui pouvait en douter, s'agissant de ces incorrigibles machines ? Depuis la loi de 1983, nous le savons à présent, toute vente est supposée interdite. La réalité, pour des chineurs, brocanteurs et collectionneurs avertis autant que déterminés, apparaît cependant plus nuancée. À plus forte raison lorsqu'ils sont bien informés. Ainsi, il se murmure – de bonne source – que quelques pièces convoitées, en bon état, attendent toujours acheteur de nos jours, soigneusement remisées dans les combles de bistrots marseillais, bordelais, du nord de la France ou d'autres provinces. Les contrôles y ont toujours été moins rigoureux qu'à Paris et alentour.

Deux autres pistes, elles aussi prisées des initiés, existent afin d'acquérir encore ces trésors cachés. L'expatriation temporaire vers les États-Unis, surtout du côté de Las Vegas, avec retour – obligatoire pour d'évidentes raisons – par bateau puis passage en douane (tatillonne comme il se doit) très incertain. Non-diplomates s'abstenir. Il faut alors, dans le meilleur des cas, compter plusieurs heures de négociation ; au pire, des années. Sachant que la saisie pure et simple de la marchandise n'est jamais exclue. Seuls angles d'attaques possibles, à la totale appréciation des gabelous, afin d'espérer dédouaner les appareils : les déclarer en tant que « jouets antiques » ou « jeux anciens ». Bonjour l'odyssée !

Reste enfin le *nec plus ultra*, archiconnu, véritable Mecque de ces collectionneurs pas comme les autres : la fameuse vente annuelle de Chartres. Une poignée de machines à sous – guère plus d'une cinquantaine – s'y arrachent, tous les ans, à grand renfort de liasses de billets. On y rencontre toutes sortes d'amateurs. Y compris, dit-on, hommes politiques voire officiers ministériels.

Sans doute ne faut-il pas chercher ailleurs les raisons du succès jamais démenti de ce prestigieux marché, à l'usage exclusif de quelques *happy few* et habitués. Non sans rappeler qu'en vertu de la loi de 1983, il aurait plutôt vocation à demeurer rigoureusement interdit.

Cette tolérance passive des autorités, ambiguë dans sa forme, évoque un peu celle qui s'exerce à l'égard des alambics cachés sous des bâches poussiéreuses, au fin fond des granges et garages de nos belles régions. Aujourd'hui encore, il est de bon ton, d'une génération à la suivante, de venir y saluer les hôtes… autour d'un verre de gnôle artisanale maison. Surtout quand les invités du jour sont, eux-mêmes, des élus locaux. Ainsi va la France éternelle, mais n'est-ce pas pour cela, aussi, que nous l'aimons tant ?

Des voyous nostalgiques, à présent « faits aux pattes »

Sur le front de la voyoucratie, en revanche, règne un calme plat. Ou presque. De loin en loin, les rubriques « faits divers » de nos quotidiens bruissent d'échos, plutôt assourdis désormais, de menus larcins. Le tenancier de quelque estaminet de banlieue, indélicat et oublieux des règles communes, a installé deux machines clandestines dans un réduit jouxtant son établissement. Tel autre aurait vendu les siennes, toujours fonctionnelles, en catimini à un collectionneur, au mépris de dispositions légales qu'il n'était pas censé méconnaître. 40 000 euros de gains par ci ; 25 000 euros par là. Le minable le dispute souvent au dérisoire. Plus de quoi fouetter un chat. Les truands de la décennie actuelle sont « faits aux pattes ». Ils ont bien dû se résoudre à en prendre acte.

Des réseaux crapuleux, çà et là, tentent de se reconstituer, sous couvert de commerces bidon ou interlopes. Sans grand succès en vérité. Les policiers spécialisés de la section judiciaire des Courses et Jeux veillent, parfaitement rompus à l'exercice consistant à les détecter. Toutes leurs combines, y compris les plus grossières, étant maintenant éventées, les bandits épris de gains faciles ou nostalgiques des « bingos » font chou blanc. Nul ne s'en plaint, mais faut-il vraiment s'en réjouir pour autant ? Les problèmes, désormais, sont ailleurs, et ne manquent pas. Leur ampleur a atteint un niveau inédit, sans aucune commune mesure avec la longue histoire – fût-elle sanglante – des machines à sous. Reste que la réponse, comme pour quasiment tous les sujets en France, sera politique. Ou ne sera pas. Une chose est sûre : il y a urgence maintenant.

Max et Roger, dans tout cela ? Que deviennent-ils, en ces temps de grande incertitude ? Le premier, miné par des soucis financiers récurrents qui ont fini par ronger sa maigre retraite, a dû se résigner à quitter la région parisienne. Il vit à présent au soleil, dans un joli coin du sud du pays, et habite une maisonnette, nantie d'un « bout de terrain », qu'il s'est employé à retaper avant de s'y installer. Proche de ses petits-enfants, dont il s'occupe ainsi plus souvent que naguère, à son grand bonheur, et moins exposé aux ravages de l'inflation galopante qui, à Paris, menaçaient de le déprimer, notre truand sympa, bientôt septuagénaire, coule enfin des jours paisibles.

Roger, en proie à de sérieux ennuis de santé, a subi quant à lui une délicate opération chirurgicale. Celle-ci se serait bien passée, ce qui n'a pas toujours été le cas, hélas, au cours de sa turbulente existence. Nous sommes convenus de nous revoir bientôt, sitôt sa convalescence achevée. Comme une bonne nouvelle n'arrive jamais seule, Max a promis d'être de la partie. « La parole donnée, pour un vieux bandit, c'est sacré ! », ne manque-t-il jamais de répéter.

Gu, en son temps, n'aurait pas mieux dit…

Table

Avant-propos 7

Première partie
SÉRIE NOIRE

1. Mort d'un parrain 17
2. Les Zemour : une famille en or 37
3. La dernière glissade de « Savonnette » 57
4. Fargette & Co : succession empoisonnée 73
5. Le funeste destin d'une députée de la République 89
6. Le « rôtisseur » qui marchait sur des braises 107
7. « Free-lance », auxiliaires et hommes de main 129
8. Le caïd, l'idole et l'aigle d'or 169
9. Quand le « gang des Siciliens » rêvait de conquérir Paris 187

Seconde partie
RÉVOLUTION

10. *Liberty Bell, Money Honey*, citron, orange et cerise : les fruits de la passion s'installent 201

11. Après la *French*, à Marseille, comme une traînée de poudre… 213
12. Les politiques entrent dans le jeu… puis ratent la cible 227
13. Arrière-pensées et diplomatie de l'ombre pour un éphémère état de grâce 239
14. « Dans la capitale, tout le monde mangeait… » 253
15. *Sex and drugs and…* « bandits manchots » 265
16. L'héritage du sang 277

Épilogue 293

Cet ouvrage a été composé par
Facompo
à Montrouge (Hauts-de-Seine)

Impression réalisée par

NORMANDIE ROTO IMPRESSION S.A.S.
à Lonrai (Orne)

en mars 2023
pour le compte des Éditions de l'Archipel,
département éditorial de la S.A.S. Écriture-Communication

#lisez! engagé
www.lisez.com
Pour plus d'information :
Imprimé sur du papier issu de forêts gérées durablement.

Imprimé en France
N° d'impression : 2301284
Dépôt légal : avril 2023